[제3판]

사회복지 사례관리론

(Social Work Case Management)

김 성 경

KNOWLEDGE COMMUNITY 공동체

사회복지실천현장에서 변화는 끊임없이 일어나고 있습니다. 한 축에서 ICT 기술과 인공지능이 접목된 사회복지실천의 기술변화의 모습이 일어나고 있다면, 또 다른 축에서는 사회복지의 정체성을 유지하는 가장 전통적이며 대면적인 실천방법론들이 자리잡고 있습니다. 사례관리는 바로 가장 전통적이며 대면적인 실천방법론 중 하나입니다. 1800년대 영국에서 가장 먼저 시작된 사례관리는 우리나라에 1980년대 소개되었고, 2000년대 이후 공공영역과 민간영역에 사례관리가 한꺼번에 적용되면서 널리 확산되고 있습니다. 우리나라 사례관리는 짧은 시간에 확산되면서 복잡하고 다양하게 전개되어 왔고 앞으로도 전개될 것입니다.

이러한 상황에서 사례관리가 발전하기 위해서는 사례관리 인력의 전문성 축적을 위한 지속적 노력이 필요합니다. 이 책은 대학에서 그리고 전문교육기관에서 사례관리 관련 과목의 교재로 사용하기에 적합하도록 구성하고, 구체적인 서식 및 사례를 담고 있습니다. 인쇄를 거듭할 때마다 수정하는 노력을 기울여 우리나라 사회복지의 다양한 실천영역에서 광범위하게 수행되는 사례관리의 이론적 및 실천적 지식을 제공하고, 사례관리 기록지를 연습하는 데 용이하도록 하였습니다.

2017년 첫 출간을 한 이후, 그리고 2023년 개정판이 발간되었지만, 사례관리 환경이 변화되고 관련 정책과 제도, 실천 영역이 새롭게 변모되어 연이어 제3판을 발간하였습니다. 제3판에서는 제도의 변화, 기록양식의 변화 등을 보완하였고, '사례관리 사정표(욕구 및 위기도 통합조사표) 양식'을 대폭 수정하였습니다. 그리고 개정판과 동일하게 한국사회복지교육협의회의 「2022년 교과목 지침서」의 구성을 따르며, 제1부 사회복지 사례관리의 기초, 제2부 사회복지 사례관리 과정, 제3부 사회복지 사례관리 실천현장의 이해로 구성하였습니다.

PREFACE

저자는 다년간의 사례관리 강의경험과 연구, 그리고 슈퍼비전 및 실천현장의 경험 등을 담아내려고 노력하였습니다. 이 교재를 효과적으로 활용하기 위해서는 이론 수업과 기록지를 작성해 보는 실기 수업 및 사례분석을 병행할 것을 제안합니다.

끝으로 이 책의 출간의 길을 열어주신 도서출판 공동체의 김동훈 대표님과 출판되기까지 깊은 관심과 세심한 편집으로 힘써 주신 공동체 편집부 선생님들께 깊은 감사를 드립니다.

2024년 2월

김 성 경

최근 우리나라 사회복지분야에서 사례관리는 가장 중요한 실천방법론으로 수행되고 있습니다. 2000년대 들어와 공공영역의 사례관리가 처음 도입되고 점차 확장되고 있으며, 민간영역의 사회복지관에서도 사례관리는 주요 기능 중 하나로 빠르게 자리매김하고 있습니다.

이 책은 2017년 첫 출간을 한 이후 사례관리 환경이 변화되고 관련 정책과 제도, 실천 영역이 새롭게 변모되어 개정이 불가피함에 따라 발간하였습니다. 특히 한국사회복지교육협의회가 제시하는 「교과목 지침서」가 2019년부터 크게 달라졌고, 이에 2판에서는 새로운 제도의 변화, 교과목 지침서의 변화, 기록양식의 변화 등을 보완하여 전면적으로 개정하였습니다. 이 책의 구성은 제1부 사회복지 사례관리의 기초, 제2부 사회복지 사례관리 과정, 제3부 사회복지 사례관리 실천현장의 이해로 이루어져 있으며, 2022년 「사례관리론」 교과목 지침서의 구성을 따르고 있습니다.

제1부 사회복지 사례관리의 기초는 제1장 사회복지 사례관리의 개념과 원리, 제2장 사회복지 사례관리의 역사적 발달과정, 제3장 사회복지 사례관리의 관점과 이론, 제4장 사회복지 사례관리의 구성체계, 제5장 사회복지 사례관리의 기능 및 사회복지 사례관리자의 역할로 구성되어 있으며, 사례관리의 관점과 이론을 보완하였습니다.

제2부 사회복지 사례관리 과정은 제6장 초기단계, 제7장 사정단계, 제8장 서비스 계획 단계, 제9장 서비스 실행 및 점검 단계, 제10장 평가 및 종결 단계로 구성되어 있으며, 각 단계의 기록지를 수정하였습니다.

제3부 사회복지 사례관리 실천현장의 이해는 제11장 공공사례관리 1 : 희망복지지원단 사업의 이해, 제12장 공공사례관리 2 : 드림스타트 사업의 이해, 제13장 민간사례관리 : 종합사회복지관의 사례관리사업의 이해로 구성되었고, 최근 실천현장을 소개하는 데 초점을 두었습니다.

따라서 이 책은 우리나라 사회복지의 다양한 실천영역에서 광범위하게 수행되는 사례관리의 이론적 및 실천적 지식을 제공하고, 각 실천현장에서 적용 가능한 사례관리 기록지를 교육하고 실습하는 데 초점을 두고 있습니다. 특히 2판에서는 [학습노트]를 포함하여 실천사례를 담아내려고 노력하였으며, 보다 학습자의 눈높이를 고려하였습니다.

초판 발간 이후 그동안 교재로 사용해 주신 전국 사회복지학 계열의 교수님과 학생들, 그리고 실천현장의 사회복지사 선생님들에게 감사의 마음을 전합니다. 이 책은 저자의 다년간의 강의경험과 연구경험, 그리고 슈퍼비전 경험과 실천현장의 경험 등을 담아내려고 노력하였습니다. 이 교재를 효과적으로 활용하기 위해서는 이론 수업과 기록지를 작성해 보는 실기 수업을 병행하는 것을 제안합니다.

마지막으로 이 책이 출판되기까지 세심한 편집에 힘써 주신 공동체 편집부 선생님들, 그리고 변함없는 지원을 주신 도서출판 공동체의 김동훈 대표님께 깊은 감사를 드립니다.

2023년 1월

김 성 경

사례관리는 사회복지 전문직의 발달과 맥을 같이 하여 오늘날 사회복지의 모든 분야에서 핵심 방법론으로 수행되고 있습니다. 사례관리는 우리나라에 1993년 처음 소개되어 학문적으로 그리고 실천서비스로 짧은 역사를 가지고 있지만, 21세기에 가장 중요한 실천방법으로 자리매김하고 있습니다.

이 책은 휴먼서비스 분야에서 보편적으로 활용된 사례관리를 사회복지의 정체성과 특수성을 담은 일반주의 사회복지 사례관리(generalist social work case management)로 특화한 교육교재가 필요하다는 절실함에서 시작되었습니다. 그리고 이 책은 저자가 그동안 사회복지 분야의 사례관리 실천을 위해 요구되는 기초 지식과 기술이 무엇인가를 고민하고 연구해 온 결과물로서, 학부 학생들과 현장 실천가들을 위한 교육교재로 활용되도록 집필되었습니다.

이 책의 구성은 제1부 사회복지 사례관리의 기초, 제2부 사회복지 사례관리의 과정, 제3부 사회복지 사례관리 실천현장의 이해로 이루어져 있으며, 한국사회복지교육협의회의 사회복지 교과목 지침서의 사례관리론 구성을 따르고 있습니다.

제1부는 사회복지 사례관리의 기초에 해당하는 내용으로 제1장 사회복지 사례관리의 개념과 목표, 제2장 사회복지 사례관리의 구성요소 · 원칙 · 윤리, 제3장 사회복지 사례관리의 발달과정, 제4장 사회복지 사례관리의 이론적 근거 및 모형, 제5장 사회복지 사례관리의 기능 및 사회복지 사례관리자의 역할에 대해 살펴보았습니다.

제2부는 사회복지 사례관리의 과정으로 사례관리 실천의 핵심입니다. 제6장 초기단계, 제7장 사정단계, 제8장 서비스 계획 단계, 제9장 서비스 실행 및 점검 단계, 10장 평가 및 종결 단계로 구성하였습니다. 더불어 제11장 기타 과정으로 사례관리 과정에서 필수적인 사례회의와 슈퍼비전 실행에 대해 살펴보고자 하였습니다.

제3부는 사회복지 사례관리 실천현장의 이해로 공공사례관리, 아동복지 분야 사례관리, 민간사례관리 등 세 분야의 실천현장에 대해 살펴보고자 하였습니다. 실천방법은 유사하더라도 등장배경이 다르고, 사례관리 목표와 사례관리 과정의 초점이 다르기 때문에 다소 차이를 보이고 있습니다. 본 서에서는 그중 가장 큰 차이를 보이는 사정단계에 집중하여 서술하고자 하였습니다.

이 책은 대학 사회복지학과에서 사례관리론 교재로 사용하기에 적합하도록 최근 이론적 동향 및 실천과정, 그리고 실천사례를 담고 있습니다. 따라서 대학 사회복지학과 학생뿐 아니라, 사례관리 실무자, 자원봉사자 등에게 지침서로 도움이 될 것으로 기대됩니다.

이 책을 저술하기 위해 저자는 다년간의 강의경험과 슈퍼비전 경험, 그리고 실천현장의 경험 등을 담아내려고 노력하였습니다. 저자는 이 책을 완성하는 과정에서 본 원고를 먼저 강의실에서 적용하였는데, 그 과정에서 귀중한 의견을 주신 사회복지학과 학생들과 현장 사회복지사 선생님들께 감사의 말씀을 드립니다.

마지막으로 이 책이 출판되기까지 세심하게 원고를 읽어주신 공동체 편집부 선생님들, 그리고 변함없는 지원을 주신 도서출판 공동체의 김동훈 대표님께 깊은 감사를 드립니다.

2017년 2월

김 성 경

CONTENTS

PART 02 사회복지 사례관리 과정

PART 03 사회복지 사례관리 실천현장의 이해

부록

PART

01

사회복지 사례관리의 기초

제1장 사회복지 사례관리의 개념과 원리

제2장 사회복지 사례관리의 역사적 발달과정

제3장 사회복지 사례관리의 관점과 이론

제4장 사회복지 사례관리의 구성체계

제5장 사회복지 사례관리의 기능 및 사회복지 사례관리자의 역할

사례관리는 최근 사회복지 현장에서 가장 많이 언급되고 활용되는 전문적 실천방법이다. 제1부는 사례관리 교육에서 「사례관리 기초과정」에 해당되는 부분으로 사회복지 사례관리의 개념과 원리, 사례관리의 역사적 발달과정, 사례관리의 관점과 이론, 사례관리의 구성체계, 사례관리의 기능과 사례관리자의 역할 등에 대해 살펴보고자 한다.

CHAPTER 01

사회복지 사례관리의 개념과 원리

사회복지 사례관리 정의의 다양성

- ❑ 사회복지 사례관리(social work case management)의 개념은 시대에 따라, 학자에 따라 다양하게 제시되어 왔고, 사회복지의 다양한 실천분야에서 다양하게 정의되고 있다.
- ❑ 사례관리란 여러 가지 이론과 모델이 절충된 실천방법이며 여러 학문분야에서 활용되고 있어, 다양한 정의가 존재한다.
- ❑ 사회복지 사례관리에서는 개별 기관의 사례관리실천뿐 아니라, 외부 기관과 함께 실행하는 통합사례관리가 강조된다.

1. 사회복지 사례관리의 정의

1) 사례관리의 정의

(1) 미국사회복지사협회의 정의

미국사회복지사협회(NASW : National Association of Social Workers)는 1992년 사회복지 사례관리를 전문사회복지사(professional social worker)가 제공하는 사회복지 실천의 하나의 방법론으로 규정하고(NASW, 2010), 사회복지 사례관리를 다음과 같이 정의하였다(NASW, 2013 : 13).

> 사례관리는 다양한 사회복지서비스들을 계획하고 실행하고 모니터링하는 과정으로 사회복지사들이 전문가팀 활동을 통해 클라이언트에게 필요로 하는 다양한 서비스를 제공하고 조정하는 활동이다.

(2) 한국사례관리학회의 정의

한국사례관리학회는 '사회복지 사례관리 표준 실천지침'에서 다음과 같이 사회복지 사례관리를 정의하고 있다(한국사례관리학회, 2016).

> 사례관리란 복합적이고 다양한 욕구가 있는 클라이언트와 그 가족의 사회적 기능 회복을 돕는 통합적 실천방법이다. 이를 위해 운영체계를 확립하고, 클라이언트와 함께 강점 관점의 체계적 사정을 해야 하며, 클라이언트의 내적 자원 및 지역사회 자원을 개발하고 활용하여 삶의 질 향상을 위해 노력해야 한다.

(3) 주요 학자의 정의

① 목슬레이(Moxley)의 정의

"사례관리란 다양하고 복합적인 욕구(multiple complex needs)를 지닌 클라이언트를 대상으로 사례관리자 또는 사례관리팀이 공식적·비공식적 지원망을 활용하여 클라이언트의 기능과 복지를 최대화하기 위해 다양한 활동을 조직하고, 조정하며, 유지하는 실천방법"이라고 정의하였다. 목슬레이는 사례관리의 강점을 다음과 같이 강조하였다(Moxley, 1989).

- 클라이언트의 능력과 생활기술을 증진시켜 대인서비스와 사회적 지지를 이용하거나 접근할 수 있게 한다.
- 클라이언트의 복지와 기능을 증진시키기 위해 서비스 제공자와 사회적 지지망의 능력을 발전시킨다.
- 서비스의 전달 과정에서 서비스의 효과성을 증진시킬 수 있다.

② 무어(Moore)의 정의

무어(Moore)는 사례관리를 임상치료자의 임상적 기술과 지역사회조직가의 옹호기술이 요구되는 사회복지실천의 새로운 분야라고 강조하며, "클라이언트의 욕구를 충족시키기 위해 가족을 포함하는 비공식 보호체계 및 공식 보호체계의 활동을 통합하여, 클라이언트가 잠재력을 최대한 발휘할 수 있도록 지원하며, 사회환경 내에서 효과적으로 상호작용할 수 있도록 촉진하는 것"이라고 하였다(Moore, 1990).

③ 블러키스(Vourlekis)의 정의

"사례관리는 클라이언트의 욕구를 충족시킬 서비스를 지지적이며, 효과적이며, 효율적이며, 비용효과적인 방법으로 제공할 수 있도록 서비스 연계망 안에서 상호작용하는 과정"이라고 정의하면서, 실천서비스(service)와 운영체계(system)를 동시에 고려해야 한다고 강조하였다(Vourlekis, 1992).

〈표 1-1〉 **사회복지 사례관리의 정의**

구 분	정 의
미국사회복지사협회 (2013)	다양한 사회복지서비스들을 계획하고 실행하고 모니터링하는 과정으로, 사회복지사들이 전문가팀 활동을 통해 클라이언트에게 다양한 서비스를 제공하고 조정하는 활동
한국사례관리학회 (2016)	복합적이고 다양한 욕구가 있는 클라이언트와 그 가족의 사회적 기능 회복을 돕는 통합적 실천방법
목슬레이 (Moxley, 1989)	다양하고 복합적인 욕구를 지닌 클라이언트를 대상으로 사례관리자 또는 사례관리팀이 공식적·비공식적 지원망을 활용하여 클라이언트의 기능과 복지를 최대화하기 위해 다양한 활동을 조직하고, 조정하며, 유지하는 실천방법
무어 (Moore, 1990)	클라이언트의 욕구를 충족시키기 위해 비공식 보호체계 및 공식 보호체계의 활동을 통합하여, 클라이언트가 잠재력을 최대한 발휘할 수 있도록 지원하며 사회환경 내에서 효과적으로 상호작용할 수 있도록 촉진하는 실천방법

블러키스 (Vourlekis, 1992)	클라이언트의 욕구를 충족시킬 서비스를 지지적이며, 효과적이며, 효율적이며, 비용효과적인 방법으로 제공할 수 있도록 서비스 연계망 안에서 상호작용하는 과정

본 서에서는 전문단체와 주요 학자의 정의를 종합하여, 사회복지 사례관리를 다음과 같이 정의하고자 한다.

> 사회복지 사례관리는 다양하고 복합적인 욕구를 지닌 클라이언트와 가족의 사회적 기능과 삶의 질을 향상시키기 위해 사례관리 운영체계를 기반으로 사례관리 과정을 통해 통합적이며 지속적으로 서비스를 제공하는 전문적 실천방법이다.

따라서 사례관리의 개념은 ❙그림 1-1❙과 같이 여러 요소를 포함한다.

① 복합적 욕구 및 문제를 가진 클라이언트

② 사례관리 과정

③ 사례관리 운영체계

④ 사례관리의 목적 : 클라이언트의 기능과 복지 향상

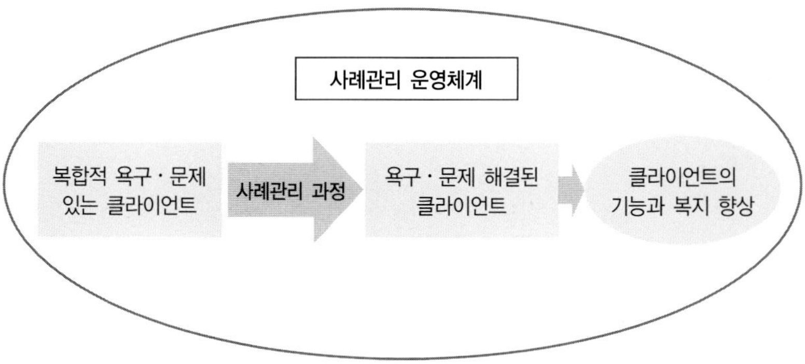

❙그림 1-1❙ 사례관리의 개념

2) 통합사례관리의 정의

최근 우리나라에서 사례관리와 관련된 용어 중 가장 많이 쓰이는 단어는 '통합사례관리'이다. 현재 통합사례관리의 개념은 명확하게 정의되어 있지 않으나, 다음과 같이 두 가지 개념이 복합적으로 활용되고 있다.

[개념 1] 서비스(영역)의 통합성

통합사례관리사업은 지역 내 공공・민간자원에 대한 체계적인 관리・지원체계를 토대로 복합적이고 다양한 욕구를 가진 이용자에게 복지・보건・고용・주거・교육・신용・법률 등 필요한 서비스를 통합적으로 연계・제공하고, 이를 지속적으로 상담・모니터링 해나가는 사업이다(보건복지부, 2023).

[개념 2] 운영체계의 통합성

통합사례관리란 지역사회의 책임성에 초점을 두고 접근하는 실천방법으로 내부 운영체계와 함께 '기관의 경계를 넘어서 기관 간 연계를 통해' 외부 운영체계가 함께 운영되어 사례관리를 실행하는 실천방법이다(그림 4-4 참조).

따라서 통합사례관리란 ① 복합적이고 다양한 욕구를 가진 사례관리 이용자에게 필요한 다양한 서비스를 통합적으로 연계・제공하는 서비스(영역)의 통합성과 ② 사례관리 운영체계가 내부 운영체계뿐 아니라 외부 운영체계가 함께 운영되어 지역 내 공공기관 및 민간 복지기관 간에 연계성과 통합성으로 운영되는 운영체계의 통합성, 두 가지의 의미를 내포하고 있다.

이에 본 서에서는 통합사례관리를 다음과 같이 정의하고자 한다.

> 통합사례관리란 다양하고 복합적인 욕구를 지닌 클라이언트와 가족의 욕구와 문제를 해결하는 데 필요한 다양한 서비스를 통합적으로 연계・제공하며, 기관 내부 운영체계를 넘어서 지역사회 기관 간 연계를 통해, 그리고 지방자치단체와의 협력 등 외부 운영체계와 함께 사례관리를 실행하는 전문적 실천방법이다.

3) 사례관리의 유사 용어

사례관리의 유사 용어에는 보호관리(care management)와 관리보호(managed care)가 있다(사례관리학회 편, 2012). 엄밀한 의미에서 보호관리와 관리보호는 사례관리와 구별되는 개념이다.

(1) 보호관리(케어 매니지먼트, care management)

보호관리(케어 매니지먼트, care management)는 영국에서 1980년대 사례(case)라는 용어가 인간성을 존중하는 데 어려움이 있다는 비판에 따라 이의 대안으로 사용되기 시작한 용어이다. 1990년 이후 영국과 일본의 연구자를 중심으로 '보호관리' 용어가 많이 활용되었고, 케이스보다는 케어라는 용어가 적절하다는 견해에서 나타났다. 현재 보호관리의 개념은 주로 노인 대상 돌봄서비스에 초점을 맞추어 영국과 일본을 중심으로 주로 활용되고 있다(사례관리학회 편, 2012).

보호관리는 일본을 중심으로 발전된 개호복지에서 활용된 실천방법으로, 재가 또는 시설에서 장기보호 클라이언트를 위한 돌봄과 요양을 위한 보호서비스(요양보호서비스)를 의미한다고 볼 수 있다. 따라서 사례관리와 보호관리는 혼용되어 쓰이기도 하지만 현실적으로 다른 개념이다.

(2) 관리보호(managed care)

미국의 의료영역에서 발달한 개념으로 메디케어(medicare), 메디케이드(medicaid) 제도를 시행한 후 증가하는 의료비용을 통제하고, 의료서비스의 질을 향상시키려는 목적으로 도입한 개념이다. 즉, 관리보호는 불필요하거나 고가의 서비스를 줄이기 위해 고안된 실천모델로서 서비스 제공자를 위해 어떤 서비스가 제공되고 그것이 제공자에게 어떤 영향을 끼치며, 그들이 지급해야 할 비용은 얼마나 될 것인지를 예상하고 결정하는 것에 관여하는 방법으로 사례관리와는 그 목적과 실천의 범주에 있어 구별되는 개념이다(권진숙 역, 2004).

2. 사회복지 사례관리의 목적 및 목표

1) 사회복지 사례관리의 목적

사회복지 사례관리의 목적은 복합적인 욕구를 가진 클라이언트에게 질 높은 서비스를 제공하고 연계함으로써 클라이언트의 기능과 복지를 최대화하는 것이다(NASW, 2013).

2) 사회복지 사례관리의 목표

사회복지 사례관리의 목적을 달성하기 위한 사회복지 사례관리의 목표는 실천분야와 학자에 따라 다르지만, 공통적인 목표로 다음과 같이 정리된다(Baker & Intagliata, 1992; Moore, 1990; NASW, 2013; Woodside & McClam, 2006). 앞의 두 개 목표는 클라이언트의 향상 목표이며, 나머지 네 개 목표는 사례관리서비스의 향상 목표에 해당된다.

(1) 클라이언트의 역량 강화(client empowerment)

사회복지 사례관리는 사례관리서비스를 통해 클라이언트의 문제해결 능력과 대처능력을 강화시킴으로써 클라이언트의 역량을 강화하는 데 목표를 둔다(NASW, 2013). 클라이언트의 역량 강화는 강점과 역량을 키우고, 사회적 관계능력을 향상시키고, 클라이언트가 자신의 생활을 관리할 수 있는 힘을 키우는 것을 의미한다. 즉, 사회적 기능의 문제를 가진 클라이언트에게 잠재능력, 장점, 건전한 기능, 문제해결 능력 등을 최대한 활용하고 발휘할 수 있도록 하는 것이다.

(2) 클라이언트의 상호작용 능력 향상(enhancing interactions)

사회복지 사례관리는 클라이언트가 스스로 자신의 욕구에 맞게 지역사회 자원에 접근하고 선택하는 능력을 향상시키는 데 목표를 둔다. 클라이언트의 상호작용 능력 향상은 클라이언트의 역량 강화와 연결되는 것으로 자발적으로 지역사회와 상호작용하고 참여하는 능력을 증진시킴으로써 클라이언트가 자신이 원하는 자원을 얻을 수 있는 힘을 갖추는 것을 의미한다(Moore, 1990).

(3) 서비스의 통합성(integration of service)

사회복지 사례관리 기능의 하나이며, 클라이언트가 필요로 하는 서비스를 포괄적으로 제공하는 것이다(Woodside & McClam, 2006). 이를 위해 사례관리기관에는 지역사회 서비스와 자원에 대한 정보가 있어야 하며 연계시스템이 마련되어 있어야 한다. 클라이언트에게 통합된 서비스를 제공하는 것은 서비스의 파편화와 중복을 줄이고 서비스들 간의 상호작용을 촉진시킨다.

(4) 보호의 지속성(continuity of care)

보호의 지속성이란 클라이언트의 욕구 충족을 위해 일정한 장소에서, 일정한 기간 동안 서비스를 지속적으로 보장하는 것이다. 보호의 지속성은 횡단적·종단적 차원으로 분류할 수 있다. ① 횡단적(수평적) 차원의 연속성은 한 시점에서 이용자의 다양한 욕구를 충족시키기 위해 다양한 서비스를 제공하는 것이며, ② 종단적(수직적) 차원의 연속성은 시간의 경과에 따라 변화하는 개인의 욕구에 반응하여 서비스를 수정하여 지속적으로 제공하는 것을 의미한다.

(5) 서비스의 효과성(quality care)

사회복지 사례관리는 개별 클라이언트의 욕구에 맞는 맞춤서비스와 효과적인 우수한 서비스를 제공하며, 질 높은 서비스를 제공하고자 하는 목표를 가진다.

(6) 서비스의 책임성(enhancing accountability)

사례관리서비스의 책임성이란 ① 사례관리의 과정과 결과, 질적 수준 등을 모니터하고 평가함으로써 서비스의 책임성을 증진하는 것이며, ② 서비스의 비용효과성을 높이고 비용을 절감하는 것이다. 사례관리는 전통적인 사회복지실천보다 비용효과성과 비용 절감이 강조되는 특성을 지닌다(Vourlekis, 1992).

학습노트

보호 지속성의 횡단적 · 종단적 차원

- 보호 지속성의 횡단적(수평적) 차원은 한 시점에 클라이언트의 욕구에 따라 맞춤형 서비스를 다양하게 제공하는 것이며, 종단적(수직적) 차원은 시간의 경과에 따라 변화된 클라이언트의 욕구에 따라 재사정하여 서비스를 조정하여 제공함으로써 서비스의 제공이 지속되는 것을 의미한다(<표 9-1> [사례 2] 저소득 부자가정 사례 참조).

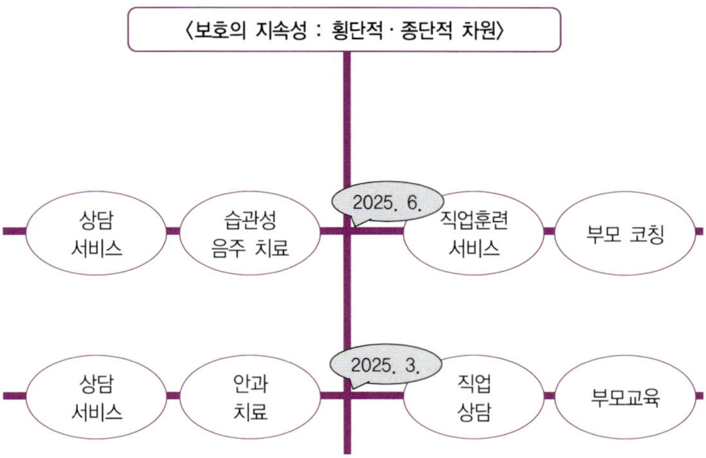

3. 사회복지 사례관리의 특성

사회복지 사례관리의 특성

- 사회복지 사례관리는 사회복지실천의 새로운 접근인 것은 분명하나, 개별 사회복지실천에 기초를 두고 있다. 따라서 오래된 사회복지실천에 새로운 옷을 입힌 것(Moore, 1990)이다.
- 사회복지 사례관리는 사회복지실천과 유사점이 있으나, 특징적인 차이점은 다음과 같다(NASW, 2013; Holt, 2000).
  - 실천의 초점이 클라이언트의 욕구와 강점에 있다는 점
  - 실천과정에서 개별 서비스 계획(ISP)과 점검 단계가 강조된다는 점
  - 다차원적 특성을 가지고 있다는 점
  - 미시적 실천방법이면서 운영체계가 강조된다는 점

사회복지 사례관리의 특성은 다음과 같다.

첫째, 블러키스(Vourlekis, 1992)는 사회복지 사례관리는 사회복지실천의 새로운 접근이지만, 개별 사회복지실천(case social work)에 기초를 두고 있어 발달과정과 실천의 핵심 요소가 유사하다고 강조하였다. 무어(Moore, 1990) 역시 사회복지 사례관리는 오래된 사회복지실천에 새로운 옷을 입힌 것으로 사회복지 사례관리의 특성은 사회복지실천의 특성과 유사점 및 차이점이 있음을 설명하였다.

둘째, 사회복지 사례관리의 대상자는 클라이언트와 그의 가족이며, 클라이언트의 다양하고 복합적 욕구에 기반한 클라이언트 맞춤형 서비스(ISP : Individual Service Plan)를 통한 욕구 충족에 초점을 둔다. 이 점에서 클라이언트의 문제해결에 초점을 두는 전통적인 사회복지실천과 차이가 있다. 따라서 사례관리는 비교적 장기적으로 서비스를 제공한다.

셋째, 사회복지 사례관리의 목적은 클라이언트의 복합적 욕구의 충족, 사회적 기능 · 삶의 질 · 복지의 향상이며, 이러한 목적을 달성하기 위해 사례관리자는 가장 효과적이며 효율적인 전략을 사용한다.

넷째, 사회복지 사례관리의 목표는 클라이언트의 역량 강화, 상호작용 능력 향상, 서비스의 통합성, 보호의 지속성, 서비스의 효과성, 서비스의 책임성 등이다.

다섯째, 사회복지 사례관리의 실천기반은 사례관리 운영체계이다. 내부 운영체계와 외부 운영체계가 함께 강조된다는 점이 사회복지 사례관리가 전통적인 사회복지실천과 차별화되는 특징이다(Greene, 1992; Holt, 2000).

여섯째, 사회복지 사례관리는 다차원적 특성을 가지고 있다(Holt, 2000).

- 사례관리는 직접적인 실천과 함께 간접적인 실천을 활용한다.
- 사례관리는 미시적이면서도 거시적이다.
  사례관리는 개인의 욕구를 충족시키고 권리를 옹호하는 실천방법이며 동시에 정부의 핵심적인 전달체계정책으로 공공부문에 사례관리가 도입되는 등 정책적 측면을 가지고 있다.
- 사례관리는 수직적이면서 동시에 수평적(횡단적 · 종단적 차원)이다.
  클라이언트의 특정 시점에 다양한 욕구를 충족시키기 위해 통합적 서비스를 제공하며, 동시에 클라이언트의 변화하는 욕구에 반응할 수 있을 정도로 장기적이다.

일곱째, 사회복지 사례관리의 주요 활동은 사정, 서비스 계획, 서비스 실행, 점검, 지역사회 자원 연결을 통한 통합적 · 지속적인 서비스 제공이며, 이를 위해 사례관리자는 직접적 실천과 간접적 실천을 제공한다. 특히 이 중 가장 특징적인 것은 개별 서비스 계획(ISP)과 점검 단계가 강조된다는 점에서 전통적인 사회복지실천과 차이가 있다.

〈표 1-2〉 사회복지 사례관리의 특성

구 분	특 성
기 초	개별 사회복지실천에 기초를 두고 있음
대상자	다양하고 복합적인 욕구를 지닌 클라이언트 및 그의 가족
목 적	클라이언트의 복합적 욕구의 충족, 사회적 기능·삶의 질·복지의 향상
목 표	클라이언트의 역량 강화, 상호작용 능력 향상, 서비스의 통합성, 보호의 지속성, 서비스의 효과성, 서비스의 책임성
실천기반	사례관리 운영체계
특 성	다차원적 특성 : 직접적 실천 및 간접적 실천, 미시적 특성 및 거시적 특성, 수평적 특성 및 수직적 특성
주요 활동	사정, 서비스 계획, 서비스 실행, 점검, 지역사회 자원 연결을 통해 통합적이며 지속적 서비스 제공

4. 사회복지 사례관리의 가치와 윤리

1) 사회복지 사례관리의 표준원칙

사회복지 사례관리가 다양한 사회복지 분야에서 활용되면서, 최근 표준 실천원칙들이 제시되고 있다. 미국사회복지사협회(2013)에서는 사례관리자들에게 사례관리실천의 분명한 가이드라인과 목적을 준수하도록 '사회복지 사례관리 표준원칙(NASW Standards for Social Work Case Management)'을 총 12개 항목으로 제시하였다. 우리나라는 한국사례관리학회에서 2016년 '사회복지 사례관리 표준 실천지침'을 다음과 같이 제안한 바 있다.

【실천지침 1】 사례관리 개념

사례관리란 복합적이고 다양한 욕구가 있는 클라이언트와 그 가족의 사회적 기능 회복을 돕는 통합적 실천방법이다. 이를 위해 운영체계를 확립하고, 클라이언트와 함께 강점 관점의 체계적인 사정을 해야 하며, 클라이언트의 내적 자원 및 지역사회 자원을 개발하고 활용하여 삶의 질 향상을 위해 노력해야 한다.

【실천지침 2】 가치와 윤리

사례관리자는 사회복지전문가로서 사회복지 가치를 준수하고 사회복지사 윤리강령을 따라야 한다. 특히 클라이언트의 생명과 인권에 대한 존중, 자기 결정권, 비밀보장 등의 가치를 반영해야 한다.

【실천지침 3】 이론과 지식

사례관리자는 생태체계관점, 강점 관점 등 사례관리실천과 관련된 이론, 증거기반 지식, 정책, 조사 결과, 그리고 평가에 관한 지식을 획득하고 사용한다. 또한 가족기능 및 지역사회 네트워크와 관련된 이론과 지식을 겸비하고 이를 활용하여 사례관리실천의 질을 보장하여야 한다.

【실천지침 4】 사례관리 운영체계

사례관리기관은 사례관리를 효과적으로 실천하기 위하여 ① 사례관리 전담인력과 전담조직, ② 사례 발굴 및 의뢰체계, ③ 자원체계, ④ 사례회의 및 슈퍼비전체계, ⑤ 내・외부 지원체계 등의 운영체계를 갖추어야 한다.

【실천지침 5】 사례관리자의 자격

사례관리자는 사회복지사 1급 자격증 취득 후 사회복지실천 경력 2년 이상인 자이거나 사회복지사 2급 자격증 취득 후 사회복지실천 경력 4년 이상 되어야 하며, 사례관리와 관련된 교육과 훈련을 받은 자이어야 한다.

【실천지침 6】 초기면접단계

초기면접단계에서는 ① 관계 형성, ② 정보수집, ③ 클라이언트 선정, ④ 사례관리과정 안내, ⑤ 동의 및 계약 절차가 이행되어야 한다.

【실천지침 7】 사정단계

사정단계에서는 클라이언트의 욕구사정과 자원사정을 수행해야 한다. 욕구

사정에서는 클라이언트의 제시된 요구와 욕구를 확인하고, 자원사정에서는 클라이언트의 강점과 자원, 장애물을 파악해야 한다. 또한 이 과정에 클라이언트 및 관련체계를 참여시켜야 한다.

【실천지침 8】 목표수립 및 계획단계

목표수립단계에서는 사정결과에 근거하여 개별화된 목표를 수립하여야 한다. 서비스 계획단계에서는 자원체계의 협력에 기반하여 서비스 제공자, 기관, 달성방법 및 시간 계획이 제시되어야 한다. 사례관리자는 이러한 계획을 클라이언트와 합의하여야 한다.

【실천지침 9】 실행 및 점검단계

실행 및 점검단계에서는 클라이언트와 함께 서비스계획을 실행하며 클라이언트 목표달성 여부, 변화상황, 계획실행과 관련된 어려움을 점검한다. 이때 사례관리자는 클라이언트가 목표달성을 할 수 있도록 교육과 상담, 정보제공, 지지 및 옹호, 자원발굴과 연계, 조정 활동을 수행한다.

【실천지침 10】 평가 및 종결단계

평가단계에서는 클라이언트와 함께 목표달성 여부와 변화 정도, 서비스 실행계획 이행 여부, 사회적 지지체계의 활성화 정도를 평가해야 한다. 종결단계에서는 클라이언트와 함께 종결 시기를 결정하고, 종결에 대한 감정을 다루며, 사후관리 계획을 수립해야 한다.

【실천지침 11】 기록

사례관리자는 사례관리의 과정을 문서화해야 한다. 초기면접지, 사정기록지, 서비스계획 및 점검표, 서비스 과정기록지, 종결보고서 등을 기록해야 하며, 모든 기록은 비밀이 보장될 수 있도록 관리되어야 한다.

【실천지침 12】 적정 사례 수

사례관리의 질적 수준을 유지하기 위하여 집중사례관리 수는 사례관리 전담인력 1인당 20사례를 넘지 않도록 해야 한다.

【실천지침 13】 기관의 책임과 사례관리자의 전문적 발전

기관에서는 사례관리자의 교육 참여를 적극 지원하고, 사례관리에 대한 전문적 지식과 풍부한 경험이 있는 슈퍼바이저를 위촉하여 정기적인 슈퍼비전을 시행해야 한다. 또한 사례관리자의 안전보장 및 소진예방을 위한 대책을 마련해야 한다. 사례관리자는 자격유지와 전문성 향상을 위하여 지속적인 사례관리 교육에 참여해야 하며, 적절한 슈퍼비전을 받아야 한다.

학습노트

미국사회복지사협회의 사회복지 사례관리 표준원칙

(NASW Standards for Social Work Case Management)

【표준원칙 1】 사회복지 사례관리의 윤리 및 가치(Ethics and Values)
【표준원칙 2】 사회복지 사례관리자의 자격(Qualifications)
【표준원칙 3】 사회복지 사례관리자의 지식(Knowledge)
【표준원칙 4】 사회복지 사례관리자의 문화역량 및 언어역량(Cultural and Linguistic Competence)
【표준원칙 5】 사회복지 사례관리자의 사정(Assessment)
【표준원칙 6】 사회복지 사례관리자의 서비스 계획 및 실행, 그리고 모니터링 (Service Planning, Implementation and Monitoring)
【표준원칙 7】 사회복지 사례관리자의 옹호와 리더십(Advocacy and Leadership)
【표준원칙 8】 사회복지 사례관리자의 다학제 간 협력 및 조직 간 협력(Interdisciplinary and Interorganizational Collaboration)
【표준원칙 9】 사회복지 사례관리자의 평가 및 개선(Practice Evaluation and Improvement)
【표준원칙 10】 사회복지 사례관리자의 기록 유지(Record Keeping)
【표준원칙 11】 사회복지 사례관리자의 합리적인 사례 수 유지(Workload Sustainability)
【표준원칙 12】 사회복지 사례관리자의 전문성 개발 및 역량(Professional Development and Competence)

출처 : NASW(2013). *NASW Standard for Social Work Case Management*.

한국사례관리학회의 '사회복지 사례관리 표준 실천지침'과 미국사회복지사협회의 '사회복지 사례관리 표준원칙' 모두 사례관리실천의 기본이 되는 원칙

들이다. 이는 사회복지 전문직의 윤리와 가치, 사례관리 과정별 지침, 또한 사례관리자의 자격기준을 명시함으로써 자격기준에 미달하는 사례관리자가 업무에 투입되지 않도록 하며, 적절한 업무량에 관한 기준을 둠으로써 적절한 운영체계를 강조하고 있다.

2) 사회복지 사례관리자의 윤리

사회복지 사례관리는 사회복지실천의 고유한 지식과 기술, 가치에 기반한 모델이므로, 윤리 또한 사회복지 윤리를 따른다. 미국사회복지사협회(NASW)는 사례관리자 윤리강령을 특별히 제정하지 않고 사회복지사의 윤리강령을 활용하여 사회복지 전문직의 윤리와 가치를 준수하도록 권장하고 있다. 한편, 미국사례관리자협회(CMSA)에서는 다섯 가지 윤리강령과 윤리적 행동지침을 준수하도록 제공하고 있다(CMSA, 2016). 그리고 영국사례관리자협회(CMSUK)는 사례관리자를 위한 윤리원칙(Code of Professional Conduct for Case Managers)을 제시하고 있다(CMSUK, 2016).

(1) 미국사례관리자협회(CMSA)의 사례관리자 윤리강령

① 클라이언트의 자율성 추구(Autonomy)

자율성을 존중한다는 것은 개인이나 클라이언트에게 상해의 불합리한 위험이 있지 않는 한, 합법적으로 클라이언트의 선택, 결정 및 행동을 존중한다는 것을 의미한다.

② 클라이언트의 이익 추구(Beneficence)

클라이언트와 클라이언트의 지지체계를 적절하게 지원하여 클라이언트의 복지와 이익을 최대한으로 추구하는 것을 의미한다.

③ 클라이언트에게 피해 주지 않기(Nonmaleficence)

클라이언트에게 피해를 주는 상황은 도전적이거나 분노를 표출하는 일부 클라이언트 또는 지원 시스템에 대해 사례관리자가 화를 내거나 회피하는 경우인데, 이때 사례관리자는 공감적 의사소통 기술을 활용하여 자신의 부정적 감정, 생각, 행동을 최소화하도록 노력해야 한다.

④ 클라이언트에게 공평하게 대하기(Justice)

클라이언트와 클라이언트의 지지체계를 공평하고 편견이나 선입견 없이 공정하게 대하도록 노력해야 한다.

⑤ 진실성 있게 대하기(Veracity)

진실성은 클라이언트와 클라이언트의 지지체계, 동료 사례관리자 및 지역사회 자원 및 기관에게 진실을 말해야 하는 윤리적 원칙이다. 진실을 말하는 것은 사례관리자와 클라이언트, 클라이언트의 지지체계 모두에게 유익하다.

학습노트

CMSA의 윤리적 행동 지침

- 클라이언트의 문화, 선호도, 욕구 및 가치를 존중하는 클라이언트 중심의 협력적 파트너십 접근 방식을 사용한다.
- 클라이언트를 옹호하며, 클라이언트와 공유하고 정보에 입각한 의사결정, 상담 등을 통해 클라이언트의 자기결정과 자기관리를 촉진한다.
- 클라이언트의 의학적, 행동적, 사회적, 심리적, 기능적 및 기타 요구 사항을 통합하는 포괄적이고 통합적이며 적극적 개입을 사용한다.
- 문화적, 언어적 감수성을 연습하고, 지역사회 다양한 클라이언트에 대한 최신 지식을 유지한다.
- 클라이언트에게 서비스를 제공할 때 증거기반 개입을 적용한다.
- 개인, 조직 및 지역사회 수준에서 클라이언트 안전을 촉진한다.
- 사례관리과정 전반에 걸쳐 클라이언트에 대한 인간행동 지식과 원칙의 통합을 촉진한다.
- 지역사회 자원을 파악하고 네트워크를 촉진한다.
- 클라이언트가 적절하게 서비스를 받고 성과를 달성할 수 있도록 지원한다.
- 전문지식을 추구하고 사례관리 전문성을 유지한다.
- 연방 법, 주 법 및 지방자치단체 조례와 표준 인증 지침을 준수한다.
- 사례관리 표준과 윤리강령을 준수한다.

출처 : CMSA(2016). *Standards of Practice for Case Management*.

(2) 영국사례관리자협회(CMSUK)의 사례관리자 윤리원칙

영국사례관리자협회는 협회의 등록 사례관리자를 공인사례관리자(CCMs : Board-Certified Case Managers)라고 칭하고 다음 8개 전문가 윤리원칙을 제시하고 있다(CMSUK, 2016).

① 사례관리자는 언제나 공공의 이익(the public interest)을 우선시해야 한다.
② 사례관리자는 클라이언트의 권리와 존엄성(the rights and inherent dignity)을 존중해야 한다.
③ 사례관리자는 클라이언트와의 관계에서 객관성(objectivity)을 유지해야 한다.
④ 사례관리자는 클라이언트 및 타인에게 진실성(integrity)과 충실성(fidelity)을 가지고 행동해야 한다.
⑤ 사례관리자는 클라이언트에게 높은 질적 서비스(the highest quality of service)를 제공할 수 있도록 역량을 유지해야 한다.
⑥ 사례관리자는 협회의 자격요건(the requirements)을 준수해야 한다.
⑦ 사례관리자는 법과 규정(laws and regulations)을 준수해야 한다.
⑧ 사례관리자는 직무 행동강령(integrity of the Code)를 준수하고 개정 시 수정 강령을 적용하며 실천하도록 한다.

생각해 볼 문제

1. 사례관리의 개념과 통합사례관리의 개념을 비교하시오.
2. 저장강박증 어르신이 집에 계속 쓰레기를 쌓아두고 있어 벌레와 악취가 진동하고 있다. 이웃들은 구청에 어르신 집의 쓰레기를 치울 것을 민원으로 제기하였다. 이에 구청에서는 우선 노인종합사회복지관 사례관리자에게 클라이언트의 가정방문을 요청하였다. 사례관리자는 클라이언트의 자율성을 어디까지 존중해야 할까?

CHAPTER

02

사회복지 사례관리의 역사적 발달과정

복지국가의 성장과 사회복지 사례관리의 발달

❑ 사회복지 사례관리는 정치사회적 환경의 변화에 대한 사회복지의 반응으로 발달해 왔다. 미국, 영국, 우리나라에서 사회복지 사례관리는 복지국가 성장과 재편 속에서 변화와 발전을 거듭해 왔으며 국가별 특성을 지니고 있다.

1. 미국의 사회복지 사례관리의 발달과정 및 특징

1) 미국의 사회복지 사례관리의 발달과정

미국의 사회복지 사례관리의 발달은 사회복지실천의 역사와 그 맥을 같이 하고 있다. 그린(Greene, 1992)은 사회복지 사례관리가 리치몬드(Richmond, 1917) 시기부터 사회복지실천의 주요한 부분이었으므로, 그 기원을 1870년대 인보관(Settlement House)과 자선조직협회(COS) 등 지역사회복지관의 서비스라고 주장한다. 한편 웨일과 칼스(Weil & Karls, 1985)는 그보다 더 이른 1848년 사회복지시설의 실천서비스에서 그 기원을 찾고 있어, 본 서에서는 웨일과 칼스(Weil & Karls, 1985)의 발달과정을 따르고자 한다.

(1) 도입기(1848~1950년대)

미국의 사례관리서비스는 1848년 설립된 매사추세츠 청소년정신장애인시설(Massachusetts School of Idiotic and Feeble-minded Youth)에서 실시한 실천서비스에서 시작되었다고 알려져 있다(Weil & Karls, 1985). 이 시설에서는 전문가가 정신장애 청소년의 신체기능과 정신기능을 사정하고, 청소년들을 개별화하여 맞춤형 치료서비스를 제공하였는데, 이러한 사정과정 및 맞춤형 서비스가 사례관리서비스의 시초가 되었다. 그리고 시설은 퇴소 청소년들을 위해 여러 도시에 지역사회 클리닉을 세우고, 방문치료사를 배치하여 퇴소 청소년이 가정에서 적응하는 것을 돕는 가정방문서비스를 제공하였고, 이 지역사회 방문서비스 역시 사례관리서비스의 시초였다. 또한 이 시설은 퇴소 청소년의 생활상태와 추후 서비스에 대한 자료수집과 정보관리를 하여 사례관리 기록의 시초가 되었다(Woodside & McClam, 2006).

그리고 지역사회 사회복지관의 사례관리는 1889년 제인 애덤스(Jane Addams)가 시카고시에 설립한 사회복지관 헐하우스(Hull House)에서 시작된 것으로 알려져 있다. 헐하우스는 지역주민들에게 다양한 서비스, 사회교육과 주민집단활동 등 직접적 실천을 제공하고 클라이언트의 인적사항 조사 및 기록을 처음 실시하였다. 또한 애덤스와 동료 사회복지사들은 빈곤 근로자의 근로조건 향상과 생활여건 개선을 위해 옹호활동을 함으로써 사례관리의 간접적 실천을 전개하였다(Woodside & McClam, 2006).

한편 메리 리치몬드(Mary Richmond)는 1917년 개인을 진단할 때 개별화하여 성격, 가족관계, 환경적 여건 등을 고려해야 한다는 사회진단(social diagnosis)을 강조하였고, 클라이언트 개인과 그들의 문제에 초점을 맞춘 사례기록 양식을 개발했다. 또한 자료수집은 개인별로 다른 방식을 사용하는 복잡한 과정을 거친다는 것을 강조함으로써 사례관리의 과정과 기록을 체계화하였다(Woodside & McClam, 2006).

(2) 확립기(1960년대~1970년대)

미국은 1935년 '사회보장법(Social Security Act)'의 제정으로 사회복지의 기틀이 마련되었다. 그 이후 사회복지 이용자들의 욕구 해결을 중요시하는 여러 법이 연방법으로 제정되어, 1960년대 중반 이후 미국 사례관리의 발전이 촉진되었다(Amado et al., 1989).

1963년 '지역사회정신보건법'이 제정됨으로써 정신질환자의 탈시설화가 추진되어 지역사회 사례관리가 주목을 받기 시작했고, 1965년 제정된 '노인복지법'에는 노인의 경제적 · 주거적 · 직업적 · 의료적 · 심리적 욕구 충족과 문제해결을 위한 사례관리가 포함되었다(Woodside & McClam, 2006).

특히 1971년 보건 · 교육 · 복지부(HEW) 장관인 엘리엇 리차드슨(Elliot Richardson)이 '사회서비스의 통합(services integration)'을 강조한 이후 휴먼서비스 간의 연결과 조정이 본격화되었다(Amado et al., 1989). 그 이후 1975년 제정된 '장애아동복지 및 교육법'에는 문제의 규정, 욕구의 사정, 서비스의 계획 등 전 사례관리 과정에 클라이언트가 참여하고 관여하도록 규정하였다.

미국의 1970년대 사례관리는 법의 제정을 통해 사회서비스의 통합의 중요한 실천전략으로 자리잡게 되었다.

(3) 확장기(1980년대~현재)

미국에서 1980년대 이후 사회복지 관련법에서 '사례관리' 용어뿐 아니라 '사례관리자'의 용어를 사용하면서 사례관리의 제도화가 시작되었다. 1988년 '가족지원법(Family Support Act)'에서 AFDC 수혜가족의 경제적 자립을 도모하기 위해 서비스 이용자는 사례관리를 받도록 의무화시킴으로써 법 조항에서 사례관리자의 법적 지위를 인정하였다.

AFDC(부양아동가족부조, Aid to Families with Dependent Children)는 1996년 '개인 책임 및 근로기회법(Personal Responsibility and Work Opportunity Reconciliation Act, PRWORA, 복지개혁법)'으로 대체되었는데, 근로능력이 있고 부양아동이 있는 여성들은 2년

동안 직업능력의 개발과 교육을 받으면서 구직활동을 하는 과정에서 사례관리자와 공동으로 직업활동 계획을 세우고 서비스를 받도록 규정하였다.

이와 같이 1990년대에 들어서 사례관리라는 용어가 빈번하게 사용되면서 1990년 『사회사업백과사전』에는 기존의 사회사업실천을 의미하는 'casework' 라는 단어 대신 사례관리를 의미하는 'case management'로 대체되었다. 또한 사례관리자와 사례관리과정의 절차도 일반화되었으며, 적용영역도 확대되어 최근에 이르기까지 다양한 사회복지 및 보건 분야에서 사례관리 서비스가 시행되고 있다(이주연, 2011).

그 이후 미국에서 사회복지 사례관리는 미국사회복지사협회에서 「NASW 사회복지 사례관리 표준원칙(NASW Standards for Social Work Case Management)」(1984; 2013)을 두 차례 발간하면서 체계화되기 시작했다. 이는 사회복지 사례관리의 원칙과 기준을 제시한 것으로 전문 사회복지 사례관리의 기능과 사회복지 사례관리자의 역할을 명료화하는 데 기여하였다.

더불어 미국사회복지사협회는 1992년부터 미국사례관리자자격증위원회(CCMC : the Commission for Case Manager Certification)와 협력하여 공인 사회복지 사례관리자(C-SWCM : Certified Social Work Case Manager) 및 공인 고급 사회복지 사례관리자(C-ASWCM : Certified Advanced Social Work Case Manager)를 구분하여 자격증을 발급하고 있다(https://ccmcertification.org). 이를 통해 미국사회복지사협회는 사회복지 사례관리자가 사회복지 전문직으로서 질적 수준을 갖추도록 규제하고 있다.

2) 미국의 사회복지 사례관리의 특징

미국에서 사회복지 사례관리가 본격적으로 등장한 것은 1960년대이며, 이는 정부, 전문가 집단, 클라이언트 집단 등 다양한 주체의 필요에 의한 것이었다. 미국의 사회복지 사례관리의 특징은 다음과 같다(권진숙・박지영, 2010; Amado et al., 1989; Baker & Intagliata, 1992; Moxley, 1989; NASW, 2013; Woodside & McClam, 2006).

(1) 탈시설화 경향에 따른 지역사회보호

미국에서 사회복지 사례관리가 등장하게 된 직접적인 원인은 1960년대부터 시작된 탈시설화 경향이다. 탈시설화는 클라이언트들이 대규모 시설에서 벗어나 본래의 가정과 지역사회로 되돌아오는 것을 의미한다. 탈시설화의 영향으로 지역사회를 중심으로 한 복지서비스 제공이 강조됨에 따라, 시설에서 퇴소한 클라이언트를 지역사회 내에서 지속적으로 보호하고 개입 방법으로 대두된 실천모델이 사례관리이다.

(2) 클라이언트의 복합적 욕구 증가에 따른 서비스의 통합

미국 사회복지 사례관리의 등장 배경의 또 다른 중요한 요인은 복합적인 욕구를 갖는 복지대상자는 증가하는 반면, 기존 사회복지서비스는 단편화·분절화되어 있어 이에 대한 대응방안이 절실하였다는 데 있다.

1960년대 미국에서 사회복지서비스는 급속도로 팽창되었으나 서비스 전달체계는 복잡하고 단편화되어 중복적인 서비스가 제공되기도 하였다. 특히 이 시기에 개발된 서비스나 프로그램들은 인구집단별로, 문제영역별로 담당 부서와 사회복지기관이 분화됨에 따라, 복합적인 욕구를 가진 클라이언트들은 서비스에 접근하는 데 많은 어려움을 갖게 되었다. 이에 1971년 보건·교육·복지부(HEW)에서 '사회서비스의 통합(services integration)'을 강조하면서, 사회복지서비스 간의 연결과 조정이 본격화되었다. 이에 사례관리실천은 보다 효과적으로 서비스를 제공하는 접근방법으로 인정받게 된 것이다.

(3) 사회복지 재정의 축소 및 지방화, 서비스의 책임성 강조

미국에서 사회복지 사례관리는 연방정부의 복지정책 변화로 인해 더 부각되었다. 1975년 미국의 사회보장법 개정과 1980년대 신보수주의 정부(레이건 정부)가 등장하면서 큰 변화가 일어났다.

첫째, 사회복지에 대한 공공지출은 삭감되거나 축소되는 경향을 보이게 되었다. 정부 역할의 축소와 공공지출의 삭감으로 기존의 보건과 복지정책에서 새로운 방향전환이 필요했으며 그로 인해 강조된 것이 지역사회보호였다.

둘째, 사회복지서비스는 연방정부에서 주정부나 지방정부로 이관되는 변화가 이루어졌다. 이러한 정책의 변화는 지역사회 차원에서 서비스 간의 통합 및 조정 장치를 거의 갖추지 못한 채 이루어졌기 때문에 개별 사회복지기관의 서비스를 초월하여 클라이언트를 위한 지역사회의 서비스를 조직화하고 통합적으로 관리하는 전문가가 필요하게 되었다.

셋째, 전문직에게도 비용효과적인 실천방법이 요구됨에 따라, 클라이언트를 위해 다양한 서비스를 계획하고 조정하며, 서비스 전달에서 비용효과적인 실천방법인 사례관리가 강조되기 시작했다.

(4) 사회적 지원체계와 통합적 실천 강조

복합적인 욕구를 갖는 서비스 이용자의 증가와 더불어 정부의 복지에 대한 비용억제를 실현하는 방안으로 공식적 서비스를 비공식적 서비스로 대체하고자 하는 움직임도 일어나기 시작했다. 또한 1970년대 미국 사회복지학계에서는 비공식적 사회적 지원체계나 지지망이 클라이언트의 건강이나 욕구 충족에 중요한 영향을 미친다는 연구결과들이 발표되어, 공식적 사회자원뿐 아니라 비공식적 사회자원을 활용하는 사례관리실천이 강조되었다.

그리고 전통적인 실천방법을 통합하는 통합방법론에 관한 관심과 연구가 활발히 진행됨에 따라 사례관리가 사회복지실천을 통합하는 실천방법으로 환영을 받게 되었다.

2. 영국의 사회복지 사례관리의 발달과정 및 특징

영국은 사회복지 사례관리가 대규모 수용시설(asylum)에서 탈피하여 지역사회보호(community care)를 도입하면서 시작된 나라로, 사례관리는 지역사회보호에서 본격화되었고, 그 후 케어매니지먼트(보호관리, care management)[1]로 발전해 왔다. 따라서 사례관리의 발달과정과 등장 배경은 미국과 약간의 차별성을 가지고 있다.

1) 영국의 사회복지 사례관리의 발달과정

(1) 도입기(1879년~1960년대)

영국에서 사회복지 사례관리(care management)는 영국의 다른 사회복지실천과 마찬가지로 구빈법(Poor Law, 1601)에 그 기원을 두고 있다. 1834년의 개정 구빈법은 노인과 장애인, 아동을 '구제받을 수 있는 빈민(deserving poor)'으로 규정하고 지역에서 현금이나 현물을 통해 지원하거나 구빈원 또는 작업장(workhouse) 입소를 통해 지원하도록 하였다. 이러한 구빈법의 지원은 열등처우의 원칙에 따라 엄격하고 선별적인 시혜에 불과했지만, 공적 구제를 통해 교구 단위로 대상자들에 대한 지원이 이루어졌다는 점에서 지역사회 기반의 케어가 시작되는 출발점으로 간주된다(Bauld et al., 2000, 공선희, 2015 재인용). 그리고 개정 구빈법 시행 이후 요보호자를 위한 시설보호의 문제점이 계속 제기되었는데, 시설수용 모델에 대한 지지 및 반대와 관련된 철학적 논쟁이 추후 탈시설화와 사례관리실천의 토양이 되었다.

1879년 설립된 '정신장애자 애프터케어협회(Mental Aftercare Association)'에서 정신병원을 퇴원한 환자들에게 제공한 소규모 주거보호와 일상생활 지도 서비스가 사례관리서비스의 시초로 알려져 있다(Yip, 1996).

1) 영국은 사례관리를 사회복지와 보건의 통합으로 case management 대신 care management라는 용어로 사용하고 있다. 학자 중에 이 두 개념을 구분하여 정의하기도 하고, 유사 개념으로 사용하기도 한다. 본 서에서는 유사 개념으로 보고자 한다. 제1장 참조.

18~19세기의 자선활동도 사례관리서비스가 영국에서 탄생할 수 있었던 주요한 자양분 가운데 하나였다. 민간가정방문협회(Voluntary Visiting Associations)나 자선병원(Voluntary Hospitals) 등의 다양한 민간단체들이 지방정부와 연계하여 구제받을 자격이 있는 빈민들에게 지역사회 사회복지서비스와 보건서비스를 제공했다. 이들의 활동은 지역적으로 매우 다양했고, 대중들은 가혹한 구빈원보다 민간단체의 도움을 더 선호하였다(Thane, 2009, 공선희, 2015 재인용).

(2) 확립기(1970년대~1980년대)

영국은 1971년 시봄위원회 보고서(Seebohm Report, 1968)에 기반한 전면적 사회복지 개혁을 통해 지방정부에 사회서비스부(Social Service Department)를 설치함으로써 사회복지 사례관리의 기틀을 마련하였다(김보영, 2011).

그리고 본격화된 것은 그리피스 보고서(Griffith Report, 1988) 이후인데, 이 보고서는 사회서비스부가 모든 서비스를 직접 제공할 필요가 없다고 하였으며 케어의 혼합경제를 강조했다. 그럼에도 그 주도적 역할은 여전히 사회서비스부가 담당해야 한다고 보면서, 사회서비스부는 직접적 서비스를 제공하기보다는 서비스를 계획하고 구입하는 역할에 더 비중을 두어야 함을 제안했다(김미숙 외, 2011). 특히 그리피스(Griffiths)는 사회복지서비스에 경쟁원리를 도입한 복지의 혼합경제(또는 케어의 혼합경제)로 보호대상자의 욕구에 부합하는 보호패키지를 제공하는 사례관리의 도입을 제안하였다. 그리피스 보고서는 책임주체, 공급의 다양성, 사례관리의 도입, 지역사회보호 계획 수립 등에 관한 내용을 담고 있다. 우선, 사회서비스의 책임주체를 지방자치단체로 일임하고, 서비스를 제공하는 공급주체는 지방정부가 아니라 다양한 주체를 참여시켜야 한다고 보았다. 그리피스는 정부의 역할은 돌봄서비스를 연결시켜 주거나 소비하는 주체이지, 독점적인 권한을 가진 서비스 제공자가 아니라는 것을 명심해야 한다고 주장했다(그림 2-1).

이러한 그리피스의 제안을 받아들여 정부는 1989년 「지역사회보호 개혁 백서(Caring for People : Community Care in the Next Decade and Beyond)」를 발간하였는데, 백서는 지방정부가 욕구평가의 책임을 지고, 케어 패키지(care package)를 구성하며, '서비스 전달의 보장'을 위한 주도적 기구가 되어야 한다고 규정했다. 즉, 지방정부 사회서비스부는 직접적인 서비스 공급자에서 서비스의 조정과 구매자의 역할로 변화하여야 함을 강조하였다. 이때 사례관리는 지방정부가 '개인의 욕구를 충족시키는 서비스를 디자인'하기 위해 사용하는 실천방법이었다(공선희, 2015).

(3) 확장기(1990년대~현재)

영국은 그리피스 보고서의 영향으로 1990년 '국민보건서비스와 지역사회보호법(NHSCCA : National Health Service and Community Care Act)'이 제정되고 두 차례의 연기 끝에 1993년부터 시행되면서 사회복지서비스에서 큰 변화가 있었다(김용득, 2007).

첫째, 지역사회보호의 일차적 책임은 지방정부에 있지만, 사회복지 제공자의 다각화로 지방정부뿐 아니라 민간영역, 비공식부문의 사회복지서비스의 제공 역할을 강조하였다. 이에 사회복지서비스의 민영화가 강조되었다.

둘째, 지방정부 사회서비스부는 서비스 공급자－구매자의 분리(provider-buyer split) 정책으로 사회서비스부의 사례관리자들은 사회복지서비스에 대한 계획, 조정 및 구매의 역할을 담당하게 되었고, 직접서비스를 제공하는 민간부문의 서비스를 구매하는 방식을 활용하였다.

셋째, 지방정부 사회서비스부의 보편적인 사례관리체계의 수립과 관리이다. 사회복지서비스가 필요한 지역 주민은 지방정부 사회서비스부에 신청하며, 사정의 결과 이용자로 선정되는 경우 지방정부 사회서비스부가 지원하는 사회복지기관에서 서비스를 제공받는다.

한편 1997년 집권한 새 노동당 정부는 정부백서인 「The New National Health Service」(1997)에서 보건영역과 복지영역의 파트너십으로 협력할 것을 권장하였다. 이에 따라 일차진료그룹(PCG : Primary Care Group)[2]을 1999년에 구축하여 일차진료그룹의 의사들은 다른 의료 종사자들, 즉 간호사, 의료전문가들, 사례관리자에게 환자의 정보를 공유하도록 권장되었다. 이후 보건과 복지서비스 제공의 공유를 위해 지역사회의 새로운 조직인 'Care Trust(돌봄 트러스트)'를 만들게 되었다(이은경, 2010).

그리고 2006년 'Our Health, Our Care, Our Say(우리의 보건, 우리의 돌봄, 우리의 주장)' 정책을 통해 지방정부 차원에서 사회복지서비스, 주택, NHS 일차진료, 이차진료의 주요 공급자의 네트워크 구축을 독려하여 지방정부 차원의 보건·복지 간 파트너십과 협력을 강조하였다(이은경, 2010).

더불어 영국사례관리자협회(CMSUK)가 2001년 설립되어 사례관리 표준원칙(CMSUK Standards Of Practice and Best Practice Guidelines)을 2005년에 1판, 2009년 2판으로 발간하여 사례관리자가 수행해야 하는 핵심 서비스와 가이드라인을 제공하였고(CMSUK, 2009), 사례관리자 윤리강령도 발표하는 등 사례관리자의 질적 향상을 강화하였다.

영국은 이와 같이 정권변화에 따라 보건·복지 협력을 도모하기 위해 여러 정책들이 수립되었지만 별도의 정책이 아닌 이전의 정책들을 보완하는 차원에서 이루어진 점을 볼 수 있다. 이에 따라 영국의 사례관리는 정책적으로 지역사회 서비스로 그리고 보건·복지 협력의 실천방법으로 자리를 잡고 성장하였다.

---

2) 영국의 국가보건서비스(NHS : National Health Service)는 크게 일차진료(primary care)와 이차진료(secondary care) 두 가지 시스템으로 구성되는데, 일차진료는 일반의원(GP practices), 치과의원, NHS walk-in 센터, 약국 등으로 이루어져 있으며 이차진료는 NHS trusts(병원), Mental health trusts(정신병원), care trusts(지역사회보호 조직) 등으로 이루어진다. 일차진료 시 보건의료와 사회서비스가 같이 효과적으로 일할 수 있도록 하였다.

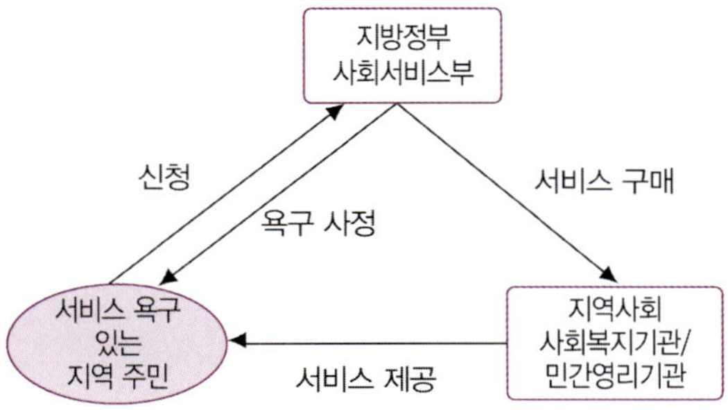

| 그림 2-1 | **영국의 사회복지서비스의 공급자-구매자 분리체계**

학습노트

영국의 사회복지 서비스 공급자-구매자의 분리 정책

- 사회서비스부의 사례관리자(공무원)들은 사회복지서비스에 대한 계획, 조정 및 구매의 역할을 담당하고, 직접 서비스를 제공하는 민간단체나 사회복지기관의 민간 서비스를 지방정부가 구매하는 방식의 정책이다.
- 지방정부는 지역 주민의 서비스 욕구를 사정하고 서비스 공급을 위한 계획을 작성해야 하는 의무와 동시에 혼합경제를 활성화할 의무도 부과되어, 대부분 직접서비스는 사회복지기관 및 민간영리부문에서 제공하고 그 서비스를 지방정부가 구매하여 지출하도록 규정되었다.
- 이에 민간영리부문은 지방정부와 서비스 제공 계약을 체결하고 지방정부를 보조하는 새로운 역할을 담당하게 되어, 1990년대 이후 급격하게 확대되었다.

2) 영국의 사회복지 사례관리의 특징

영국에서 사회복지 사례관리가 본격적으로 확산한 것은 1990년대이며, 지역사회보호의 논쟁과 사회복지 제공의 혼합경제의 필요에 의해 시작되었다. 영국의 사회복지 사례관리의 특징은 다음과 같다(공선희, 2015; 김미숙 외, 2011; 김보영, 2011; 이은경, 2010; CMSUK, 2009; Killaspy, 2006; Yip, 1996).

(1) 탈시설화 경향에 따른 지역사회보호

영국에서 사회복지 사례관리가 확산하게 된 직접적인 원인은 1990년대 본격화된 탈시설화 경향이다. 「지역사회보호 개혁 백서(Caring for People)」(1989) 발간 및 '국민보건서비스와 지역사회보호법(NHSCCA : National Health Service and Community Care Act, 1990)'의 제정 이후, 지역사회 재가복지서비스가 강조됨에 따라, 사례관리자들은 지역사회보호 서비스를 효과적으로 조정하는 역할을 수행하게 되었다. 따라서 탈시설화된 클라이언트를 지역사회 내에서 지속적으로 보호하고 관리할 수 있는 방법으로 대두된 실천모델이 사례관리이다.

(2) 복합적 욕구를 가진 클라이언트에 대한 보건 · 복지서비스의 통합

영국은 복합적 욕구를 가진 클라이언트에 대한 적절한 지역사회보호를 위하여 보건 · 복지서비스의 통합을 시도하였으며, 그 통합의 방법으로 사례관리를 채택하였다. 그리고 다양한 정책의 변화를 통해 보건 · 복지 협력은 강화되었고, 사회복지 사례관리의 필요성은 증대되었다.

(3) 케어의 혼합경제

1990년대 영국의 사례관리의 등장배경에는 '케어의 혼합경제'로 사회복지 제공자의 다각화와 지방정부의 서비스 제공과 구매의 분리정책의 영향이 있다. 이에 다양한 자원, 즉 공공과 민간 부문으로 이루어진 케어서비스의 패키지를 구성하여 제공하는 케어 매니지먼트(care management) 제도가 도입되었고, 사례관리의 필요성이 증대되었다. 지방정부 사회서비스부의 사례관리자들은 사회복지서비스를 직접 제공하기보다는 비공식 부문 케어를 최대한 활용하고 사회복지서비스에 대한 계획, 조정 및 구매의 역할을 담당하게 되었다.

(4) 공공복지에 대한 의존의 감소 및 비공식적 보호의 강조

영국에서 복합적인 욕구를 갖는 서비스 이용자의 증가와 더불어 정부의 복지에 대한 비용억제를 실현하는 방안으로 공식적 서비스를 비공식적 서비스로 대체하고자 하는 움직임도 일어나기 시작했다. 영국 정부는 케어의 혼합경제의 원리를 도입한 이후, 지방정부에서 비공식적인 자원의 활용을 증가시키는 것에 초점을 맞추게 되었다.

(5) 지방정부의 사례관리서비스 창구 일원화

사례관리 서비스가 필요한 지역 주민은 지방정부 사회서비스부의 일원화된 창구로 신청하며, 사정의 결과 이용자로 선정되는 경우 지방정부 사회서비스부가 계약한 민간복지기관으로 의뢰하여 서비스가 일괄적으로 관리되었다.

3. 우리나라 사회복지 사례관리의 발달과정 및 특징

우리나라의 사회복지 사례관리 역시 지역사회보호(재가복지사업)의 필요성에서 시작되었다. 미국과 영국의 사례관리는 탈시설운동의 결과로 지역사회보호를 실천하는 가운데 전문적 서비스로 발전한 반면, 우리나라의 사례관리는 탈시설화에 대한 관심은 저조한 상황에서 지역사회 빈곤가구를 지원하기 위한 복지현장의 필요에 의해 등장한 재가복지사업에서 출발하였다. 그리고 그 재가복지사업은 1990년대 사회복지시설의 다양화 및 전문화의 방향 속에서 전문적 서비스로 발전하였다.

따라서 우리나라에서 사회복지 사례관리는 1990년대 그 기반이 마련되었고, 본격적으로 사회복지실천으로 등장한 것은 2000년대이다. 이는 급증한 빈곤계층에 대한 지역사회보호의 대응, 사회복지시설의 전문화, 복지국가 재구조화의 흐름 속에서 사회적 필요에 의해 시작되었다.

우리나라에서 사례관리의 도입은 비용효과적인 실천방법의 필요성 때문이라기보다는 지역사회 취약계층을 위한 맞춤형 실천서비스의 제공으로 탈빈곤화와 탈위기화를 도모하는 것을 주요 목적으로 한다.

1) 우리나라 사회복지 사례관리의 발달과정

(1) 도입기(1980년대~1990년대)

우리나라에서 사례관리실천의 초기 형태는 재가복지사업이었다. 우리나라에서 지역사회 내 취약계층에게 서비스를 제공하는 재가복지서비스는 한국노인복지회가 1987년 가정봉사원 파견사업을 도입하며 시작되었다. 그러다가 1992년 재가복지봉사센터 설치 및 운영지침이 제정되면서 본격적으로 정부 차원의 재가복지가 이루어지기 시작했다(이경은 외, 2016). 그 이후 지역사회 빈곤가정, 노인, 장애인 등 다양한 저소득 대상자를 중심으로 지역사회보호가 확산되었다.

그리고 이러한 재가복지사업에서 발전한 사례관리는 공식적으로 학계와 실천현장에 1993년 등장하였다. 1993년 개정 노인복지법에 재가복지가 처음으로 사회복지사업의 한 분야로 규정됨으로써 실천방법으로서 사례관리가 도입되었다(장인협 · 우국희, 2001). 또한 1993년 김만두 교수가 번역한 『사례관리 실천론』이 발간되고, 황성동 교수가 1993년 한국사회복지학회 추계학술대회에서 "사회사업 실천방법으로서의 사례관리 기법"을 발표함에 따라 사회복지학계에 사례관리가 소개되었다. 그리고 1995년 황성철 교수가 "사례관리실천을 위한 모형 개발과 한국적 적용에 관한 연구"를 발표한 이후, 우리나라에서 사례관리에 대한 관심이 확산되기 시작했다.

더불어 1990년대 분야별 사회복지 관련 법의 제 · 개정으로 사례관리의 기반이 마련되었다. 1995년 12월 정신보건법이 제정되어 지역사회 정신보건을 주요한 정책으로 지향하게 되었는데, 사례관리가 지역사회 정신보건사업의 필수사업 중 하나로 포함되었다. 1997년 개정 노인복지법과 1999년 개정 장애인복지법, 그리고 2000년 개정 아동복지법 등 개정 사회복지 관련 법에서는 기능별로 시설종류를 다양화하고, 지역사회보호를 강조하였다. 이러한 일련의 법 제 · 개정이 지역사회보호의 강조, 사회복지시설의 소규모화, 다양화 및 전문화 방향으로 나아가게 하며 사례관리실천의 기반을 제공하였다.

우리나라 1990년대 사례관리에 대한 관심은 미국과 영국의 역사에서 드러난 탈시설화의 결과라기보다는 지역사회 재가복지 대상자를 위한 새로운 실천방법이며, 사회복지시설의 다양화 및 전문화 방향 속에서 전문서비스의 필요에 의한 것으로 보인다.

(2) 확립기(2000~2012년)

우리나라에서 다양한 사회복지 실천현장에 사례관리실천이 적극적으로 활용되고, 사회복지학계에서 본격적으로 사례관리에 관심을 갖게 되며, 공공사례관리가 도입된 것은 2000년대 이후이다.

우리나라는 1997년 IMF 외환위기로 급증한 빈곤가구 문제에 대한 대응으로 공공사례관리를 도입하게 되었다. 빈곤아동 문제의 심각성이 대두됨에 따라 2003년 교육복지투자우선지역사업이 시작되었고 또한 2006년 '드림스타트'가 공공서비스로 도입되면서 공공 아동사례관리가 최초로 시작되었다(김미숙 외, 2011).

보건복지부는 2009년 7월 전국 10개 지방자치단체에서 시범적으로 실시하던 공공사례관리(희망복지지원단 사업)를 2010년 1월부터 전국 지방자치단체로 확대하여 기초생활보장 수급자와 차상위계층, 그리고 긴급지원가구를 대상으로 시행하기 시작했다. 여성가족부도 2010년 16개 각 시·도 건강가정지원센터 및 다문화가족지원센터를 중심으로 취약계층의 생활수준 향상과 자립을 위해 사례관리사업을 실시하였다(한국사례관리학회 편, 2012).

또한 보건복지부는 2012년 개정된 사회복지사업법 시행규칙 제23조의2 제3항에 따라 사회복지관의 3대 기능을 사례관리 기능, 서비스 제공 기능, 지역조직화 기능으로 나누고 지역사회복지관에서 사례관리사업을 적극 수행하도록 하였다.

한편 사회복지학계에서는 2008년 설립된 한국사례관리연구회가 모체가 되어 2009년 한국사례관리학회가 창설되었다. 또한 한국통합사례관리학회가 2007년

노인장기요양보험제도 도입에 따른 노인에 대한 전문적인 케어서비스를 개발하고 케어서비스 제공자 교육에 역점을 두고 설립되었다(한국사례관리학회 편, 2012).

2003년 이후 공공부문은 교육부의 교육복지우선지원사업, 고용노동부의 취업성공패키지사업, 여성가족부의 다문화가족사례관리사업 외에 보건복지부의 8개 사업(위기가구 사례관리사업, 맞춤형 방문건강관리사업, 노인돌봄 기본서비스 제고사업, 자활사례관리사업, 드림스타트사업, 취약 한부모가족 역량강화사업, 의료급여사례관리사업, 장애인사례관리사업)에서 사례관리사업을 운영하고 있다.

또한 2000년대 이후 지역사회 종합복지관, 노인복지관, 장애인복지관, 가족센터, 정신건강복지센터 등에 사례관리사업이 도입되어 우리나라 사례관리는 사회복지 전 분야와 공공부문에서 주요 실천방법론으로 자리잡았다.

(3) 확장기(2012년~현재)

우리나라는 2012년 시·군·구에 희망복지지원단이 설치되어 통합사례관리 사업이 실시되면서 사례관리 발전의 전환기를 맞이하게 된다. 희망복지지원단 사업은 2012년 시·군·구 희망복지지원단 사업 → 2016년 읍·면·동 복지허브화 사업 → 2017년부터 찾아가는 보건·복지서비스로 확산되면서 명실공히 공공사례관리의 대표적 정책 및 사업으로 자리매김하고 있다(제11장 참조).

공공사례관리의 또 다른 대표적 정책은 바로 보건복지부의 지역사회통합돌봄 사업이다. 보건복지부는 2019년 시범사업을 시작으로 2025년까지 지역사회통합돌봄[3] 체계를 갖추려는 계획을 추진하고 있다. '지역사회통합돌봄 기본계획'의 네 가지 추진 핵심요소로 ① 주거지원 인프라 확충, ② 방문건강과 방문의료, ③ 재가돌봄 및 장기요양, ④ 서비스 연계를 위한 지역자율형

3) 지역사회통합돌봄이란 돌봄(케어)이 필요한 주민(어르신, 장애인 등)이 살던 곳(자기 집이나 그룹 홈 등)에서 개개인의 욕구에 맞는 서비스를 누리고 지역사회와 함께 어울려 살아갈 수 있도록 주거, 보건의료, 요양, 돌봄, 독립생활 등을 통합적으로 지원하는 지역주도형 사회서비스정책이다(보건복지부, 2020).

전달체계 구축을 들고 있다. 이 정책에서는 읍・면・동에 통합돌봄창구를 개설하고 또한 시・군・구에 통합돌봄 전담조직을 신설하여 추진체계를 마련하고 있다(보건복지부, 2020). 이때 통합돌봄창구의 주요 기능이 바로 통합사례관리업무로 공공사례관리는 전국적으로 확산되고 표준화되는 계기가 되었다.

더불어 사회복지 분야별 사업에서도 사례관리가 강조되었다. 정신건강사회복지 분야에서는 '정신보건법'(1995년 제정)이 2016년 폐지되고 '정신건강증진 및 정신질환자 복지서비스 지원에 관한 법률(약칭, 정신건강복지법)'(2016년 제정)로 대체되면서, 정신건강복지센터의 사업 중 주요 사업으로 지역사회 정신질환자에 대한 사례관리사업이 되었다.

노인복지 분야에서 2020년 이후 집중적 관심을 받으며 추진되고 있는 정책은 지역사회보호(돌봄)이며(안수란 외, 2022), 노인돌봄서비스 중 노인맞춤돌봄서비스, 치매돌봄 서비스, 그 외의 지역사회 단위에서 제공되는 지역사회 통합돌봄 사업, 노인복지관이나 지역복지관을 중심으로 한 지역복지서비스 등 대부분이 사례관리사업을 통해 제공되고 있다.

장애인복지 분야에서 2018년 발표된 제5차 장애인정책종합계획(2018~2022)에서 '장애등급제 폐지'와 '탈시설', '발달장애인 평생케어 종합대책'은 핵심 정책과제로 제시되었다(관계부처합동, 2018). 이에 탈시설화 정책 추진 기구인 '중앙장애인지역사회통합지원센터'가 2021년 설치되었고, 발달장애인 평생케어 종합대책으로 2019년부터 발달장애인을 대상으로 하는 주간활동 서비스와 방과후활동 서비스가 신설되었으며, 영유아 발달장애 정밀검사 지원, 발달장애인 거점병원・행동발달증진센터, 발달장애인훈련센터 등이 확대되었다(안수란 외, 2022). 장애인 탈시설화 정책과 발달장애인 평생케어정책으로 장애인 사례관리사업은 더욱 확대되었다.

아동・청소년복지 분야에서는 지역사회 위기임산부 및 아동을 대상으로 하는 드림스타트사업에서 2021년 아동사례관리 사정도구가 수정되면서 아동통합사례관리서비스가 더욱 확대되었다. 그리고 아동복지시설에서 퇴소한 청년의 자립을 지원하는 '보호종료아동(자립준비청년) 지원강화 방안'을 통해 보호종료아동의 자립에 대한 국가책임을 보다 강화하고 자립수당과 더불어 사례관리사업을 더욱 확대하였다(관계부처합동, 2021).

한편 사회복지관 평가지표에서 사례관리의 평가지표는 인력, 실행체계, 전문성, 협력 연계 등 4개 항목이며 모두 사례관리 운영체계와 관련된 것으로 사례관리 평가 배점은 점차 확대되고 있다(보건복지부 · 중앙사회서비스원, 2022).

이와 같이 우리나라 사례관리는 공공부문과 민간복지 실천현장에서 확대되고 있으며, 지역사회 통합서비스 실천방법으로 그리고 취약계층을 위한 실천방법으로 자리잡고 있다. 즉, 미국과 영국에서는 시설보호의 폐해와 사회복지서비스의 분절화 · 단편화의 문제점을 인식하고 그 대안으로 사례관리 실천을 도입하기까지 오랜 발달과정을 거쳐 왔으나, 우리나라 사회복지 사례관리는 매우 짧은 역사 속에서 사회복지 모든 분야에서 그리고 모든 공공부문에서 급속도로 확장하고 있다.

2) 우리나라 사회복지 사례관리의 특징

(1) 지역사회보호의 확산

우리나라에서 지역사회보호는 외국과 같이 시설보호의 대안으로 탈시설화의 결과 등장한 보호체계라기보다는 재가보호 대상자 및 자활보호 대상자를 위한 재가복지사업에서 발전했다. 우리나라에서 1993년 개정 노인복지법에 재가복지가 포함되면서 재가복지사업으로서 사례관리가 인정되기 시작하였고, 재가복지사업은 이후 빈곤가정, 아동, 노인, 장애인 등 취약한 대상자를 위한 지역사회보호로 확대되고 그 실천방법으로 사례관리가 적용되었다.

(2) 시설의 다양화, 탈시설화 경향

우리나라의 사회복지시설은 시설의 소규모화 및 다양화, 탈시설화 경향이 동시에 진행된 양상을 보여왔다. 1990~2000년대 사회복지 관련 법의 개정에 의해 아동복지시설, 장애인복지시설, 노인복지시설, 여성복지시설 등 대상별 사회복지시설들이 소규모 시설화, 전문적 기능을 가진 시설로 전환되면서 다양한 욕구를 가진 서비스 수요자를 위해 사례관리 접근방법이 적용되고 있다.

2020년 이후 정신건강 분야, 노인복지 분야, 장애인복지 분야, 아동・청소년 복지 분야에서 추진되는 탈시설화 및 지역사회통합돌봄사업 모두 사례관리 사업을 통해 이루어지고 있다.

(3) 클라이언트의 복합적 욕구 증가에 따른 서비스의 통합 및 전문화

우리나라 사회복지 사례관리의 등장 배경의 또 다른 중요한 요인은 복합적인 욕구를 갖는 복지대상자는 증가하는 반면, 기존 사회복지서비스는 단편화・분절화되어 있어 이에 대한 대응방안이 절실하였다는 데 있다. 2000년대 정부의 취업성공패키지사업, 맞춤형 방문건강관리사업, 자활사례관리사업, 드림스타트사업, 취약 한부모가족 역량강화사업 등 복합적인 욕구를 가진 클라이언트에 대하여 보다 통합적이고 지속적인 서비스를 제공하기 위해 사례관리가 도입되었다.

(4) 사회복지기관의 평가 및 기능의 개편

1999년부터 시작된 지역사회복지관 평가에 사례관리의 평가지표가 포함되었고 지표의 수와 배점은 점차 확대되고 있다. 뿐만 아니라 2012년 개정된 사회복지사업법에 사회복지관의 3대 기능 중 하나로 사례관리 기능이 포함됨에 따라, 지역사회복지관에서 사례관리사업은 주요 사업이 되었다.

(5) 공공사례관리의 확산

우리나라는 취약한 아동을 위한 드림스타트 사업, 위기가구를 위한 희망복지지원단 사업, 노인복지분야에서 지역사회보호(돌봄) 사업 등 공공사례관리가 사회복지 분야별로 도입되고 확산되고 있다.

생각해 볼 문제

1. 우리나라 사례관리의 발달과정과 미국 및 영국의 사례관리의 발달과정의 차이를 비교하시오.
2. 종합사회복지관 2개를 선정하여 홈페이지를 통해 사례관리기능 또는 사례관리사업을 비교하시오.

CHAPTER 03

사회복지 사례관리의 관점과 이론

1. 사회복지 사례관리의 관점과 이론

사회복지 사례관리의 관점 및 이론

❑ 사회복지 사례관리는 다양한 관점 및 이론으로 구성된 절충주의 실천모델이다. 생태체계 관점, 강점 관점, 임파워먼트 이론, 가족사정과 개입이론, 네트워크 이론 등에 이론적 기초를 두고 있다(한국사회복지교육협의회, 2022; Brun & Rapp, 2001; Kenter, 2010; Weick et al., 2006).

1) 생태체계 관점

(1) 생태체계 관점의 특징

생태체계 관점은 사회복지 실천방법론의 공통적 관점으로 사례관리 역시 이에 이론적 기초를 두고 있다. 생태체계 관점은 클라이언트와 그를 둘러싼 환경의 다양한 관계망과 상호작용 등을 강조하는 통합적 관점으로 사례관리의 이론적 기반이 되었다.

생태체계 관점의 이론적 특징을 살펴보면 다음과 같다.

① '환경 속의 인간(person-in-environment)' 관점

생태체계 관점은 '환경 속의 인간'이라는 관점에 따라, 인간은 생리적 · 정서적 · 사회적 · 문화적 존재로서 환경을 구성하고 다양한 환경과 상호작용을 한다고 본다(Meyer, 1983). NASW(2013)는 인간과 환경은 별개로 분리되지 않고 지속적으로 상호 교류하면서 존재하기 때문에 사례관리자가 클라이언트의 문제를 파악하기 위해서는 인간과 환경을 모두 이해해야 하며, 인간과 환경의 상호작용을 신중히 살펴보아야 한다고 보았다.

② 적응과 적합성

생태체계 관점에서 주요 개념 중 하나인 '적응(adaptation)'은 '개인과 환경의 적합성(person and environment fit)'을 의미한다. 적합이란 개인의 욕구와 사회환경 사이의 조화와 균형의 정도를 의미하며, 인간과 환경 사이의 이러한 적응적 균형을 적합성이라 한다(Germain & Gitterman, 1995). 따라서 개인과 환경 간의 적합성이 증가하면 개인은 그 환경에 적응한다고 설명한다.

③ 다양한 사회환경

생태체계 관점에서 주요 특징이 사회환경을 다양하게 구별하는 것인데, 브론펜브레너(Bronfenbrenner)는 환경을 미시체계, 중간체계, 외체계, 거시체계, 시간체계 등 5체계로 구분하였다(Bronfenbrenner, 1979; Vélez-Agosto et al., 2017).

- 미시체계(microsystem)는 가정, 학교, 또래집단처럼 개인에게 직접적인 영향을 주는 체계로서 개인에게 가장 근접하고 지대한 영향을 끼친다.
- 중간체계(mesosystem)는 미시체계 간의 상호관계, 즉 환경 간의 관계를 말한다. 부모와 교사 간의 관계, 부모와 친구와의 관계 등으로 하나의 미시체계와 다른 하나의 미시체계 간 연결 관계를 말하기 때문에 하나의 미시체계에서 일어나는 사건은 다른 미시체계에서 일어나는 개인의 행동과 발달에 영향을 끼친다. 중간체계가 매우 빈약할 경우에도 개인의 발달에 좋지 않은 영향을 미칠 수 있다.

• 외체계(exosystem)는 부모의 직장, 지방자치단체, 매스컴, 지역사회기관 등 개인이 직접 참여하지 않지만 개인에게 영향을 미치는 사회적 환경이다.
• 거시체계(macrosystem)는 미시체계, 중간체계, 외체계에 영향을 미치는 가치, 이념을 지닌 경제적·법적·문화적·종교적 체계이다. 개인의 삶에 직접적인 영향을 끼치지는 않으나 전체적으로 매우 강력한 간접적 영향력을 미친다.
• 시간체계(연대체계, chronosystem)는 초기의 생태학적 모델에서는 없었으나 새롭게 추가된 체계로 개인의 전 생애에 걸쳐서 일어나는 변화와 역사적인 환경을 의미한다. 미시체계, 중간체계, 외체계, 거시체계가 고정되어 있는 것이 아니라 시간의 흐름에 따라 역동적으로 변화한다는 것을 강조하는 개념이다.

(2) 생태체계 관점의 적용

사회복지 사례관리자가 생태체계 관점이론을 적용한 주요 실천원칙은 다음과 같다(NASW, 2013; Vourlekis, 1992).

① 사례관리자는 환경 속의 개인이라는 관점을 사용하여 클라이언트와 환경을 분리할 수 없는 존재로 본다. 클라이언트의 문제를 파악하기 위해서는 인간과 환경을 모두 이해하고 인간과 환경의 상호작용을 파악한다.
② 사례관리자는 클라이언트의 생활 상황과 생활주기단계를 사정한다.
③ 사례관리자는 클라이언트 개인과 환경 사이의 적합성을 증진시킬 수 있는 개입방법을 모색한다.
④ 사회적 지지는 사례관리실천의 필수적인 요소로 간주하여, 클라이언트의 사회적 지지에 대한 욕구와 기존 지지망의 역량, 클라이언트의 행동에 영향력을 갖는 구성원 등 클라이언트의 사회적 관계망에 대한 정보를 체계적으로 수집하고 활용한다.

⑤ 사례관리자는 클라이언트의 사회적 관계와 생활경험을 통해 유능성을 증진시킨다.

2) 강점 관점

(1) 강점 관점의 특징

사회복지 사례관리의 또 다른 이론적 기초는 강점 관점(strengths perspective)이다. 강점 관점이란 모든 사람은 강점을 가지고 있으며, 자신의 삶에서 원하는 것에 초점을 두어야 한다는 인식에서 출발하였다. 클라이언트의 문제에 초점을 두는 것이 아닌 그들의 재능과 자원, 그리고 강점에 초점을 두는 인식의 전환에서 비롯되었다(Weick et al., 2006, 김윤주 · 황혜숙, 2006 재인용).

강점 사정은 클라이언트가 스스로 원하는 구체적인 목표들을 마음속에 그리고 성취할 수 있도록 실천가가 클라이언트 삶의 여러 영역에서 강점을 발견하도록 지원하는 것이다. 강점에 기반한 사례관리는 정신건강 영역에서 적용되고 발전되었다. 사례관리자는 클라이언트가 원하는 목표와 열망에 초점을 두고, 성공으로 이끄는 데 도움이 되는 서비스 계획을 클라이언트가 수립하도록 지원한다. 이때 사례관리자의 역할은 클라이언트들이 목표를 발견하는 것을 돕는 것이며, 클라이언트의 재능과 능력 그리고 그들의 목표를 성취하는 데 도움이 되는 가족과 이웃 그리고 지역사회의 자원들을 함께 발견하는 것이다(Weick et al., 2006, 김윤주 · 황혜숙, 2006 재인용).

강점 관점의 이론적 특징을 살펴보면 다음과 같다(장인협, 2005, 김혜영 외, 2010 재인용).

① 강점을 지닌 '소비자'로서 클라이언트

강점이론에서는 클라이언트의 잠재력과 재능 등을 발견하고 인식할 것을 강조하며, 클라이언트의 자기결정권을 중요시한다.

② 문제에 집중하기보다 개인과 환경의 '강점 강화'에 초점

강점이론은 기존의 실천과 달리 문제를 최소화하여 다루거나 직접적으로 다루지 않고 철저하게 개인과 환경의 강점을 발견하고 인식하여 이를 강화할 것을 강조하고 있다.

③ 궁극적 목적은 문제해결 이상의 '삶의 질' 향상

기존의 사회복지실천에서는 클라이언트의 문제해결을 목적으로 하지만 강점이론에서는 클라이언트의 포괄적인 '삶의 질'을 향상하는 데 목적을 둔다.

④ 문제 해결

강점이론에서는 문제해결을 하는 실천방법을 소비자가 선택하도록 하고 있다. 또한 이를 위해 전문가에 의한 공식 서비스보다는 클라이언트의 비공식적 자원을 우선적으로 활용한다.

⑤ 주요 과정

강점이론의 주요 과정으로 소비자의 적극적인 관여와 관계를 중심으로 하여 강점 사정을 시행한다. 그리고 소비자의 내적·외적 강점을 강화하기 위한 계획과 개입을 하며, 소비자 중심의 모니터링 및 평가를 한다.

(2) 강점 관점의 적용

사회복지 사례관리자가 강점 관점을 적용한 주요 실천원칙은 다음과 같다(김혜영 외, 2010; Saleebey, 2009; Weick et al., 2006).

① 사례관리자는 클라이언트의 문제에 집중하기보다는 클라이언트의 강점과 그를 둘러싼 환경의 강점을 찾는 데 초점을 둔다.

② 문제, 질병 등은 인간에게 어려움을 주지만 동시에 도전과 기회의 자원이다. 사례관리자는 클라이언트의 문제의 영향을 인정하되 그에 대한 해석을 달리해야 한다. 즉, 클라이언트에게 문제는 어려움일 뿐 아니라 성장을 위한 도전과 기회라는 긍정적 시각으로 유도한다.

③ 사례관리자는 클라이언트의 변화 가능성에 한계를 두지 말아야 한다. 사례관리자가 열린 마음으로 클라이언트의 변화 가능성을 지지할 때 더 큰 효과를 얻을 수 있다.

④ 클라이언트와 상호협력하여 최선을 다해 클라이언트와 일한다. 사례관리자와 클라이언트는 수평적인 관계로 상호협력함으로써 함께 문제 상황을 변화시킨다.

⑤ 사례관리자가 사회자원의 중요성을 인식하고 환경 안의 자원을 사정하고자 한다면 기존에 생각하지 못했던 자원들을 발견할 수 있다.

⑥ 돌봄과 환경을 강조한다. 클라이언트에 대한 지속적 보호뿐만 아니라 환경 내 다양한 상황을 이해하고 해석하며 개입해야 한다.

3) 임파워먼트 이론

(1) 임파워먼트 이론의 특징

사회복지 사례관리의 이론적 기초로 강점 관점과 함께 적용되는 이론이 임파워먼트 이론(empowerment theory)이다. 임파워먼트 이론은 강점 관점을 지향하고 있어 강점 관점과 유사한 점이 있지만, 일부 다른 특성을 가지고 있다.

① 임파워먼트의 개념

임파워먼트(empowerment)란 힘을 얻는 과정과 결과를 모두 의미하는 것으로 개인적 힘, 대인관계 측면의 힘, 정치적 힘을 개발하고 얻고 촉진하는 과정이며, 쟁취한 상태를 의미한다(이경아 외 공역, 2004).

따라서 임파워먼트 이론은 클라이언트에게 자신감, 가치감으로 환경에 대한 대처능력과 통제력 등을 갖추도록 지원함으로써 클라이언트가 자신의 힘(power)으로 삶의 중요한 결정과 행동을 하도록 돕는 것을 말한다.

② 전문적 관계에 대한 시각 : 협력과 파트너십

임파워먼트 이론에서 사례관리자와 클라이언트는 수평적인 파트너로서 파트너십을 형성하며, 변화과정에 능동적으로 참여한다는 시각을 가지고 있다. 이러한 협력을 통해 문제해결을 위한 자원의 범위가 활성화되며, 변화 책임에 대한 사례관리자의 부담이 경감되며 클라이언트의 성장이 촉진된다(Miley et al., 2016).

③ 클라이언트에 대한 시각 : 소비자

임파워먼트 이론에서 클라이언트는 자신이 처한 환경과 능력을 가장 잘 알고 있는 사람으로 개입의 객체가 아니라 주체로 간주한다. 따라서 클라이언트는 기존의 수혜자, 환자, 도움을 받는 사람들이 아닌 소비자라는 개념으로 전환되며 자기결정권을 반영한다(Miley et al., 2016).

④ 클라이언트의 문제에 대한 시각

임파워먼트 이론에서 클라이언트의 문제를 클라이언트 체계의 결점으로 보기보다는 개인적 역량과 환경적 요구 사이의 불일치로 인하여 발생한다고 본다.

(2) 임파워먼트 이론의 적용

사회복지 사례관리자가 임파워먼트 이론을 적용한 활동내용은 다음과 같다(설진화, 2009; Miley et al., 2016).

〈표 3-1〉 임파워먼트 이론의 단계별 활동내용

단 계	과 정	활동내용
대화단계 (dialogue phase)	파트너십 형성	• 역량강화의 관계 수립 • 클라이언트의 역량 인식 • 사회복지사와 클라이언트 각각의 독창성 존중
	현재 상황의 명확화	• 클라이언트가 겪고 있는 도전적 상황 확인 • 환경과의 여러 상호작용 확인 • 목적 탐색
	방향 설정	• 관계형성을 위한 예비목적 결정 • 클라이언트의 동기 활성화 • 적절한 자원 탐색
발견단계 (discovery phase)	강점의 확인	• 클라이언트의 강점 탐색 • 도전적 상황과 문화적 정체성에 대처 • 역경의 극복
	자원의 역량 사정	• 클라이언트의 다양한 환경의 자원 탐색
	해결방안 수립	• 클라이언트와 환경자원을 활용하고 달성 가능한 행동계획 수립
발전단계 (development phase)	자원 활성화	• 이용 가능한 자원을 가동함으로써 행동계획 이행
	동맹관계 구축	• 클라이언트의 비공식적 지지망과 서비스 전달체계 내부에서 클라이언트의 역량강화적 동맹관계 수립
	기회의 확대	• 프로그램 개발과 지역사회조직, 사회행동을 통한 새로운 기회와 자원개발
	성공 인식	• 성취를 인식하고 변화노력의 성공 평가

출처 : Miley, K. K., O'Melia, M. W., & DuBois, B. L.(2016). *Generalist Social Work Practice : An Empowering Approach*. Boston : Pearson.

따라서 사례관리자는 임파워먼트 이론의 활동내용에 따라 다음과 같은 실천기술을 활용한다(이경아 외 공역, 2004; Miley et al., 2016).

① 파트너십 관계 형성

사례관리자는 클라이언트와 파트너로서 파트너십을 맺어 임파워먼트 집단을 형성하고 클라이언트와 공동으로 작업을 한다. 이를 통해 클라이언트의 참여를 촉진하고 정서적 지지를 제공한다.

- 사례관리자는 클라이언트와 임파워먼트 집단 형성하기
- 클라이언트의 비판적 의식 발전시키기
- 비공식적 지지망과 제휴하기
- 필요한 사회복지서비스 연계하기
- 클라이언트와 서비스 동맹 구축하기
- 클라이언트의 대인관계 역량 최대화하기

② 자원의 활성화

사례관리자는 클라이언트의 개인적, 대인관계적, 환경적 자원을 사정하고 다음과 같은 활동을 한다.

- 클라이언트의 개인적 효능감 강화하기
- 클라이언트의 대인관계 능력 강화하기
- 사회문제 이슈에 대해서 클라이언트의 의식 고양시키기
- 클라이언트의 강점 활용하기
- 클라이언트의 변화에 대한 동기부여 하기
- 클라이언트의 문화적 자원 찾아내기
- 클라이언트의 개인적 역량 훈련하기

③ 기회의 확장

사례관리자와 클라이언트는 다양한 측면의 기회를 확장하기 위해 공동으로 노력한다.

- 환경적 기회와 위기 인식하기
- 사회옹호와 사회행동 촉진하기

• 사회정의를 지지하기
• 사회정치적 역량 기르기

4) 가족사정과 개입이론

사회복지 사례관리는 또한 가족사정과 개입이론에 기초를 두고 있다. 클라이언트의 사회환경 중 가족은 가장 친밀하고 가장 영향을 많이 주는 환경이며 가족 내 구성원의 변화는 가족 전체에 영향을 주기 때문이다.

따라서 가족 사례관리의 목적은 가족의 욕구 및 문제를 파악하고 가족의 강점을 동원하며 자원을 지원하여 가족의 기능적 역량을 극대화하는 것이다(Greene, 1992).

(1) 사례관리에서 가족사정

가족사정(family assessment)이란 가족을 하나의 단위로 보고 가족 내부의 요인과 외부의 요인, 이들 양자 간의 상호작용을 파악하기 위해 자료를 수집하고 분석하고 종합하여 가족에 대한 개입을 계획하는 일련의 과정이다(김혜영 외, 2010; 최복천 외, 2014; Kirst-Ashman & Hull, 2008).

① 가족의 욕구 및 문제 사정

첫째, 가족의 의식주 영역의 욕구 및 문제를 파악한다. 이는 가족의 생존을 위한 욕구이므로 최우선으로 파악되어야 하는 욕구 및 문제 사정이다. 의생활 욕구에서 가족원의 의류 구비 여부 및 청결을 파악하며, 식생활 욕구에서 가족의 식사횟수 및 영양섭취를 사정한다. 그리고 주거환경에서는 주거유형, 안전성, 기능성 및 쾌적성을 사정한다.

둘째, 사례관리자는 가족생활주기에 따른 가족의 욕구 및 문제를 사정해야 한다. 개인뿐 아니라 가족 역시 발달적 과업에 직면하는데, 이는 바로 가족생활주기(family life cycle)로 시간의 경과에 따른 가족 내의 발달적 경향을 의미한다. 따라서 가족을 발달적 관점에서 사정하는 것은 가족을 시간적 차원에서 이해하고 특정 단계에서 발생할 수 있는 발달적 위기를 이해하고 대처한다는 점에서 유용하다. 가족은 가족생활주기에 따라 새로운 욕구와 문제를 가지며 이것이 보편적이라 해도 문화적 상황에 따라 다르며 가족의 탄력성 수준에 따라 달라지므로 이에 대한 사정이 요구된다.

셋째, 사례관리자는 예기치 않은 상황 또는 위기 상황으로 인한 가족의 스트레스를 파악해야 한다. 예를 들어, 한 가족원의 심각한 질병은 다른 가족원의 발달 및 기능에 영향을 미치므로 사례관리자는 가족원의 위기 상황을 파악하고 관심을 기울여야 한다.

넷째, 사례관리자는 가족의 변화 및 전이단계에 대해 관심을 기울여야 하는데, 출산, 사망, 퇴직 등 가족의 전이 시점에서 일어나는 구조적인 변화 역시 가족의 균형을 깰 수 있기 때문이다.

② 가족의 강점 사정

사례관리실천에서는 클라이언트 개인의 강점뿐 아니라 가족의 잠재력과 재능 등을 발견하고 활용할 것이 강조된다. 가족은 사례관리의 클라이언트이면서 동시에 자원제공자로 활용되며, 가족은 비공식 자원체계로 개인 클라이언트의 자연적 조력자라고 할 수 있다. 사례관리자는 가족이 가족원에게 제공하는 비공식적 서비스와 강점을 파악해야 한다(Moore, 1990).

③ 가족의 환경과의 상호작용 사정

사례관리에서는 생태체계도를 활용하여 가족의 환경과의 관계 또는 다른 체계와의 관계에 대해 파악한다. 생태체계도는 클라이언트 가족에게 유용한 자원이나 환경이 무엇인지, 가족체계에 스트레스를 주는 것은 무엇인지, 그리고 이들 체계 간의 관계가 어떻게 유지되고 있는지에 관한 정보를 제공한다.

④ 가족의 역동에 대한 사정

생태체계적 관점에서 가족문제는 가족원의 공유된 책임의 결과로 나타난 결과이기 때문에 가족에 대한 개입단위도 가족관계를 특정 짓는 유형에 초점을 둔다. 따라서 개별 사건보다는 사건의 과정이나 맥락에 관심을 두고, 가족 체계와 체계 내의 하위체계 또는 외부환경 등 다양한 수준에서 체계가 어떻게 상호작용하고 있는가에 대해 사정하게 된다. 가족 내 중요한 하위체계는 부부 하위체계, 부모 하위체계, 부모-자녀 하위체계, 형제자매 체계이며, 이들 하위체계가 가진 경계와 특성을 살펴봄으로써 가족이 지닌 특성을 이해하는 데 도움이 되는 자료를 수집할 수 있다(최복천 외, 2014).

(2) 가족 개입이론의 적용

가족 사례관리실천에서 사례관리자는 가족을 하나의 단위로 보고 개입하면서 동시에 개인 구성원에게 개입한다. 사례관리자가 적용한 주요 실천원칙은 다음과 같다(Greene, 1992; Moore, 1990).

- 사례관리는 가족의 기능을 유지하고 강화하고 역기능적인 가족 패턴을 변화시키는 것을 목표로 한다.
- 사례관리자는 가족과 함께 수행하며 가족의 관점에서 어떤 서비스가 필요한지를 결정한다.
- 질병이나 기능의 상실로 인한 가족의 정서적인 문제나 스트레스를 개선하기 위해 임상적인 개입을 한다.
- 가족이 제공할 수 있는 비공식적 서비스를 파악하여 활용한다.
- 가족은 가족 체계의 변화를 이끌어 내는 자원과 역량을 이미 가지고 있다고 보고 가족의 강점을 활용한 서비스를 계획한다.

5) 네트워크 이론

(1) 네트워크의 개념

네트워크(network)란 '여러 관계의 연결체계, 연결망'이라는 의미로 많은 학문영역에서 관심이 높은 용어이다(김희연 · 한인숙, 2002). 사회과학에서 네트워크 개념이 도입된 것은 1970년대 이후 조직 간 관계에 대한 연구에서 중요한 분석방법으로 활용되면서였다(김준기 · 이민호, 2006).

사회복지 영역에서 네트워크는 자원의존이론(resource dependence theory), 사회교환 이론(social exchange theory)과 사회자본 이론(social capital theory)과 관련성이 높으며, 그 용어가 동일하더라도 세부 내용에서는 다소 차이가 있다(김준기 · 이민호, 2006; 홍현미라, 2008).

첫째, 조직 간 관계유형으로서 네트워크가 있다. 이는 지역사회 기관 간의 관계 및 상호의존성에 관심을 두며, 기관에 초점을 맞춘다. 이러한 측면에서 조직 관계이론, 자원의존이론, 조직 네트워크의 연관성을 파악할 수 있다.

둘째, 구성원들 간의 관계유형을 탐색하는 사회적 네트워크(social network)가 있다. 이는 개인에게 초점을 맞추며 구성원의 상호관계, 권력관계에 관심을 둔다. 교환이론에 따라 재화나 서비스의 교환, 정보의 교환, 호감의 교환에 따라 그 유형을 구분하기도 한다.

(2) 사회복지 네트워킹의 단계

사회복지 네트워킹은 조직 간 관계유형의 네트워크로 사회복지기관이 다른 기관들과 네트워크를 구성할 때 ① 네트워킹 준비단계, ② 네트워킹 구성단계, ③ 네트워킹 실행단계, ④ 네트워킹 관리단계의 네 단계로 진행된다. 각 단계는 과업이 요구되며, 각 단계마다 사회복지사의 역할이 있다. 각 단계별 네트워크 내용과 주요 과제를 정리하면 다음과 같다(홍현미라, 2008).

① 네트워킹 준비단계

첫 번째 단계는 준비단계로 사회복지실천의 목적 달성을 위해 네트워킹 방법의 사용이 적절한가를 검토하는 단계이다. 예를 들어, 모금 사업을 기획하는데, 기관이 단독으로 하는 것이 바람직할지, 모금 네트워킹을 하는 것이 적절할지 검토하는 단계이다. 그리고 네트워킹의 전제조건으로 자신의 조직이 다른 조직과 교환할 자원이 있는지, 대안이 있는지를 검토한다. 그 후에 조직 내부에서 네트워킹 방법에 대해 승인을 받는다.

② 네트워킹 구성단계

두 번째 단계는 네트워킹 구성단계로 네트워크를 찾고, 찾은 네트워크에 접촉하여 네트워킹을 구성하는 단계이다. 우선 관련 네트워크 찾기로 네트워크 기관 목록표를 작성하는 것이 필요하다. 예를 들어, 모금 네트워킹 또는 일자리창출 네트워킹 등 그 목적에 따라 유사 목적을 사명으로 하는 단체나 기관을 찾는다. 그리고 작성한 리스트의 정보에 기초해 상대 기관과 관계 맺기, 신뢰 형성하기, 상호 호혜성을 형성시키기, 계약하기 등을 실천한다.

③ 네트워킹 실행단계

세 번째 단계는 네트워킹 실행단계로 네트워크 영역을 구축하고 네트워킹을 실행하는 단계이다. 우선 파트너기관들과 네트워크 영역에 대해 협력(cooperation), 조정(coordination), 합작(collaboration) 등 네트워크 내 관계유형을 설정한다. 그리고 네트워킹 실행단계의 두 번째 과업은 기관이 어느 수준에서 네트워크를 할 것인가로 실무자 네트워크(line-level staff networks)와 관리 차원의 네트워크(management level networks)로 구분할 수 있다. 실무자 네트워크는 대칭적이지 않으며 반복적인 특징을 주로 보이고 동일한 파트너를 활용하는 특성이 있다. 반면 기관의 관리 차원 네트워크는 문제 정보나 재정 또는 현물자원의 교환, 기관경영이나 영역의 정보 교환 등과 같이 교환을 보다 중시하는 특성을 보인다.

또한 네트워크는 권위의 위치가 어디에 있느냐에 따라 다양할 수 있다. 네트워크 권위의 위치는 내부와 외부로 나뉘는데, 자발적 네트워크는 내적 권위를 지니게 되며, 정부나 사회복지 공동모금회와 같이 외부자금에 의한 네트워킹이 진행이 되는 경우 외적 권위를 갖는다고 할 수 있다.

④ 네트워킹 관리단계

네트워킹 관리단계는 네트워크에 참여한 기관들의 힘의 균형(대칭성)을 유지하고 갈등을 관리하며, 응집력을 관리하는 단계이다. 네트워크의 대부분 갈등은 네트워크의 의존성에 기인한다. 그리고 의존성은 네트워크 내 한 기관의 영향력이 더 크다는 의미이다. 따라서 이러한 네트워크의 의존성과 영향력을 관리하는 것이 필요하며 힘의 균형을 유지하는 것이 바람직하다.

관리단계의 두 번째로 네트워크의 응집력(cohesion)을 관리해야 한다. 네트워크 응집력이란 조직이나 네트워크 자체에 대해 참여자들이 친밀해지는 것을 말한다. 이러한 응집력은 참여자들 간에 촉진되는 경향이 있으며, 교환이 활발할 때 격려된다. 따라서 네트워크를 관리할 때 교환에 대한 지속적 관여를 해야 하며 교환이 평등하게 이루어져야 한다. 이루어진 교환에 대해 서로 공평하게 느끼고 만족스러워야 하며 유익해야 한다는 것이다.

〈표 3-2〉 사회복지 네트워킹의 단계

단 계	세부 단계	과 업
네트워킹 준비단계	① 네트워킹 적합성 검토하기	• 실천과 네트워킹 방법과의 적합성 검토 • 네트워킹 전제조건 만족시키기
	② 네트워킹 승인받기	• 조직에서 네트워킹 방법에 대한 승인 가능성 진단 • 과업환경 체크
네트워킹 구성단계	③ 네트워크 찾기	• 네트워크 찾기 • 찾아낸 네트워크의 네트워킹 가능성에 대한 정보 수집하기 • 가능한 네트워크 리스트 작성하기
	④ 네트워크 접촉하기	• 관계 맺기 • 신뢰 형성하기 • 상호 호혜성 활용 및 형성하기 • 계약하기
네트워킹 실행단계	⑤ 네트워크 영역 구축하기	• 네트워크 사업 합의하기 • 네트워크 크기 정하기 • 관계유형 합의하기
	⑥ 네트워킹 실행하기	• 교환의 대칭성 만들기 • 기관 성원의 지위 결정하기 • 권위의 위치 확인하기

네트워킹 관리단계	⑦ 네트워크 갈등 관리하기	• 네트워크의 의존성과 영향력 관리하기 • 네트워크의 중심성 관리하기 • 네트워크의 조정과 통제
	⑧ 네트워크 유지하기	• 네트워크의 응집력 관리하기 • 네트워크의 밀도와 복잡성 유지하기 • 상호 호혜성과 신뢰 관리하기

출처 : 홍현미라(2008). 사회복지 네트워킹(Networking)의 이해와 적용. 한국사회복지행정학회 2008년도 학술대회 자료집, pp. 57-77.

(3) 네트워크 이론의 적용

사례관리에서 네트워크 이론은 사례관리자가 간접서비스를 제공하거나 사례관리기관이 외부 운영체계에 참여할 때 적용된다.

첫째, 사례관리는 클라이언트의 욕구에 부합되는 최적의 서비스를 제공하는 것을 목표로 하기에, 다양한 조직과 자원의 연계서비스, 조정서비스, 옹호서비스 등 간접서비스를 적극 활용한다. 사례관리실천에서 간접서비스를 운영할 때 네트워크 이론이 활용된다고 할 수 있다.

둘째, 사례관리 운영체계는 내부 운영체계뿐 아니라 외부 운영체계가 함께 운영되는데, 이때 외부 운영체계의 운영 시 사회복지 네트워킹 단계가 적용된다고 할 수 있다. 사례관리와 관련된 지역사회 다양한 기관들이 통합사례관리협의회를 조직할 때 상호 신뢰와 상호 호혜성을 형성하며, 힘의 균형을 유지하고 갈등을 관리하며 응집력을 유지하는 등 네트워킹 단계를 구축해야 한다. 그 과정을 통해 협력 기관들은 협력의 목적과 상호 교환의 목적이 유지될 수 있기 때문이다.

2. 사회복지 사례관리의 모형

사회복지 사례관리의 모형

- 사회복지 사례관리의 다양한 모형들
  1. **사례관리자 유형에 따른 모형** : 사례관리를 수행하는 사례관리자가 누구인가 또는 어떤 역할을 하는가에 따라 유형화한 모형
  2. **사례관리의 서비스 수준에 따른 모형** : 사례관리의 기능 및 서비스의 복합성 수준에 따라 유형화한 모형
  3. **사례관리 특성에 따른 모형** : 사례관리의 12가지 특성에 따라 유형화한 모형
- 우리나라 사회복지 사례관리는 종합형에 집중되어 있고, 사례관리자는 일반주의 사례관리자가 대부분이다.

사회복지 사례관리는 그동안 유형화 기준들이 서로 다른 다양한 모형들로 제시되어 왔다. 이 모형들은 사회복지 현장이 복잡해지면서 각 실천상황에 적절한 사례관리 실천의 지침과 특성을 설명하기 위한 시도의 결과로 보인다. 이 절에서는 다양한 모형들 중 가장 대표적인 모형들을 소개하고자 한다.

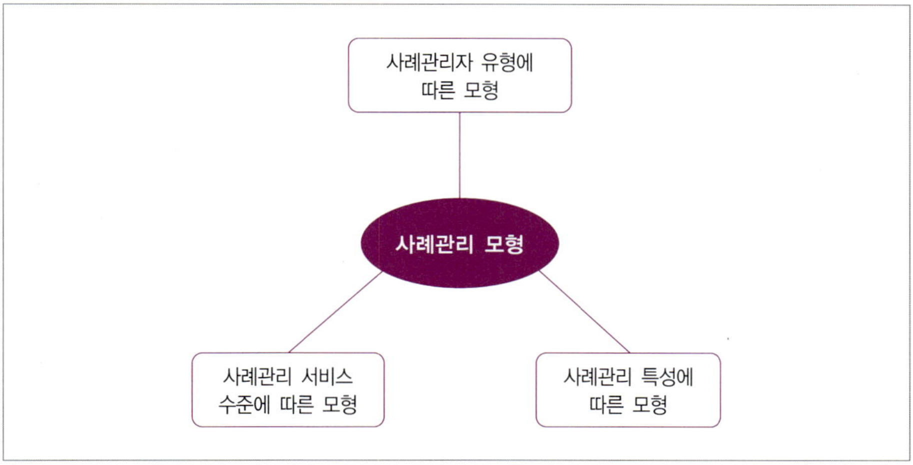

| 그림 3-1 | 사회복지 사례관리 모형

1) 사례관리자 유형에 따른 모형

사례관리자 유형에 따른 모형은 사례관리를 수행하는 사례관리자가 누구인가 또는 어떤 역할을 하는가에 따라 사례관리를 분류한 모형이다. 이 모형은 일차적 보호 사례관리자 모형, 일반주의 사례관리자 모형, 전문주의 사례관리자 모형, 전문-일반주의 사례관리자 모형, 치료사-사례관리자 모형의 다섯 유형으로 분류된다(Holt, 2000 : 20-22).

(1) 일차적 보호 사례관리자(primary care case manager) 모형

사례관리자가 클라이언트에게 일차적인 의료적 서비스와 건강관리를 지원하는 치료자 모형이다. 주로 보건의료기관에서 의사가 사례관리자의 기능을 하는 모형으로 최소한의 비용으로 클라이언트의 치료 및 건강관리에 집중한다.

(2) 일반주의 사례관리자(generalist case manager) 모형

한 사례관리자가 모든 사례관리 과정에 책임을 지고 한 명의 클라이언트에게 필요한 직접서비스 및 간접서비스를 모두 제공하는 모형이다. 이 모형에서는 한 명의 사례관리자가 클라이언트를 책임지기 때문에 사정, 서비스 계획 및 제공, 조정에서 갈등이 적은 편이다. 한편 사례관리자의 역량에 따라 클라이언트가 받는 서비스의 질에서 편차가 발생하고, 사례관리자는 정서적 부담 및 소진이 가중될 수 있다는 단점이 있다.

(3) 전문주의 사례관리자(specialist case manager) 모형

클라이언트의 욕구와 필요한 서비스에 따라 여러 전문가 사례관리자가 배정되어 다양한 전문적 서비스를 제공하는 유형이다. 이 모형은 주로 학제 간 팀 접근으로 이루어지며, 서비스 계획 및 실행은 모든 전문가 사례관리자들의 합의에 의해 이루어진다.

전문가팀에 기반을 두며, 각 전문가 사례관리자들이 자신의 전문영역에만 집중하여 클라이언트에게 높은 수준의 서비스를 제공하며, 서비스의 부담을 전문가들과 분담한다는 장점이 있다. 반면 서비스 계획 및 실행의 책임을 어느 전문가 사례관리자가 맡느냐에 대한 논란이 있으며, 한 명의 클라이언트의 욕구와 문제를 분담하므로 서비스의 중복과 지연이 발생할 수 있다는 단점이 있다.

(4) 전문 – 일반주의 사례관리자(specialist–generalist case manager) 모형

이 모형은 사례관리자가 일반주의 사례관리 훈련과 전문주의 사례관리 훈련을 모두 받아 양쪽 역할을 모두 수행하는 모형이다. 기본적으로는 사례관리자가 한 명의 클라이언트를 맡는 일반주의 사례관리자 역할을 수행하며, 필요에 따라 전문가팀을 운영하여 한 명의 전문가 사례관리자로 활동하기도 한다. 이 모형은 전문주의 사례관리의 단점을 보완할 수 있는 모형이지만, 클라이언트의 욕구와 관심이 사례관리자의 전문영역이 아닌 경우 무시될 수 있는 우려가 있다.

(5) 치료사 – 사례관리자(therapist–case manager) 모형

이 모형은 치료사가 사례관리자 기능을 수행하는 모형으로 모든 유형의 치료사가 사례관리 교육을 받은 후 가능하다. 예를 들어, 작업치료사가 사례관리자의 기능을 수행하는 경우이다. 이 모형에서도 단점이 있는데, 클라이언트의 욕구 해결 또는 문제 해결이 곧 치료로 정의되는가의 문제이다.

2) 사례관리의 서비스 수준에 따른 모형

사례관리자가 수행하는 기능과 역할은 다면적이므로, 서비스 수준에 따라 사례관리 실천모형을 구분할 수 있다. 황성철(1995)이 제시한 바에 따르면, 사례관리의 다양한 기능 및 실행에 따라, 그리고 서비스의 복합성 수준에 따라서 단순형, 기본형, 종합형, 전문관리형으로 구분한다(황성철, 1995 : 285-289).

(1) 단순형 사례관리 모형(simple model)

단순형 사례관리 모형은 사례관리의 초점을 클라이언트와 지역사회 자원 및 서비스를 단순히 연계시키는 데 둔다. 사례관리자는 중개자(broker)의 역할을 수행하므로 준전문가나 비전문가에 의해서도 수행할 수 있다. 따라서 이 모형에서는 기관에서 별도의 사례관리 부서를 설치할 필요는 없지만, 반드시 전문가에 의한 슈퍼비전이 요구된다. 사례관리자의 담당 사례 수는 100사례 정도이다.

(2) 기본형 사례관리 모형(basic model)

기본형 사례관리 모형에서는 사례관리자가 클라이언트와 지역사회 자원 및 서비스를 연계하며, 아울러 조언 및 상담 등 직접적인 서비스를 제공하는 일차적인 상담가의 역할을 수행한다. 이 모형에서 사례관리자는 충분한 훈련과 경험을 갖지 않은 전문가이거나 준전문가이며, 반드시 전문적 슈퍼비전이 요구된다. 사례관리자의 담당 사례 수는 30사례 정도이다.

(3) 종합형 사례관리 모형(comprehensive model)

종합형 사례관리 모형의 목적은 클라이언트와 심층적인 상담과 치료적 개입을 수행하고 또 지역사회 자원과 서비스를 제공하는 것이다. 사례관리자는 전문가로서 로스먼(Rothman, 1991)이 설명한 15가지 기능(사례 발견과 의뢰, 적극적인 클라이언트 발굴, 접수, 사정, 목표설정, 서비스 계획 및 개입, 클라이언트와 서비스 또는 자원 간의 연계, 자원 파악 및 목록 작성, 서비스 제공의 점검, 재사정, 결과평가, 기관 상호 간의 조정, 상담, 치료, 클라이언트 옹호)과 역할을 수행한다. 이 모형에서는 사회복지기관 내에 별도의 독립된 부서를 공식화하여 사업을 전개하는 것이 바람직하며, 사례관리자의 담당 사례 수는 10~20사례 정도이다.

(4) 전문관리형 사례관리 모형(professional management model)

사례관리자는 클라이언트에게 상담 및 치료의 직접서비스와 지역사회 자원

연계 등 간접서비스를 제공하며, 아울러 관리자로서의 업무를 수행한다. 관리자는 조직에서 계획, 의사결정, 점검, 조정, 자원 배분, 통솔의 역할을 수행한다. 이 모형에서 사례관리자의 담당 사례 수는 최소한의 사례로 10사례 미만이다.

〈표 3-3〉 사례관리의 서비스 수준에 따른 사례관리 모형

구 분	단순형	기본형	종합형	전문관리형
목 적	• 간접서비스	• 간접서비스 • 기초상담, 조언	• 간접서비스 • 심층상담 · 치료	• 직접 · 간접서비스 제공 • 관리자 역할
기 능	• 욕구인식 · 사정 • 사례계획과 서비스 연계 · 점검	• 사례발굴, 사정, 사례계획 및 서비스 연계, 상담, 서비스 점검	• 로스먼(Rothman)의 15가지 기능 수행	• 기본적인 사례관리 기능과 자원배분, 통솔, 의사결정 기능 포함
사례관리자 역할	• 자원과 서비스 중개자	• 중개자, 상담자, 교육자, 지지자, 서비스 점검자	• 자원 · 서비스 중개자, 상담가, 치료자, 교육자, 옹호자	• 연계자, 상담자, 치료자, 교육자, 관리자
사례관리자의 교육 및 전문성	• 준전문가, 비전문가 • 훈련된 자원봉사자	• 준전문가, 전문가	• 전문가	• 특수분야별 전문가
사례관리자의 위치와 슈퍼비전	• 기존 조직과 업무 수행 부서에서 수행 • 전문가에 의한 엄격한 슈퍼비전	• 기존의 조직 내에서 수행 • 전문 슈퍼비전이 필요	• 독립된 사례관리 부서 • 최소한의 슈퍼비전	• 독립된 팀 형성 • 슈퍼비전이 필요 없음
사례량	• 비교적 많음 (100사례 정도)	• 적절한 사례 (30사례 내외)	• 비교적 적은 사례 (10~20사례)	• 최소한의 사례 (10사례 미만)
개별/ 팀 접근	• 팀 접근 가능 • 주로 개별적 접근	• 개별적 접근	• 개별적 접근	• 팀 접근
업무에 관한 자율성 및 권위 정도	• 자율적 결정권 없음 • 전문가와 협의 요망	• 어느 정도 자율성이 보장	• 자율적인 의사결정이 보장	• 전문분야별 자율성 보장 • 공동결정 요망

출처 : 황성철(1995). 사례관리 실천을 위한 모형개발과 한국적 적용에 관한 연구. 한국사회복지학, 27, 289.

3) 사례관리 특성에 따른 모형

홀 외(Hall et al., 2002)는 ICM(강점중심의 아이오와 사례관리, Iowa Case Management)을 타 모형과 비교하기 위해 12가지 차원(Ridgely & Willenbring, 1992), 즉 서비스 기간, 접촉의 강도와 빈도, 사례관리자의 담당 사례 수, 서비스 초점, 서비스 유형, 가용성, 사례관리 장소, 클라이언트의 주도성, 옹호자/ 초기 접촉자, 사례관리자 권한, 사례관리 팀 구조 등으로 모형의 특성을 비교하였다(Hall et al., 2002).

홀 외(Hall et al., 2002)가 비교한 다섯 가지 사례관리 모형은 Pole A, Pole B, PACT(적극적 지역사회 치료 프로그램, Program for Assertive Community Treatment), MC(관리보호, Managed Care), 그리고 ICM(강점중심의 아이오와 사례관리)이다.

첫째, Pole A 모형은 장기간 통합적 사례관리서비스로 클라이언트에게 24시간 제공되는 집중적이며 통합적 모형이다. 따라서 사례량은 적으며 사례관리자의 자격과 권한은 높은 편이다.

둘째, Pole B 모형은 클라이언트의 특정 욕구에 대해 제한적 서비스를 제공하는 모형으로, 사례관리서비스가 근무시간 내에 제공되는 간접서비스가 주요 서비스인 모형이다. 사례량은 많은 편이다.

셋째, PACT 모형은 Pole A 모형과 유사한 모형으로 장기간 서비스가 필요한 클라이언트에게 다학제 간 치료팀이 집중하는 모형이다. 따라서 사례량은 적으며 사례관리자의 권한은 높은 편이다.

넷째, MC 모형은 비용억제에 일차적 목적이 있는 모형으로, Pole B 모형과 유사한 모형이다. 클라이언트들의 욕구에 한시적으로 대응하고, 전문가 중심으로 서비스를 제공하며, 클라이언트의 선택에도 제한이 있는 모형이다. 사례량은 많은 편이다.

다섯째, ICM 모형은 강점 관점 해결중심 치료에 기초하여 사례관리를 제공한다. ICM은 클라이언트가 개인적 강점과 자원을 찾고 자신의 상황에 적절한 해결책을 창출해 냄으로써 역량이 강화될 수 있도록 하고, 이 과정에서 클라이언트가 자신의 역량을 발휘하고 변화의 주체로 역할하게 된다. 근무시간과 저녁시간에 제공되는 통합적 모형으로 사례량은 중간 정도이며, 사례관리자의 옹호활동이 강조된다. Pole A 모형과 Pole B 모형의 중간 수준이다.

〈표 3-4〉 사례관리의 특성에 따른 사례관리 모형

차 원	Pole A	Pole B	PACT	MC	ICM
서비스 기간	무제한	시간제한적	무제한	필요시(최소한)	1년까지
접촉 강도와 빈도	빈번함/ 매일 접촉	분기별 접촉	자주	필요시(최소한)	주나 월 단위의 혼합
사례량	적음(1 : 10)	많음(1 : 75)	적음 (1 : 5~1 : 15)	매우 많음	중간(집중서비스 1 : 15/ 최소서비스 1 : 30)
서비스 초점	넓음(포괄적)	좁음(배타적)	넓음	좁음(단일학문)	넓음
서비스 유형	모든 종류 서비스	간접서비스 관리	치료팀에서 대부분의 서비스 제공	간접서비스 관리와 통제	간접서비스 관리
서비스의 가용성	24시간	근무시간 내	24시간	24시간	근무시간 내/ 저녁시간
사례관리 장소	ct 생활환경	사무실	ct 생활환경/ 사무실	주로 전화	혼합(사무실과 지역사회)
소비자(ct) 주도성	소비자 주도	전문가 주도	전문가 주도	전문가 주도	ct 주도 목표 설정, 계획 및 달성
옹호자/ 초기 접촉자	ct를 위한 옹호자	사례관리기관 초기 접촉자	혼합	사례관리기관 초기 접촉자	ct를 위한 옹호자
사례관리자 자격	심화자격증 이상	기초훈련	전공분야 학사	전공분야 학사	사회복지 또는 휴먼서비스분야 석사학위
사례관리자 권한	넓음, 행정적 통제	권한 없이 설득만 가능	팀 내에서 넓음	재정에서 모든 권한	권한 없이 설득만 가능
사례관리 팀구조	전체 팀의 ct 공유	개별 사례관리, 초기 사례관리자	다학제 간 치료팀 체제	개별적 사례 관리	개별적 사례관리 & 팀 슈퍼비전

출처 : Hall, J. A., Carswell, C., Walsh, E., Huber, D. L., & Jampoler, J. S.(2002). Iowa Case Management : Innovative Social Casework. *Social Work*, 47(2), 135.

생각해 볼 문제

1. 강점 관점에 따라 나의 강점을 설명하고, 어려운 문제가 성장을 위한 도전이 된 경험을 이야기해 봅시다.
2. 사회복지 사례관리 모형 중 Pole A와 Pole B의 차이를 비교해 봅시다.

CHAPTER

04

사회복지 사례관리의 구성체계

사회복지 사례관리의 구성체계

❏ 사회복지 사례관리를 실천하기 위해 필요한 구성체계는 다섯 가지가 있다.
① 사례관리 이용자, ② 사례관리자, ③ 사회자원, ④ 사례관리 과정, ⑤ 사례관리 운영체계

1. 사례관리 이용자 : 클라이언트

사례관리 이용자는 생계, 주거, 의료, 교육, 고용 등 복합적인 복지욕구를 가지고 있어 사례관리가 필요하다고 판단되는 개인 혹은 가족이다. 즉, 다양하고 복합적인 욕구를 가지고 있으나 스스로 욕구충족의 어려움이 있고 사회자원의 소재와 이용방법에 대해 잘 모르는 클라이언트를 말한다. 지역사회에서 신체적·정신적·경제적·사회적 문제를 복합적으로 가진 아동, 청소년, 장년, 장애인, 노인, 가족 등 다양한 인구층의 클라이언트가 대상이다.

사례관리 이용자들은 스스로 사례관리기관의 서비스에 접촉하기보다는, 사례관리기관의 사례관리자가 잠재적 대상자를 찾아 나서거나(outreach), 의뢰처를 통해 의뢰를 받는 경우(referral)가 대부분이다(Holt, 2000). 사례관리기관에서는 사례관리 이용자의 자격조건과 선정기준, 지역적 요건 등과 같은 사항들

을 규정하고 있다. 일부 기관에서는 사례관리 이용자를 클라이언트라는 용어 대신 수혜자(beneficiary), 소비자(consumer), 환자(patient), 입주자(resident)라는 표현을 쓰기도 한다(NASW, 2013).

사례관리 이용자는 욕구 및 문제의 심각성 수준에 따라 다음과 같이 구분되기도 한다.

① **위기(긴급) 사례관리 이용자** : 복합적인 문제와 욕구가 심각하고 긴급하여 일상생활 수행의 어려움이 있고, 다양한 자원의 긴급한 개입이 요구되는 대상자와 가족이 해당됨. 보통 저소득 청중장년 1인가구, 돌봄위기 가구, 저소득 한부모 및 청소년 한부모 가구, 휴·폐업자, 실직자, 자살 고위험군 등이 이에 속함.

② **집중 사례관리 이용자** : 복합적 문제를 가지고 있으며 문제와 욕구의 심각성이 높아 사례관리자의 집중적인 개입이 요구되며, 다양한 자원과 서비스를 지속적으로 필요로 하는 자립능력이 현저히 떨어지는 대상자와 가족이 해당됨.

③ **일반 사례관리 이용자** : 문제와 욕구의 심각성이 상대적으로 낮아 단순한 서비스 연계를 통해 지원이 가능한 대상자와 가족이 해당됨.

2. 사례관리자

1) 사회복지 사례관리자의 정의

미국사회복지사협회에서는 사회복지 사례관리자를 전문사회복지사로 규정하고, 직접적 실천 및 간접적 실천을 통해 복합적인 욕구를 가진 클라이언트에게 질 높은 서비스를 제공하고 연계함으로써 클라이언트의 기능과 복지를 최대화하는 전문가라고 정의하고 있다(NASW, 2013). 따라서 사회복지 사례관리자는 클라이언트와 가족의 욕구를 사정하고, 그 욕구를 해결하기 위해 서비스를 계획하고, 실행하며, 조정하고, 점검하며, 평가하고, 클라이언트를 옹호하는 다양한 서비스의 패키지를 제공하는 전문가이다.

우리나라에서 사회복지 사례관리자에 대한 정의는 '사회복지 사례관리 표준 실천지침'을 통해 유추해 볼 수 있다. 한국사례관리학회는 사례관리자를 복합적이고 다양한 욕구가 있는 클라이언트와 그 가족의 사회적 기능 회복을 돕는 통합적 실천방법을 실행하는 사회복지전문가라고 설명한다(한국사례관리학회, 2016).

2) 사회복지 사례관리자의 자격

사례관리 실천에서 사례관리자의 전문적 역량이 매우 중요하다. 이는 사례관리자 역량에 따라 클라이언트와의 관계 수립 정도가 달라지며, 지역사회 또는 기관 내부에서의 협력 정도와 활용하는 지역사회 자원의 양, 클라이언트에게 제공되는 서비스의 양과 질 등 사례관리의 제반 요소가 달라질 수 있기 때문이다. 사례관리자에게는 전문적 역량 외에 자질과 태도, 윤리와 철학 등도 중요한 요소가 된다.

우리나라는 사회복지 사례관리자에 대해 사회복지사 자격증과 경력, 그리고 최소한의 사례관리 관련 교육과 훈련을 요구하는 반면, 미국은 사회복지 사례관리자를 전문 사회복지사로 규정하여 보다 엄격한 자격요건을 강조하고 있다.

NASW와 CCMC(미국사례관리자자격증위원회, the Commission for Case Manager Certification)는 '공인 사회복지 사례관리자'(C-SWCM : Certified Social Work Case Manager) 및 '공인 고급 사회복지 사례관리자'(C-ASWCM : Certified Advanced Social Work Case Manager) 두 종류의 자격제도를 운영하고 있다(https://www.socialworkers.org<credentials-certifications).

미국에서 공인 사회복지 사례관리자가 되기 위해서는 세 가지 자격조건, 즉 교육 조건, 실천경험 조건, 슈퍼비전 조건이 모두 필요하며, 모든 자격조건을 갖춘 사회복지사가 CCMC에 신청하여 자격시험을 통해 공인 사회복지 사례관리자 자격증을 취득하고 있다.

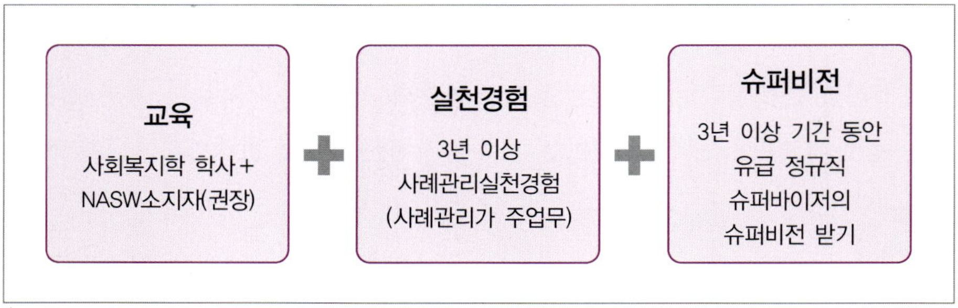

| 그림 4-1 | 미국의 C-SWCM 자격증 신청기준

학습노트

미국 C-SWCM(공인 사회복지 사례관리자)의 신청자의 기준

미국 사례관리자 자격증은 NASW와 CCMC의 협력사업으로 운영하며, 공인 사회복지 사례관리자(C-SWCM : Certified Social Work Case Manager)의 자격을 철저히 관리하고 있다. 신청자의 세 가지 자격조건은 다음과 같다.

- **교육** : 사회복지 사례관리자 자격증 신청자는 사회복지교육위원회가 인증한 대학의 사회복지학과 학사학위 이상의 소지자여야 한다. 그리고 자격증 신청자는 NASW 자격증 소지가 반드시 필요한 것은 아니지만 NASW 자격증을 권장한다.
- **실천경험** : 자격증 신청자는 사례관리기관에서 최소 3년의 사례관리 실천경험(4,500시간, 주당 30시간의 사례관리 실천의 경험, 행정적 업무시간은 제외)을 가지고 있어야 한다.
- **슈퍼비전** : 3년 이상(4,500시간 이상) 반드시 유급 정규직 슈퍼바이저의 슈퍼비전을 받아야 한다. 그리고 자격증 신청자는 주업무가 사례관리 업무이며, 현직의 5년 이하 경력의 사례관리자여야 한다.

출처 : https://www.socialworkers.org<credentials-certifications.

한편 우리나라는 '사회복지 사례관리 표준 실천지침'에 따라 사회복지 사례관리자는 사회복지사 1급 자격증 취득 후 사회복지실천 경력 2년 이상인 자이거나 사회복지사 2급 자격증 취득 후 사회복지실천 경력 4년 이상 되어야 하며, 사례관리와 관련된 교육과 훈련을 받은 자이어야 한다고 제시하고 있다(한국사례관리학회, 2016). 즉, 우리나라는 사례관리사 자격증이 별도로 있는 것이 아니며, 사회복지사의 기능의 하나로 규정하고 있다.

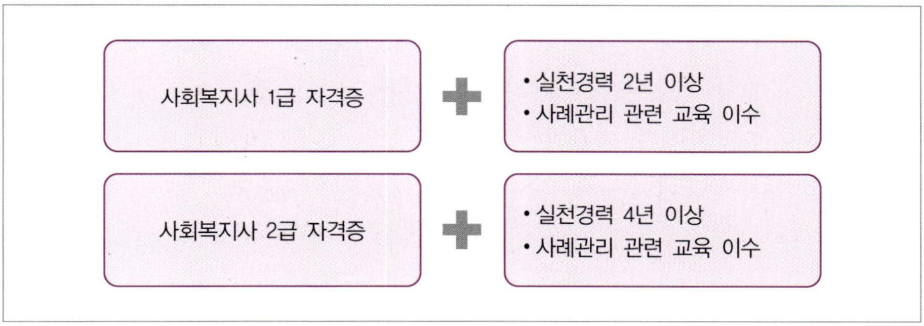

| 그림 4-2 | 우리나라 사회복지 사례관리자 자격기준

3. 사회자원

사례관리의 구성체계 중 하나인 사회자원(social resources)은 "인간이 생활을 유지하고 성장과 발달을 지속하는 데 필요한 재화와 서비스로 클라이언트의 목표를 성취하고, 문제를 해결하고, 삶의 과제를 달성하기 위해서 활용되는 모든 것"으로 정의된다(Siporin, 1975).

사례관리실천에서 사례관리자와 클라이언트에게 사회자원이 필요한 것은 사례관리자와 사례관리기관의 서비스만으로 클라이언트의 문제 및 욕구를 해결하는 데 한계가 있기 때문이다.

사례관리실천에서 사용되는 사회자원은 한 가지 형태가 아니며 다양한 유형으로 존재하고 분류된다(김미숙 · 김은정, 2005; Minahan & Pincus, 1977). 우선 제공 주체에 따라 가족·친척·동료·이웃 등의 비공식적인 자원과 공공기관, 복지기관, 시민단체 등 공식적 자원으로 나뉜다. 그리고 자원의 형태에 따라 유형 자원(tangible resources)과 무형 자원(intangible resources)으로 분류할 수 있는데, 유형 자원은 돈, 음식, 주택, 보육서비스 등과 같이 눈에 보이는 자원이다. 무형 자원은 지식, 용기, 희망, 신뢰와 같은 눈에 보이지 않지만 서비스 이용자에게 중요한 자원이 있다. 또한 자원은 기능에 따라 직접적 자원과 잠재적 자원이 있다. 직접적 자원은 문제를 해결하거나 필요를 충족시키기 위해 직접적으로 기능하는 자원이다. 예를 들어, 음식은 배고픔의 문제를 해결하기 위한 직접적 자원인 경우이다. 다른 자원은 다른 자원을 얻기 위한 수단으로 사용되는 잠재적 자원이다. 바로 바우처 카드 또는 돈은 그 자체가 식량이 아니지만 상점이나 식당에서 음식을 구매할 수 있는 자원이다.

한편 사회자원은 속성에 따라 인적 자원, 물적 자원, 정보 자원으로 나뉘기도 한다. 인적 자원은 기관 인력, 자원봉사자 등이며, 물적 자원은 정부 보조금, 기업 지원금, 기부금 등의 현금이나 현물을 의미한다. 그리고 정보 자원은 클라이언트 및 가족이 활용할 수 있는 다양한 정책 정보 및 서비스 정보, 지식 정보 등을 의미한다.

따라서 자원연계(linkage of resources)는 지역사회 자원을 연계하는 것으로 사례관리 기능 중 하나이며, 사례관리의 성공 여부에 크게 기여하는 요인이다. 그런데 우리나라 사회복지 사례관리실천에서 가장 어려운 점의 하나는 클라이언트 및 가족의 비공식 자원이 미흡할뿐더러, 지역사회 내에 유형 자원이 부족하고 무형 자원이 결핍되어 있는 점이다. 다시 말해 지역사회 내 자원의 제공 주체의 총량이 적은 문제와 자원의 가용성의 미흡이 어려움으로 지적된다. 특히 지방자치단체 간 사회자원의 편차가 커서 사례관리자는 종종 지역사회 내의 서비스를 연계하면서, 동시에 새로운 복지자원을 만들어 내기도 한다.

〈표 4-1〉 사회자원의 분류

구 분		내 용
제공 주체	공식적 자원	공공기관, 복지기관, 시민단체 등
	비공식적 자원	가족, 친척, 동료, 이웃 등
자원의 형태	유형 자원	돈, 음식, 주택, 보육서비스, 교육 등
	무형 자원	지식, 용기, 희망, 신뢰 등
자원의 속성	인적 자원	기관 인력, 자원봉사자 등
	물적 자원	정부 보조금, 기업 지원금, 기부금 등
	정보 자원	다양한 정책정보 및 서비스 정보, 지식 정보 등
자원의 기능	직접적 자원	음식, 의류, 주택, 도서 등
	잠재적 자원	바우처 카드, 돈 등

출처 : Minahan, A., & Pincus, A.(1977). Conceptual framework for social work practice. *Social Work*, 22(5), 347-352; 김미숙 · 김은정(2005). 사회복지시설의 민간자원 동원에 영향을 주는 요인 연구 : 후원을 중심으로. 한국사회복지학, 57(2), 5-40.

4. 사례관리 과정

사례관리 과정(process of case management)은 사례관리 체계 내에서 사례관리 실천의 목적을 달성하기 위해 수행되는 과정이다. 다양한 사회복지 현장이 있지만, 사례관리실천은 공통되며, 시간적으로 전개되는 과정을 가진다(Holt, 2000 : 29).

본 서에서는 학자들의 공통적인 사례관리를 중심으로 5단계로 구분하고자 한다. 각 단계는 각각의 기록양식이 있으며, 단계별 실천지식 및 기술이 요구된다. 자세한 내용은 제2부에서 살펴보고자 한다.

- 초기단계
- 사정단계
- 서비스 계획 단계

• 서비스 실행 및 점검 단계
• 평가 및 종결 단계

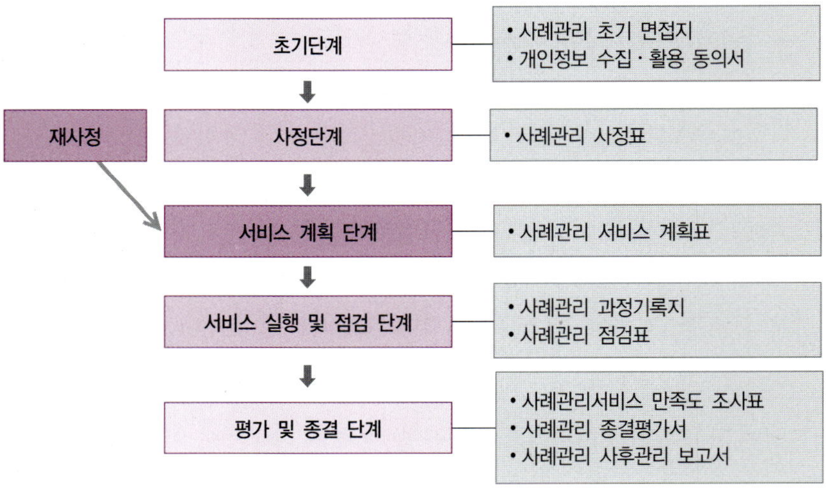

그림 4-3 사회복지 사례관리 과정 및 양식

5. 사례관리 운영체계

사례관리는 사례관리 과정과 더불어 운영체계가 함께 강조된다. 사례관리 운영체계는 사례관리 과정이 잘 실행될 수 있도록 지원하는 지원체계로서 구조를 가지고 있으며, 각 구조별 차별화된 역할 및 기능이 있다.

1) 사례관리 운영체계의 구조

사회복지 사례관리는 효율적인 사례관리를 위해 운영체계를 운영한다. 운영체계는 내부 운영체계와 외부 운영체계로 나뉘고, 내부 운영체계는 기관 내부 조직으로 ① 사례관리자, ② 사례관리팀, ③ 전문 슈퍼바이저가 있다. 그리고 외부 운영체계는 ① 통합사례관리협의회, ② 솔루션위원회가 있다(그림 4-4).

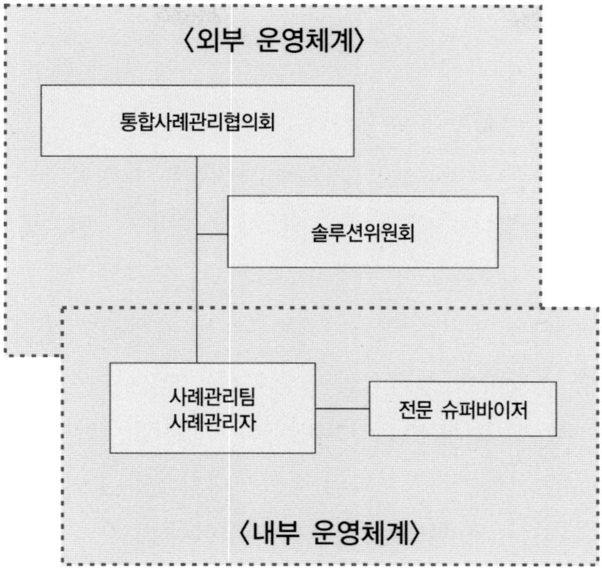

▌그림 4-4▌ 사회복지 사례관리의 기본 운영체계 구조

(1) 사례관리기관의 사례관리팀

① 조직의 구성

사회복지 사례관리기관은 지역사회에서 사례관리 기능을 담당하는 다양한 기관을 의미한다. 여기에는 동주민센터, 종합사회복지관, 노인복지관, 장애인복지관, 정신건강복지센터, 보건소, 아동보호전문기관, 가족센터 등 지역 내 사례관리서비스 제공기관이 해당된다.

사례관리기관의 사례관리팀은 내부 조직으로 사례관리팀장과 2명 이상의 사례관리자로 구성되는 것이 바람직하다. 사례관리팀에는 사례관리 업무지침 또는 매뉴얼이 마련되어 팀원별 업무분장이 되어 있어야 한다. 그리고 사례관리자들은 사례관리전문가 교육과정을 포함한 사례관리 관련 교육을 연 16시간 이상 이수하여 업무의 지속성과 전문성을 유지해야 한다.

② 역할

우리나라 사회복지 사례관리팀은 대부분 종합형 사례관리 모형으로 운영되므로, 다음과 같은 역할을 수행한다.

- 지역사회 사례관리 이용자들을 위해 사례관리 과정을 모두 실행하는 임상적 역할을 수행한다. 즉, 초기면접, 사정, 서비스 계획 및 실행, 점검 및 평가, 종결 및 사후관리의 역할을 수행한다.
- 지역사회 자원을 조직화하여 자원목록표를 작성하고 활용한다.
- 사례회의를 운영하며 정기적인 슈퍼비전을 받는다.
- 사례관리 사례를 공개 발표하거나 우수사례집을 발간한다.
- 지역사회 통합사례관리협의회의 통합사례회의에 참여하고, 지역사회 자원을 조직화하는 데 협력적 역할을 수행한다.

〈표 4-2〉 사례관리기관 사례관리팀의 구성과 역할

구 성	역 할
• 사례관리팀장 + 사례관리자 2인 이상 - 사례관리 교육과정 연 16시간 이상 이수 • 사례관리 업무지침/ 매뉴얼 마련	• 사례관리 과정을 실행하는 임상적 역할 수행 • 지역사회 자원목록표 작성 및 활용 • 정기적 사례회의 및 슈퍼비전 체계 운영 • 사례 발표 및 우수사례집 발간 • 통합사례관리협의회의 통합사례회의 참여

(2) 전문 슈퍼바이저

사례관리팀에서 슈퍼비전 체계를 갖추는 것은 매우 중요하다. 사례관리자가 실천경험과 전문성이 부족한 경우 슈퍼비전 체계는 더욱 필요하게 된다. 슈퍼비전은 사례관리기관에서 기관 내부 제도로서 채택되고 이러한 제도를 적극 실행하고자 하는 기관 내부의 리더십과 조직원의 의지가 수반될 때 효과적으로 이루어질 수 있다(안정선 · 최원희, 2010).

사례관리기관의 전문 슈퍼바이저는 내부 슈퍼바이저의 경우 사례관리 주경력 2년을 포함하여 사회복지관 경력 5년 이상인 자로 선정하며, 외부 슈퍼바이저는 분야별 이론적·실천적 전문성을 가진 자로서 대학교수나 실천현장 사례관리전문가로 위촉한다.

전문 슈퍼바이저의 역할은 사례관리팀을 위한 정기적인 임상적 자문과 행정 컨설팅, 사례관리 실천에 필요한 교육, 사례관리자들의 소진 예방 및 극복을 위한 지원 등이다. 사례관리자는 슈퍼비전 내용을 슈퍼비전 회의록에 기록하여 사례관리팀 또는 기관 내부적으로 공유하여 슈퍼비전의 효과를 극대화하도록 한다.

〈표 4-3〉 전문 슈퍼바이저의 구성과 역할

구 성	역 할
• 내부 슈퍼바이저 : 사례관리 주 경력 2년을 포함하여 사회복지관 경력 5년 이상인 자 • 외부 슈퍼바이저 : 분야별 전문성을 가진 대학교수나 실천현장 전문가인 외부 전문가	• 사례관리 과정에 대한 임상적 자문 • 행정적 컨설팅 • 사례관리 교육 • 사례관리자의 소진 예방 및 극복을 위한 지원 등

(3) 통합사례관리협의회

통합사례관리협의회는 지역사회 내 사례관리 기능을 가지고 있는 사회복지 관련 기관 및 공공기관을 회원으로 하는 협의체이다. 통합사례관리협의회는 현재 지역사회복지협의체, 지역사회협력기관, 아동복지기관협의체 등의 명칭으로 구성되고 있다. 회원기관들은 동주민센터, 종합사회복지관, 노인복지관, 장애인복지관, 정신건강복지센터, 보건소, 아동보호전문기관, 가족센터 등이다.

통합사례관리협의회의 중요한 역할은 다음과 같다.

- 통합사례회의를 운영하여 각 기관의 사례를 발표하고 논의한다. 기관 간의 경계를 넘어서 기관 간 연계를 통해 개별 기관에서 다루기 어려운 긴급사례 및 집중사례에 대해 통합적으로 논의한다.
- 통합 슈퍼바이저를 위촉하여 통합사례회의에서 슈퍼비전을 받는다.

- 지역사회 내 서비스를 조정한다. 지역사회 사회복지기관들의 유사, 중복성 사업을 협의회에서 조정한다.
- 지역사회 내 자원망을 조직화하며, 필요한 자원정보를 목록화한다.

〈표 4-4〉 통합사례관리협의회의 구성과 역할

구 성	역 할
• 지역사회 내 사례관리 기능을 가지고 있는 사회복지 관련 기관 및 공공기관을 회원으로 하는 협의체	• 통합사례회의 운영 • 통합 슈퍼바이저 위촉 • 지역사회 내 유사·중복사업 조정 • 지역사회 내 자원망의 조직화 및 목록화

(4) 솔루션위원회

솔루션위원회는 통합사례관리협의회 내의 기구로서 지역사회를 넘어선 자원과 높은 수준의 전문적 지식이 필요한 사례에 대해 해결책을 제시하기 위하여 그에 맞는 다양한 전문가로 구성된 맞춤형 자문기구이다. 또한 솔루션위원회는 사례관리자의 소진 예방과 통합사례관리 방향성을 다각적으로 검토하고 점검의견을 제시하는 기구이다(보건복지부, 2023). 솔루션위원회는 상시기구라기보다는 필요시 구성되는 임시적 기구이므로 통합슈퍼비전과 중복되기도 하며 차별화되기도 한다.

솔루션위원회의 주요 역할은 슈퍼비전 제공과 통합사례관리 지원이다.

- 솔루션회의에서 위기상황 해결에 대한 다각적 논의와 슈퍼비전 제공
- 복합적 욕구를 가진 사례에 대한 전문적인 통합사례관리 지원

솔루션위원회의 운영은 다음과 같이 기획한다(보건복지부, 2023).

❑ 1단계 : 솔루션위원회 운영계획 수립 및 인력 풀(pool) 구축

- 솔루션위원회는 분야별로 전문성을 갖춘 위원으로 구성하되 통합사례관리 대상자들의 특성을 고려하여 현장실천 경험이 풍부한 다양한 분야의

전문가(사회복지, 학계, 의료, 경찰, 임상심리, 법률전문가, 가족치료 전문가 등)로 위촉한다.

❑ 2단계 : 솔루션회의 개최 · 운영

- 솔루션회의는 통합사례관리를 지원하는 역할 중 하나로 활용한다.
- 솔루션위원은 전문가 풀을 활용하여 이용자에게 가장 적합한 전문가로 위촉한다.

❑ 3단계 : 계획 보완 및 모니터링

- 사례관리기관에서는 통합사례관리 이용자의 변화와 새롭게 부각된 문제 상황을 솔루션회의에 재상정하여 사후 모니터링을 통해 종결 및 향후 진행방향에 대한 슈퍼비전을 받을 수 있다.

2) 사례회의

(1) 사례회의의 개념

사례회의(case management conference)란 사례관리 운영체계 안에서 사례관리 실천의 방향성과 객관성을 확보하기 위해 담당 사례관리자를 비롯해 팀원 및 관련 사회복지사, 슈퍼바이저 등이 참석하여 이용자 선정부터 종결단계까지의 업무를 협의하기 위해 개최하는 회의이다.

사례회의는 이용자 선정과 종결 시 필수로 진행하되 사정, 서비스 계획수립, 사례관리가 진행된 이후 대상 가구의 욕구 변화 및 문제해결 정도, 서비스 제공 점검, 주 사례관리자의 개입방법, 사례관리 종결 등을 협의하기 위하여 월 평균 2회 이상 정기적으로 실시한다.

사례회의에는 내부 사례회의와 통합 사례회의가 있다.

- **내부 사례회의** : 사례관리팀 내부에서 사례관리 이용자 선정, 서비스 제공 계획 수립, 점검, 종결 등을 협의하기 위하여 수시로 개최하는 회의이다.

- **통합 사례회의**(통합사례관리협의회 회의) : 통합사례관리협의회의 기관과 담당자들이 정기적으로 참석하여 내부 사례회의에서 다루기 어려운 사례에 대한 정보 공유, 사례 조정, 사례 컨퍼런스 등의 목적으로 진행하는 회의를 의미한다.

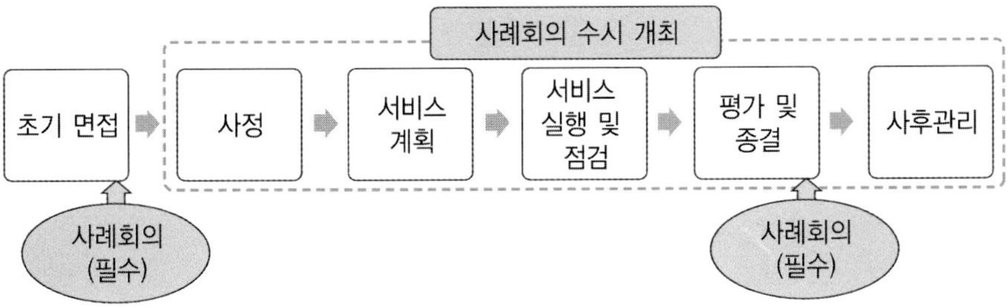

▌그림 4-5▌ 사례관리 과정과 사례회의 운영

(2) 사례회의의 중요성

첫째, 사례관리 실천의 객관성 및 형평성을 확보하기 위한 절차이다.

담당 사례관리자의 실천기술, 전문적 판단은 한계가 있기 때문에, 담당 사례관리자, 팀원 및 관련 사회복지사, 슈퍼바이저의 의견을 통합함으로써 객관적이고 합리적인 판단 및 서비스를 결정할 수 있다.

둘째, 사례회의는 클라이언트의 욕구, 문제 및 보호와 관련해 심도 있는 논의를 할 수 있는 공식적인 절차로 그 중요성이 있다.

셋째, 사례회의는 사례관리 실행체계의 주요 구성요소이다.

'사회복지관 평가지표(2022)' 중 사례관리 지표에 따르면, 사례회의를 월 평균 2회 이상 운영하도록 하고 있어 사례관리 운영체계의 기본적인 구성요소로서 기능하고 있다.

(3) 사례회의 운영방법

사례회의는 사전준비, 사례회의 진행, 사례회의 마무리로 진행된다.

학습노트

사례 담당자가 사례회의 전에 고려해야 할 사항

- 사례관리 이용자의 욕구해결을 위한 주요 강점은 무엇인가?
- 사례회의를 통해 해결할 수 있는 과제는 무엇인가?
- 사례회의를 통해 결정해야 할 서비스 제공 관련 내용은 무엇인가?
- 지역 내 공공·민간자원을 어떻게 활용할 것인가?

❑ 사전준비

- 회의 참가자의 참석 여부를 미리 확인한다.
- 회의자료를 준비한다. 즉, 이용자 개요, 논의할 안건에 대해 기록한 회의자료를 준비한다.

❑ 사례회의 진행

- 참여기관과 참석자를 소개한다.
- 담당 사례관리자가 논의할 회의주제 관련 자료를 발표한다.
  만일 클라이언트 또는 가족이 참석하는 경우 편안하게 자신의 의견을 표현할 수 있도록 돕는다.
- 동료 슈퍼비전을 먼저 실시하고, 해결되지 않는 경우 전문가 슈퍼비전을 진행한다.
- 사례회의를 통해 결정해야 할 안건, 즉 이용자 선정 또는 종결 여부 등을 토의하고 결정한다.
- 동원 가능한 자원의 장·단점을 확인하고 참석자들이 연계할 자원을 함께 선택한다.
- (통합 사례회의의 경우) 목표 달성을 위한 주 사례기관과 협력기관의 역할을 분장한다. 이때 각 기관별로 이용자와 관련된 정보를 공유한다.
- 사례회의를 정리하고 차후 일정을 조율한다.

(4) 사례회의록 기록하기

- 회의제목 : 사례회의의 주요 안건을 요약하여 제목으로 작성한다.
- 회의내용 : 사례회의의 주요 내용을 사례별, 회의내용별로 정리한다.
- 회의결과 : 회의내용 중 결정사항, 협조사항, 향후 추진사항 등을 중심으로 간략하게 요약한다.
- 내부 참석자 : 기관 내부 참석자를 기록한다.
- 외부 참석자 : 관련 외부 기관 참석자 등을 기록한다.
- 외부 전문가 : 슈퍼비전 제공 등의 목적으로 참석한 외부 전문가를 기록한다.
- 차기 회의 예정일시 : 필요시 차기 회의의 일정을 협의하여 기록한다.

〈표 4-5〉 사례회의록 양식

<table>
<tr><th colspan="4">사례회의록</th></tr>
<tr><td>사례번호</td><td></td><td>클라이언트</td><td></td></tr>
<tr><td>회의 차수</td><td></td><td>회의일시</td><td></td></tr>
<tr><td>작성자</td><td></td><td>소속기관</td><td></td></tr>
<tr><td>회의제목</td><td colspan="3"></td></tr>
<tr><td>회의내용</td><td colspan="3"></td></tr>
<tr><td>회의결과</td><td colspan="3"></td></tr>
<tr><td>내부 참석자</td><td colspan="3">• 소속, 직책, 이름</td></tr>
<tr><td>외부 참석자</td><td colspan="3">• 소속, 직책, 이름</td></tr>
<tr><td>외부 전문가</td><td colspan="3">• 소속, 직책, 이름</td></tr>
<tr><td>차기 회의
예정일시</td><td colspan="3">(　　)차 :</td></tr>
</table>

______________________(기관명)

3) 슈퍼비전

(1) 슈퍼비전의 개념

사회복지 슈퍼비전은 다양하게 정의되어 왔으며, 시대와 역사에 따라 그 강조점과 기능이 변화해 왔다. 비록 정의가 다양하지만, 사회복지실천에서 슈퍼비전은 효과적이며 책무성 있는 조직의 운영을 위해 그 중요성이 변함없이 강조되고 있다.

안정선과 최원희(2010)는 사회복지 슈퍼비전을 클라이언트에 대한 최선의 서비스 제공 및 사회복지사의 전문성 향상을 위해 조직 차원에서 공식적으로 실행되는 기제로 슈퍼바이저와 슈퍼바이지에 의해 이루어지는 상호작용 과정이라고 정의한다.

사회복지 사례관리에서 슈퍼비전은 사회복지 슈퍼비전과 유사하다. 즉, 사례관리 개입 시 효과적으로 업무를 수행할 수 있도록 숙련된 슈퍼바이저가 지식과 경험, 기술, 자문 등을 슈퍼바이지에게 제공하는 상호작용 과정이다.

(2) 슈퍼비전의 필요성

사회복지실천에서 슈퍼비전의 필요성은 사회복지조직이 갖는 특수성, 사회복지실천이 갖는 특성, 그리고 사회복지 환경의 변화에서 찾을 수 있다(안정선 · 최원희, 2010). 특히 우리나라의 사례관리실천은 역사가 짧으며 최근 급속도로 팽창하면서, 관련 전문가가 부족하고 특히 실천현장의 실무자들이 교육 및 훈련이 미흡하여 슈퍼비전이 절실히 요구되고 있다.

'사회복지관 평가지표' 중 사례관리 인력의 전문성 지표에는 '사례관리자는 내 · 외부 슈퍼바이저를 통해 정기적인 슈퍼비전을 받고 있다'를 두고 있어(보건복지부 · 중앙사회서비스원, 2022), 사례관리에서 슈퍼비전은 운영체계의 하나의 구성요소이며 실무자의 전문성 향상을 위해 필요성이 인정되고 있다.

사례관리 실천에서 슈퍼비전의 필요성은 다음과 같다(Payne, 1994).

❑ 사례관리 이용자 차원에서의 필요성

슈퍼비전은 사례관리 이용자가 최대한의 이익을 얻을 수 있도록 사례관리 실무자의 부적절한 실천으로부터 사례관리 이용자를 보호한다.

❑ 슈퍼바이지(실무자) 차원에서의 필요성

슈퍼비전은 사례관리 실무자의 업무역량 향상 및 전문성 향상에 도움이 된다. 슈퍼바이지(실무자)가 사례관리 이용자에게 서비스를 제공하다 보면 해결책이 분명하지 않거나 관련 지식이 없을 때 슈퍼비전을 통해 해결방안을 모색할 수 있다.

❑ 조직 차원에서의 필요성

조직에서 슈퍼비전을 통해 슈퍼바이지(실무자)의 업무량을 적절하게 조정할 수 있다. 그리고 슈퍼비전은 사례에 대한 개입방향을 설정하는 데 효과적이다. 또한 사례관리기관의 안정적 운영과 이용자의 만족도를 향상시키기 위해 필수적이다.

(3) 슈퍼바이저 및 슈퍼바이지의 개념 및 책임

❑ 슈퍼바이저의 개념 및 책임

- 슈퍼바이저란 사례관리 제반 지식, 사례관리 이용자에 대한 질적 서비스 제공을 위해 필요한 정보, 경험 등을 제공하는 전문가를 의미한다. 사례관리기관에는 내부 슈퍼바이저와 외부 슈퍼바이저가 있다.
- 슈퍼바이저는 사례관리 관련 이론적 배경, 지식, 기술 등에 대해 정확히 인지하고, 일관성 있는 슈퍼비전을 제공해야 한다. 뿐만 아니라 슈퍼바이지(실무자)의 슈퍼비전에 대한 욕구를 파악하고 이를 기반으로 체계적인 슈퍼비전 계획을 수립하여 지원해야 한다(안정선 · 최원희, 2010).

❑ 슈퍼바이지의 개념 및 책임

• 사례관리에서 슈퍼바이지란 슈퍼바이저의 정보, 가치 등 조언을 제공받는 실무자를 의미한다.
• 슈퍼바이지(실무자)는 자신이 필요로 하는 도움 및 사례관리 실천 관련 문제점 등을 슈퍼바이저와 공유하고 슈퍼비전을 요청해야 한다. 그리고 슈퍼바이저의 피드백을 수용하되 유용한 피드백이 무엇인지 구별하는 능력을 개발하도록 노력해야 한다(안정선 · 최원희, 2010; 보건복지부, 2023).

(4) 슈퍼비전 운영방법

사회복지 사례관리에서 슈퍼비전 운영은 연간으로 계획하며, 준비단계, 운영단계, 종결단계로 진행된다(보건복지부, 2023).

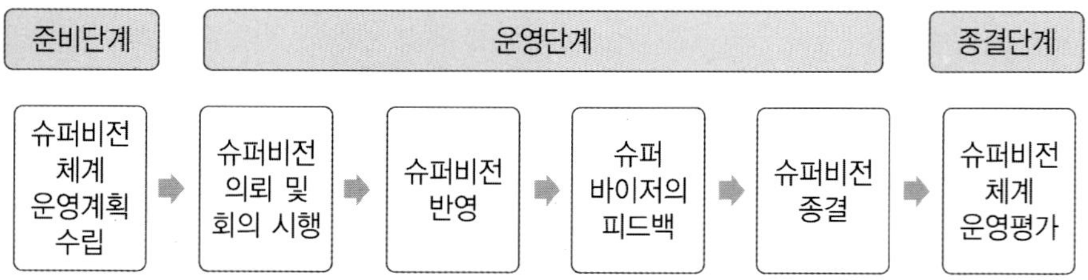

▎그림 4-6 ▎ 사례관리에서 슈퍼비전 체계의 연간 운영과정

❑ 준비단계

• 내부 슈퍼바이저의 경우 사례관리 주 경력 2년을 포함하여 사회복지관 경력 5년 이상인 사회복지사로 위촉한다.
• 외부 슈퍼바이저의 경우 전문분야의 슈퍼바이저 풀(pool)을 확보하고, 전문 슈퍼바이저를 위촉한다.
• 슈퍼비전 운영에 대한 연간 계획서를 작성한다. 계획서에는 운영목표, 회의 주기, 슈퍼비전 방법, 회의 시간 등을 포함한다.

❑ 운영단계

- 사례 선정부터 모니터링까지 슈퍼비전이 필요한 부분에 대해 슈퍼바이저에게 슈퍼비전 의뢰를 실시한다.
- 슈퍼비전 회의에서는 실무자가 도움받고 싶은 내용을 구체적이고 명확하게 자료화하여 전문적이며 객관적 의견을 받도록 한다.
- 담당 사례관리자는 슈퍼비전 회의 후 경과보고 및 사례관리 이용자에 대한 후속조치를 함으로써 슈퍼비전을 반영한다.

❑ 종결단계

- 1년간 슈퍼비전 운영 현황을 평가함으로써 성과 및 개선점을 도출한다.
- 슈퍼비전 운영에 대한 평가결과를 슈퍼바이저와 공유하고 다음 연도 운영계획에 반영한다.

(5) 슈퍼비전 회의록 기록하기

- 가족사항 : 대상자 가족원의 정보를 기록한다.
- 회의주제 : 슈퍼비전 회의의 주요 안건을 요약하여 제목으로 작성한다.
- 회의내용 : 슈퍼비전 회의의 주요 내용을 사례별로 정리한다. 이때 사정기록지를 첨부한다.
- 회의결과 : 회의내용 중 결정사항, 협조사항, 향후 추진사항 등을 중심으로 간략하게 요약한다.
- 슈퍼바이저의 슈퍼비전 : 슈퍼바이저의 슈퍼비전을 구체적으로 기록한다.
- 차기 회의 예정일시 : 필요시 차기 회의의 일정을 협의하여 기록한다.

〈표 4-6〉 슈퍼비전 회의록 양식

슈퍼비전 회의록

<table>
<tr><td>사례번호</td><td colspan="3"></td><td colspan="2">클라이언트</td><td colspan="3"></td></tr>
<tr><td>회의 차수</td><td colspan="3"></td><td colspan="2">회의 일시 및 장소</td><td colspan="3"></td></tr>
<tr><td>작성자/
소속</td><td colspan="3"></td><td colspan="2">슈퍼바이저/
소속</td><td colspan="3"></td></tr>
<tr><td>내부 참석자</td><td colspan="3"></td><td colspan="2">외부 참석자</td><td colspan="3"></td></tr>
<tr><td rowspan="4">가족사항</td><td>관 계</td><td>성 명</td><td>생년월일</td><td>성 별</td><td>건강상태</td><td>학 력</td><td>직 업</td><td>소 득</td></tr>
<tr><td></td><td></td><td></td><td></td><td></td><td></td><td></td><td></td></tr>
<tr><td></td><td></td><td></td><td></td><td></td><td></td><td></td><td></td></tr>
<tr><td></td><td></td><td></td><td></td><td></td><td></td><td></td><td></td></tr>
<tr><td>회의주제</td><td colspan="8"></td></tr>
<tr><td>회의내용</td><td colspan="8"></td></tr>
<tr><td>회의결과</td><td colspan="8"></td></tr>
<tr><td>슈퍼바이저
의 슈퍼비전</td><td colspan="8"></td></tr>
<tr><td>차기 회의
예정일시</td><td colspan="8">(　　)차 :</td></tr>
</table>

________________(기관명)

생각해 볼 문제

1. 우리 기초지방자치단체 내의 공식적 사회자원을 검색하여 복지지도를 만들어 보시오.
2. 다음 슈퍼바이저의 주장을 읽고 사례관리실천에서 슈퍼비전이 필요한 이유에 대해 토의해 보시오.

   "슈퍼바이저는 슈퍼바이지가 겪는 실천현장에서의 어려움을 이해하고 그것을 해결해 나가도록 조언하고 지지하고 격려해 주는 역할을 하는데 이론만으로는 부족한 것들이 많다. 따라서 풍부한 현장의 경험은 필요한 요건 중의 하나다."

출처 : 사례관리정책지원센터(http://www.hopeletter.or.kr, 웹진 희망e야기 제31호).

CHAPTER 05

사회복지 사례관리의 기능 및 사회복지 사례관리자의 역할

사회복지 사례관리의 기능 및 사회복지 사례관리자의 역할

❑ 사회복지 사례관리의 기능은 현재 학자별, 사회복지 실천분야별로 다양하게 제시되고 있다. 대표적인 기능 분류는 다음과 같다.

1. **사례관리 서비스 기능에 따른 분류** : 직접적 기능, 간접적 기능, 통합적 기능(직접적 기능+간접적 기능), 자원개발 기능
2. **사례관리 과정에 따른 기능 분류** : 관여, 사정, 서비스 계획, 실행 및 조정, 옹호, 재사정 및 평가, 종결

❑ 사회복지 사례관리자는 클라이언트의 욕구에 대응하여 직접적 서비스 및 간접적 서비스를 제공하는 역할을 수행한다.

1. 사회복지 사례관리의 기능

사회복지 사례관리의 기능은 앞에서 살펴본 모형에 따라 서비스의 초점을 어디에 둘 것인가에 따라 사례관리 실행수준의 차이가 있으며 또한 사례관리자의 역할을 무엇으로 볼 것인가에 따라 달라진다.

현재 사회복지 사례관리의 기능은 학자별, 사회복지 실천분야 별로 다양하게 제시되고 있지만, 대표적인 기능 분류는 사례관리 서비스 기능에 따른 분류와 사례관리 과정에 따른 기능 분류로 볼 수 있다.

1) 사례관리 서비스 기능에 따른 분류

(1) 직접적 서비스 기능

사례관리의 직접적 서비스 기능은 사례관리자가 클라이언트를 대상으로 직접적 서비스를 제공하는 전문적 실천활동을 수행하는 것을 말한다. 직접적 서비스 기능에는 상담, 문제해결 역량 강화, 교육 및 훈련, 정보제공 기능 등이 있다.

① 상담(counseling)

상담기능은 사례관리자가 클라이언트와 관계를 유지하는 일차적 기능으로(Woodside & McClam, 2006), 전통적인 심리치료 기능을 수행하기보다는 지금 여기(here & now) 문제를 해결하는 강점관점 해결중심 상담이다. 공감, 격려, 조언, 지지, 요약 등 다양한 상담기술을 활용하며, 사례관리 과정 중에 지속적으로 수행된다.

따라서 상담기능은 사회복지 사례관리에서 가장 기본적인 서비스 기능이라고 할 수 있다. 특히 일상적인 생활에 잘 대응할 수 있도록 원조하는 데 초점을 두며, 집중적인 치료 또는 치료를 위한 심리검사가 필요한 경우는 간접적 서비스를 연계한다.

② 문제해결 역량 강화

사례관리에서 수행하는 문제해결 역량 강화는 단기중심으로 클라이언트가 이미 가지고 있는 내적 자원 및 역량에 초점을 맞추고, 클라이언트가 자신의 강점과 자원을 발견하고 활용하는 것을 돕는 것을 의미한다. 강점관점 해결중심 상담을 통해 클라이언트의 참여를 장려하고 그들의 역량을 강화하는 데 실용적이고 구체적인 방법을 제공한다(Weick et al., 2006).

사례관리자는 클라이언트에게 교육과 정보제공, 그리고 역할 연습, 클라이언트의 자기결정권 행사 지원 등의 활동을 통하여 클라이언트의 역량이 향상되도록 지원한다. 여기에서는 주로 대인관계 기술이나 필요한 자원을 획득하거나 관리하는 데 요구되는 구체적인 역량과 생활기술 등을 다룬다(한국사례관리학회 편, 2012).

③ 교육 및 훈련

사회복지 사례관리자가 실제 수행하는 많은 업무 중 하나는 교육 및 훈련의 기능이다. 사례관리자는 구조화된 학습방법을 통해 클라이언트가 욕구충족을 위해 필요한 기술(일상생활 기술, 자립준비 기술 등)을 직접 활용하도록 지원하는 것을 말한다. 모델링, 코칭, 역할 바꾸기, 실습 등 다양한 학습방법을 활용할 수 있다. 예를 들어, 미국과 영국에 Case Manager/ Life Skills Specialist(일상생활 기술 전문 사례관리자)가 있는데, 시설 퇴소 청소년 또는 장애인, 노인 클라이언트를 대상으로 일상생활 기술을 개별적으로 훈련시키는 전문 사례관리자를 의미한다(김성경 외, 2014).

④ 정보제공

정보제공이란 사례관리자가 클라이언트의 필요정보를 파악하여 제공하는 활동으로, 정보를 담은 자료 및 책자, 인터넷 정보를 제공하거나 직접 설명하는 등 다양한 방법이 사용되고 있다. 사례관리자는 정보제공을 위해서 다양한 경로의 정보수집 단계와 정보를 클라이언트의 욕구수준에 따라 분류하고 재조직화하는 정보처리 단계를 거치고 클라이언트의 수준에서 이해하고 활용할 수 있도록 지원한다.

클라이언트의 필요정보가 단순한 정보일 때는 자료 및 책자, 인터넷 정보, 직접 설명 등의 방법을 활용하지만, 보다 구체적이고 세부적인 정보의 경우에는 클라이언트를 위해 매뉴얼화하는 것도 필요하다.

(2) 간접적 서비스 기능

사례관리의 간접적 기능은 클라이언트의 욕구 해결을 위한 서비스 또는 자원이 기관 내에 없으므로 사례관리자가 외부 지역사회에서 자원을 획득할 수 있도록 돕는 연계, 조정, 옹호활동을 의미한다(Woodside & McClam, 2006).

① 연계(linking services)

사례관리 실천에서 연계기능은 클라이언트의 욕구해결을 위한 서비스 또는 자원이 기관 내에 없어 사례관리자가 외부 지역사회에서 자원 및 서비스를 연결하는 활동이다.

클라이언트 욕구가 복잡하고 다양할수록 자원 및 서비스 연계는 지역사회 내에서 공식적 혹은 비공식적 자원에서 다양하게 이루어지게 된다. 공공기관 및 사회서비스 기관과 같은 공식적인 자원과 지역사회 내의 이웃이나 친지의 지지와 같은 비공식적 자원이 있다. 사례관리자는 클라이언트의 욕구와 최적의 문제해결 성과를 가져오기 위하여 공식적·비공식적 자원을 적절하게 연계한다.

② 조정(coordinating services)

사례관리에서 서비스 조정 기능은 의뢰, 연계, 조정, 옹호 기능을 모두 포함하는 넓은 개념으로 설명되기도 하고(Woodside & McClam, 2006), 서비스 중복이나 누락의 문제점을 해결하기 위해 사례관리 운영체계 안에서 여러 전문가가 제공하는 서비스의 적절한 조정활동으로 설명되기도 한다.

사례관리 실천에서 대부분 서비스의 연계기능과 조정기능은 함께 작동되는 기능으로 사례관리자는 클라이언트가 이용 가능한 자원 및 관련 전문가와 연계하여 서비스를 조정하는 역할을 수행한다.

사례관리의 조정기능은 사례관리기관 내 서비스 제공활동에서도 일어나며, 지역사회 안에서도 일어난다. 이는 사례관리자가 클라이언트에게 효과적이며 효율적인 서비스를 제공할 수 있게 하여 비용과 시간을 절약하게 하는 활동이다(Woodside & MacClam, 2006).

③ 옹호(advocacy)

옹호란 사회복지 사례관리자가 클라이언트의 대변자로서 클라이언트의 권리를 위해 목소리를 내는 것이다(Woodside & McClam, 2006). 옹호기능은 크게 클라이언트 수준에서 수행되는 것과 서비스 체계수준에서 수행되는 것으로 분류된다(한국사례관리학회 편, 2012).

첫째, 클라이언트 수준의 옹호활동은 클라이언트가 필요로 하는 서비스에서 불합리한 자격기준으로 적용받았거나, 거부되었거나 또는 부당한 대우를 받았을 때 수행된다. 사례관리자는 이를 해결하기 위해 업무담당자에게 의사를 표현하고 설득하는 전략을 실행하게 된다. 클라이언트와 함께 활동하는 경우와 사례관리자가 클라이언트를 위해 옹호활동을 수행하는 경우가 있다.

둘째, 서비스 체계수준에 초점을 둔 옹호활동은 클라이언트에게 영향을 미치는 기관 정책, 절차, 관행 등의 개선활동이다. 더 나아가서는 정책 시행이나 입법과정에 영향을 미치는 활동을 수행하기도 한다. 옹호기능은 최적의 서비스 제공을 위해서 필요한 변화를 가져오는 변화매개, 서비스 질 관리의 책무성, 그리고 궁극적으로 클라이언트 중심의 서비스 제공이라는 전문가 윤리의 실현을 기하고자 하는 노력이기도 하다.

(3) 통합적 서비스 기능

통합적 서비스 기능은 사례관리 실천에서 앞의 직접적 서비스 기능과 간접적 서비스 기능을 모두 수행하는 활동으로, 사례관리는 본질적으로 두 개의 기능이 연합되어 있다(Rothman, 1991 : 520). 사례관리자가 통합적 서비스 기능을 수행할 때는 직접적 서비스 기능과 간접적 서비스 기능을 분리해서 수행하는 것이 아닌 동시에 수행한다. 특히 간접적 서비스를 연계할 때도 사례관리자는 관리의 책임을 가지고 점검한다.

통합적 서비스 기능을 사례관리자 혼자 담당하기도 하며, 사례관리팀을 구성하여 운영하기도 한다. 우리나라에서 사회복지 사례관리사업은 대부분 통합적 서비스 기능을 실천하는 경향이 있다.

(4) 자원개발 기능

자원개발 기능은 사실 사례관리에서 간접서비스를 제공하기 위한 준비로 지역사회 자원을 조사하고 구체적인 자원을 발굴하는 것이지만, 그 자체만으로 중요성을 가지고 있어 분리하여 정리하고자 한다.

사례관리는 이용자의 욕구의 복잡성으로 인해 하나의 기관에서 필요한 서비스와 자원을 모두 제공하지 못하기 때문에, 클라이언트 집단의 주요 욕구를 다루는 서비스, 자원 그리고 자원이 결합된 공동 시스템을 형성하는 것이 필요하다(Norman A. J., 1991, 함철호, 2013 재인용). 따라서 사례관리의 기능을 결정하는 중요 변수는 서비스 전달체계 내에서 이용 가능한 자원의 수준이다(Moore, 1992, 함철호, 2013 재인용).

우리나라는 현재 지역사회보장협의체를 중심으로 읍·면·동주민센터, 시·군·구 희망복지지원단 및 관련 사업과(팀), 민간기관 등의 네트워크가 마련되어 있다. 이 협의체에는 지방자치단체, 사회복지기관뿐 아니라 교육문화기관, 의료·금융 등 서비스기관, 사회적 경제기업, 종교기관, 기타 주민단체 등 지역사회 기관들이 포함되어 있다(보건복지부, 2023). 따라서 사례관리기관은 이 협의체에 참여하여 간접서비스의 제공 시 적절히 활용하고, 또한 새로운 자원 네트워크를 구축·운영하는 것이 중요하다.

학습노트

민 · 관 · 경의 자원네트워크로 문제를 해결한 사례

서대문구 희망복지지원단에서는 출생신고를 하지 못하고 어린 자녀 3명을 혼자 양육하고 있던 한부모가정 사례를 발굴하여 경찰서, 마포아동보호전문기관과 함께 통합사례관리를 진행하였다. 세상과 단절된 채로 아이들을 몰래 키워 온 아버지는 불면증과 스트레스를 이유로 잦은 음주를 하였고, 건강까지 위협을 받고 있었다. 지인에게 돈을 빌려 생계를 이어오던 아버지는 공과금 체납으로 가스도 끊겼고, 월세도 체납되어 퇴거 압박을 받는 상황이었다. 희망복지지원단은 아이 엄마를 설득해 아이들의 출생신고를 진행하였고, 아이들은 건강검진과 예방접종, 언어치료와 심리치료서비스를 제공받았다. 그리고 아이들의 아버지는 삶의 희망을 다시 찾고, 가장으로서 다시 일어설 수 있게 되었다. 또한 민간 후원사업인 '100가정 보듬기 사업'에서 아이들을 후원했다. 그동안 또래 친구들과 소통할 기회가 없었던 아이들은 이제 유치원에 다니며 유치원 생활에 적응하고 있다.

출처 : 사례관리정책지원센터(http://www.hopeletter.or.kr, 웹진 희망e야기 제30호).

2) 사례관리 과정에 따른 기능 분류

(1) NASW의 사회복지 사례관리 기능 분류

미국사회복지사협회에서는 사회복지 사례관리의 기능을 사례관리 과정에 따라 다음 일곱 가지로 제시하였다.

- 관여(engagement) : 클라이언트 선정과 아웃리치
- 사정(assessment) : 욕구사정, 기능사정, 신체적 · 심리적 · 사회적 사정, 강점 사정, 사회문화적 사정, 자원 및 경제적 상황 사정
- 서비스 계획(planning) : 서비스 계획, 개입, 치료, 보호, 재활, 위기 개입 계획
- 서비스 실행 및 조정(implementation/ coordination) : 서비스 연계, 서비스 점검, 서비스 전달, 실행 및 지원
- 옹호(advocacy) : 체계 향상, 클라이언트 복지와 기능, 연계와 중재

- 재사정 및 평가(reassessment/ evaluation) : 서비스 점검, 효율성, 효과성, 자료 수집 및 분석
- 분리(disengagement) : 서비스 종결, 의뢰

(2) 블러키스의 사회복지 사례관리 기능 분류

블러키스(Vourlekis, 1992) 또한 사회복지 사례관리의 기능을 사례관리 과정에 따라 다음 여덟 가지 기능으로 제시하고 있다. 사례관리 과정에 따른 기능에 대해서는 '제2부 사회복지 사례관리의 실천과정'에서 보다 자세하게 다루고자 한다.

- 클라이언트 선정 및 아웃리치(client identification and outreach)
- 클라이언트 개인과 가족 사정(individual and family assessment and diagnosis)
- 서비스 계획 및 자원 확인(service planning and resource identification)
- 클라이언트에게 필요한 서비스 연결(linking of clients to needed services)
- 서비스 실행 및 조정(service implementation and coordination)
- 서비스 전달의 점검(monitoring of service delivery)
- 서비스를 확보하기 위한 옹호(advocacy to obtain services)
- 평가(evaluation)

2. 사회복지 사례관리자의 역할

1) 사례관리 기능에 따른 사회복지 사례관리자의 역할

사회복지 사례관리자는 사례관리 주요 기능에 따라 그 역할을 부여받으므로, 이 절에서는 사례관리 주요 기능과 담당하게 되는 사례관리자의 역할들을 제시하고자 한다.

목슬레이(Moxley, 1989)는 사례관리 직접적 서비스 기능에서 사례관리자의 역할로 실행자(implementer), 교사(teacher), 안내자 · 협력자(guide · collaborator), 진행자(processor), 정보전문가(information specialist), 지지자(supporter) 역할을 제시하였다. 그리고 사례관리 간접적 서비스 기능에서 사례관리자의 역할은 중개자(broker), 조정자(coordinator), 옹호자(advocate) 등의 역할로 설명하였다.

그리고 우드사이드와 맥클램(Woodside & McClam, 2006)은 사회복지 사례관리자의 역할로 직접적 서비스 기능과 간접적 서비스 기능을 통합하여, 옹호자(advocate), 중개자(broker), 조정자(coordinator), 자문자(consultant), 상담가(counselor), 계획가(planner), 문제해결자(problem solver), 기록유지자(recordkeeper)를 모두 수행한다고 설명하였다.

〈표 5-1〉 사례관리자의 역할

직접적 역할	간접적 역할	통합적 역할
상담가, 실행자, 교사, 안내자, 협력자, 진행자, 정보제공자, 지지자	중개자, 조정자, 옹호자, 변화매개자	직접적 역할과 간접적 역할 모두 수행

(1) 직접적 서비스 기능에 따른 역할

① 상담가 · 임상가 : 상담

사례관리의 상담 기능을 수행하기 위해 사례관리자는 상담가 · 임상가의 역할을 수행한다. 이는 가장 기본적 역할로 사례관리자는 사례관리 과정 중에 지속적으로 수행한다.

② 역량강화자 · 협력자 : 문제해결 역량 강화

사례관리자는 클라이언트의 문제해결 역량을 강화하기 위해 역량강화자 · 협력자의 역할을 수행한다. 역량강화자는 클라이언트가 스스로 욕구를 충족시킬 수 있도록 능력을 강화하도록 돕는 것을 의미한다. 이를 통해 사례관리자는 클라이언트의 책임감을 높이고 자신감과 독립성을 향상시킬 수 있도록 격려하는 능력부여자의 역할을 수행한다.

③ 교사 · 지도자 : 교육 및 훈련

사례관리자가 클라이언트의 욕구 충족을 위해 필요한 기술을 지도하기 위해 교사 · 지도자의 역할을 수행한다.

④ 정보전문가 : 정보제공

사례관리자는 필요로 하는 정보를 클라이언트의 욕구수준에 따라 분류하고 재조직화하며 편집하여 제공하는 정보전문가의 역할을 수행한다.

(2) 간접적 서비스 기능에 따른 역할

① 중개자 : 자원 및 서비스 연계

사례관리자는 클라이언트의 욕구 해결을 위해 외부 지역사회에서 자원 및 서비스를 연결하는 중개자의 역할을 수행한다. 자원 및 서비스 중개는 의뢰의 형태를 걸쳐 연계되는데, 클라이언트와 그의 가족을 지역사회 내 다양한 공식적 · 비공식적 자원과 적절하게 연계될 수 있도록 안내한다.

② 조정자 : 서비스의 조정

사례관리자는 클라이언트에게 자원을 연계할 때 서비스를 조정하는 역할을 함께 수행한다. 조정자로서 사례관리자는 외부 자원 및 서비스의 중복을 조정하고 상호갈등을 해결하는 역할을 한다.

③ 옹호자 · 변화매개자 : 클라이언트 옹호

사례관리자는 클라이언트가 필요로 하는 서비스에서 불합리한 자격기준이 적용되거나, 거부되었을 경우 또는 부당한 대우를 받았을 때는 해결하기 위해 클라이언트의 대변자 · 옹호자 · 변화매개자로서 역할을 한다. 또한 사례관리자는 클라이언트에게 영향을 미치는 기관 정책, 절차, 관행 등을 개선하는 활동 더 나아가서는 정책 시행이나 입법과정에 영향을 미치는 활동을 수행하기도 한다.

2) 사례관리 과정에 따른 사회복지 사례관리자의 역할

셰퍼와 호레이시(Sheafor & Horejsi)는 사례관리 과정에 따라 사례관리자가 수행하는 다양한 역할을 제시하였다(Sheafor & Horejsi, 2006, 한국사례관리학회 편, 2012 재인용).

① 정보수집과 사정활동을 수행한다.

사례관리 대상 클라이언트는 대체로 고위험군이다. 이들에 대한 포괄적인 정보수집은 사례관리자가 수행하는 업무 중에 중요한 역할을 차지한다. 클라이언트와 관련된 정보를 수집하고 클라이언트의 욕구와 관심을 확인한다.

② 서비스를 계획한다.

사례관리자는 클라이언트의 욕구와 관심사에 초점을 두고 서비스 계획을 한다. 또한 서비스 계획 시 실행 가능성에 대해 사례회의를 통해 논의한다.

③ 프로그램 배치 및 서비스 제공·조정 활동을 수행한다.

클라이언트에게 적절한 프로그램과 서비스 제공자를 배치하고, 클라이언트에게 필요한 서비스를 제공한다.

④ 사례계획이 수행된 정도를 점검한다.

클라이언트 욕구의 충족 정도를 통해 사례관리 수행의 효과성을 점검한다. 클라이언트에게 보다 나은 서비스를 제공하기 위해서 필요한 경우 계획조정이 이루어진다.

⑤ 지속적이고 원활한 의사소통을 수행한다.

사례관리서비스 제공에 있어 책임소재를 확인하고 의사소통 수준을 확인한다. 사례관리서비스는 다양한 서비스 제공과 다수의 기관이 서비스 제공자 역할을 담당하므로 이들 간 의사소통이 원활하게 이루어져야 한다. 사례관리자는 이 과정에서 중심 역할을 담당해야 한다.

⑥ 옹호활동을 수행한다.

기존의 서비스 체계에서 접근성이 제한되거나 서비스 제공자 체계에 존재하는 장벽으로 인하여 서비스 이용이 어려운 클라이언트들을 위한 옹호활동을 수행한다.

⑦ 지역사회 활동을 수행한다.

지역사회 타 기관의 전문가들과 협력하여 클라이언트에게 필요한 서비스와 프로그램을 개발하거나, 홍보 혹은 협력 활동을 수행한다.

생각해 볼 문제

1. 사례관리자의 직접적 역할 중 역량강화자의 사례를 [웹진 희망e야기]의 사례에서 찾아보시오(https://www.hopeletter.or.kr).
2. 최근에는 사례관리 기능 중 자원개발 기능이 강조되고 있다. 조별로 지역 내 병원, 상가, 교회, 음식점 등으로 지역사회 자원망을 구성하기 위한 홍보문구를 작성해 보시오.

PART

02

사회복지 사례관리 과정

사례관리 과정은 사례관리실천에서 핵심이다. 제2부는 「사례관리의 과정」으로 초기 단계, 사정단계, 서비스 계획 단계, 서비스 실행 및 점검 단계, 평가 및 종결 단계 등이 있다.

최근 우리나라에서 사례관리가 많이 활용되면서, 아동복지 분야, 청소년복지 분야, 장애인복지 분야, 여성복지 분야, 노인복지 분야, 지역사회복지관, 공공사례관리 등 분야별 사례관리 과정이 매뉴얼화되고 있고, 사례관리의 과정에서 다소 차이를 보이고 있다. 그러나 사회복지 분야별 사례관리 과정이 다르다기보다는 '사정단계'에서의 분야별 사정척도 및 사정영역의 차이이므로, 본 서에서는 기본적이며 공통적으로 활용할 수 있는 과정을 기술하고자 한다.

CHAPTER

06 초기단계

사회복지 사례관리 과정

❑ 사례관리 과정(process of case management)은 사례관리 체계 내에서 사례관리 실천의 목적을 달성하기 위해 수행되는 과정이다. 다양한 사회복지 현장이 있지만, 사례관리 과정은 공통적이며, 시간적으로 전개되는 과정이다(Holt, 2000 : 29).

❑ 사례관리 과정에 대한 구분은 실천분야별, 학자별로 약간의 차이가 있다. 본 서에서는 다음과 같이 5단계로 구분한다.

- 초기단계
- 사정단계
- 서비스 계획 단계
- 서비스 실행 및 점검 단계
- 평가 및 종결 단계

1. 초기단계의 이해

사회복지 사례관리에서 초기단계란?

❑ 초기단계는 사례관리의 첫 단계로 사례관리를 필요로 하는 클라이언트를 발견하고 적격성 여부를 거쳐 클라이언트로 확정하는 과정이다.

❑ 초기단계의 주요 과업은 다음과 같다.

- 사례발굴
- 인테이크(초기 면접) : ① 초기 상담하기 ② 클라이언트 선정하기

사례관리의 초기단계는 사례관리자가 클라이언트를 발견하고 클라이언트가 새로운 도움환경에 적응하고 문제해결을 위한 파트너십을 형성할 수 있도록 돕는 첫 만남 단계이다. 첫 단계로 사례관리서비스가 필요한 클라이언트를 발견하고, 적격성 여부를 거쳐 클라이언트로 확정하는 과정이다.

사례관리 과정에서 초기단계에 대한 이해는 사회복지 분야, 사례관리자의 역할, 학자의 분류에 따라 다르게 나타날 수 있다. 초기단계는 독립된 단계로 설명되기도 하고(Ballew & Mink, 1996; NASW, 1992; Rothman, 1991; 권진숙·박지영, 2008), 사정단계에 포함되기도 한다(Moxley, 1989; Woodside & McClam, 2006). 그러나 초기단계가 사정단계에 포함되더라도, 분명한 것은 사정단계 내에 사례 발굴, 접수 및 계약 과정 등 초기단계의 과업이 수행되고 있다는 점이다.

2. 사례 발굴

사례관리에서 초기단계의 사례 발굴은 사례관리자와 잠재적 클라이언트가 최초로 만나게 되는 방법으로 클라이언트의 직접 요청, 의뢰받기, 대상자 발굴 등의 방법이 있다.

1) 클라이언트의 직접 요청(대상자 요청)

클라이언트의 직접 요청(self-referral)은 잠재적 클라이언트가 자발적으로 사례관리기관과 방문, 전화 또는 이메일 등으로 접촉하여 서비스를 의뢰하는 것을 의미한다.

사례관리에서 클라이언트의 직접 요청은 드문 경우로, 사례관리가 가장 요구되는 클라이언트들은 도움 요청을 스스로 하지 못하는 경우가 대부분이기 때문이다. 잠재적 클라이언트가 사례관리기관에 직접 연락하더라도 자신이 필요한 서비스가 무엇인지 모르는 경우가 많아 사례관리기관은 초기 접촉자로 접수담당자(a single entry)를 두는 것이 바람직하다(Holt, 2000). 그러나 우리나라 지역사회 사회복지기관에는 대부분 접수담당자가 없고 모든 사회복지사들이 초기 접촉자의 역할을 하고 있다.

직접 요청의 경우 잠재적 클라이언트들은 서비스 욕구가 강하며 변화의 의지가 크기 때문에 사례관리자가 개입하기에 용이할 수 있다. 그러나 한편으로는 과도한 욕구를 가진 경우도 있어 초기 면접에서 욕구의 명확화를 통해 사례관리의 적절성 평가와 함께 적정수준에 대한 이해를 제공하는 것이 필요하다. 클라이언트의 직접 요청 시 사례관리자는 신속한 접촉을 통하여 인테이크를 하는 것이 바람직하다.

2) 의뢰받기(의뢰 요청)

의뢰받기(의뢰 요청)는 사례관리자가 의뢰자(내 · 외부인, 외부기관)로부터 사례를 의뢰받는 것으로 초기단계 사례발굴에서 가장 빈번한 방법이다. 내 · 외부인에는 내부 직원 및 클라이언트의 가족, 이웃 주민, 교사, 통장 등이 포함된다. 외부기관은 시 · 군 · 구청, 읍 · 면 · 동주민센터 또는 보건소, 타 사회복지기관, 사회복지시설, 학교, 교회, 경찰, 지역아동센터 등이 있다.

사례를 의뢰받을 때 사례관리자는 의뢰자의 욕구와 클라이언트의 욕구의 차이를 분명하게 파악해야 한다. 의뢰를 받았다고 모든 잠재적 클라이언트가 사례관리의 첫 시작에 동의하는 것이 아니므로 사례관리자는 다음과 같은 사항을 확인한다.

- 의뢰받을 때 사례관리자는 [서비스 의뢰서](부록 2)를 받는 것이 바람직하다. [서비스 의뢰서]에는 의뢰자가 잠재적 클라이언트의 주 의뢰 문제와 의뢰서비스 등 필요한 정보들을 기록한 내용이 포함된다.
- 서비스 의뢰서를 접수한 후(서비스 의뢰서가 없더라도), 의뢰받은 사례관리자는 우선 전화통화를 하여 잠재적 클라이언트가 도움을 원하는 상황인지를 확인한다.

• 그 후 초기 면접(인테이크)을 진행한다. 의뢰받은 문제가 클라이언트에게 우선순위가 되는 문제이며 클라이언트가 해결을 원하는 것에 동의해야 한다.

〈표 6-1〉 의뢰받기 사례

[사례 1] 학교사회복지사(상담실) 선생님으로부터 의뢰받은 사례	
사례관리자	여보세요? A양 어머니세요?
A양 어머니	여보세요? 예, 그런데요.
사례관리자	예. 저는 A양 학교 선생님께 소개를 받고 연락드린 B사회복지관의 ○○○입니다. 혹시 학교사회복지사(상담실) 선생님으로부터 말씀 들으셨어요?
A양 어머니	듣긴 들었는데요. 근데요 제가 꼭 이거 해야 하나요?
사례관리자	좀 당황스러우시지요? 혹시 어머니께서 선생님한테 어떻게 얘기를 들었는지 제가 여쭤봐도 될까요?
A양 어머니	제가 요즘 일 때문에 집에 늦게 들어와요. 아침에 일어나질 못해 아이 옷도 잘 못 챙기고… 또 애가 준비물도 못 가져가나 봐요. 우리 아이만 그런 것도 아닌데, 상담실 선생님이 B사회복지관 선생님을 만나라고 했어요. 사실 좀 그래요.
사례관리자	그러신데도 제가 전화를 했는데 이렇게 이야기해 주셔서 감사합니다.
A양 어머니	네… 말씀드리기 그런데, 저 혼자 애 키우거든요. 남편과 이혼하고, 저는 학습지 교사를 해서 늦게 와요. 그래서 애를 잘 돌보지를 못해요.
사례관리자	저희 B사회복지관이 어머니와 A양을 도와드릴 수 있을 것 같아요. 상담실 선생님도 그래서 저에게 말씀하신 것 같고요. 어머니 혹시 제가 만나뵙고 이야기를 해도 될까요?
A양 어머니	뭐 제가 사실 기분은 안 좋지만… 그러면 선생님은 언제쯤 괜찮으세요? 저는 다음 주 월요일 오전이 좋은데요.
사례관리자	그러면 열 시에 찾아 뵈어도 괜찮으신가요? 내키지 않으신데 허락해 주셔서 감사합니다.
A양 어머니	네…
➲ 본 사례는 의뢰받은 사례로 어머니는 아직 사례관리의 시작에 대해 정보와 동기가 약하다. 이렇게 비자발적 클라이언트의 경우, 전화통화 이후 대면 면접을 통해 의뢰받는 이유를 전달하여 동의를 이끌어 내는 것이 우선되어야 한다.	

3) 아웃리치 : 대상자 발굴하기

아웃리치(outreach)는 사례관리자 또는 기관의 판단에 의해 잠재적 클라이언트에게 직접 접근하여 발굴하는 경우이다. 아웃리치는 사례관리서비스 욕구를 가지고 있으나 그 욕구의 충족을 위해 기관을 찾지 않는 잠재적 클라이언트들에게 서비스의 접근성을 높이도록 사회복지기관의 사회복지 사례관리자가 직접 찾아 나서는 방법이다(Rothman, 1991). 아웃리치의 주요 내용은 다음과 같다.

- 서비스가 필요한 잠재적 클라이언트를 찾아낸다. 대부분 사례관리자가 복지사각지대를 조사하거나 가정, 지역사회 방문 중 발견한다.
- 발견한 잠재적 클라이언트와 개별적인 상호작용을 통하여 이용 가능한 서비스와 자원을 알려주며 기관의 서비스 체계 내로 들어올 수 있도록 격려하고 홍보한다. 아웃리치를 통해 접촉하게 되는 대부분의 잠재적 클라이언트들은 자신의 정보 노출에 대한 두려움, 무기력감, 서비스에 대한 방어 등을 가지고 있으므로 주의해야 한다.
- 아웃리치에서 보다 중요한 것은 정기적인 아웃리치 활동의 수행이다.

아웃리치를 통해 발견되는 잠재적 클라이언트는 지역사회 내 서비스와 자원의 정보가 부족하거나, 문제를 가지고 있지만 서비스의 활용욕구가 낮은 대상자들이 대부분이므로 사례관리자는 클라이언트의 비밀유지와 자기결정의 권리에 민감하게 대응해야 한다.

3. 인테이크(초기 면접)

인테이크의 주요 과업

인테이크는 면접자가 초기 상담을 통해 잠재적 클라이언트에 대한 정보를 수집하고 서비스 욕구를 파악하여 서비스 제공의 적격성의 기준에 적합한 사람인지를 확인하고, 사례관리서비스의 클라이언트로 결정하는 과정이다. 다음과 같은 과업이 있다.

❑ 초기 상담하기
❑ 클라이언트 선정하기

1) 초기 상담하기

사례 발굴 후 사례관리기관의 담당자는 초기 면접을 준비한다. 초기 면접자의 과업은 잠재적 클라이언트와 초기 상담을 통해 문제 상황 및 복지 욕구를 파악하고 서비스 요청에 대한 정보를 수집하여 기관의 사례관리 클라이언트로서의 적합성을 확인하는 것이다. 초기 면접의 중요한 기능은 잠재적 클라이언트와 가족에 대한 정확한 정보를 파악하는 것인데, 이 과정에서 많은 정보를 얻는 것도 중요하지만 보다 잠재적 클라이언트와 가족의 관심사와 욕구에 초점을 두고 긍정적 파트너십을 형성하는 것이 필요하다.

잠재적 클라이언트와의 첫 만남에서 면접자는 자신과 기관을 우선 소개하고, 편안한 분위기 속에서 잠재적 클라이언트가 어떤 것을 기대하는가를 확인하는 것이 일반적이다. 면접자는 초기 면접에서 유능한 경청자, 해석자, 질문자가 되어야 한다(Woodside & McClam, 2006). 따라서 첫 만남부터 초기 면접 기술이 필요하며, <표 6-2>와 같이 소개하기 기술, 분위기 조성 기술, 관찰기술, 피드백 기술, 경청기술, 요약기술, 부정적 감정 다루는 기술 등이 필요하다.

면접자는 이러한 초기 면접의 내용을 [초기 면접지]에 기록하고 면접자는 잠재적 클라이언트를 직접 면접하여 작성하는 것을 원칙으로 하며, 의뢰인을 면접하거나 또는 후견인과 함께 면접할 수 있다.

〈표 6-2〉 초기 관계 형성 및 면접기술

<table><tr><td>

• **소개하기 기술** : 사례관리자는 잠재적 클라이언트에게 자신과 자신이 속한 기관을 소개함으로써 전문가와 기관을 충분히 이해시키고 신뢰하도록 하는 기술이 있어야 한다. 사례관리자는 편안한 분위기 속에서 잠재적 클라이언트가 어떤 것을 기대하는가를 확인한다.

• **분위기 조성 기술** : 면접을 위해 심리적으로 편안한 분위기를 만드는 기술로 사례관리자는 잠재적 클라이언트와 상호 이해와 개방성을 촉진시키도록 노력하며, 공감, 긍정적 고려, 개인적 온화함, 진실성이 있어야 한다.

• **관찰기술**
  - 잠재적 클라이언트가 말하고 행동하는 것에 주의를 기울여 그를 이해하는 것으로 초기 면접 이전 그리고 면접 중에도 잠재적 클라이언트의 표정, 손놀림, 눈맞춤, 얼굴 붉힘 등을 주의하여 살피고 언어적 표현과 비언어적 표현이 일치하는지 확인한다.
  - 잠재적 클라이언트가 침묵할 경우 언제, 어떤 이야기 도중에 그러한지를 정확히 파악하는 것이 중요하다. 위협적이거나 말하기 어려운 것일 경우 주로 침묵하게 된다.

• **피드백 기술** : 사례관리자는 잠재적 클라이언트가 자신을 소개하고 자신의 문제가 무엇인지를 이야기할 수 있도록 격려해야 한다. 사례관리자는 "제가 들은 이야기가 바로 이것을 의미하는 것인가요?"라고 되물어 두 사람의 이해 내용이 동일하도록 한다.

• **경청기술** : 주의 깊게 듣고 인정하는 기술로, 경청기술을 통해 자연스럽게 상호 신뢰할 수 있는 면접을 이끌어 가야 한다.

• **요약기술** : 잠재적 클라이언트가 펼쳐놓은 욕구 및 문제들을 명료화하고 요약한다.

• **부정적 감정 다루는 기술** : 잠재적 클라이언트는 자신을 노출해야 하는 부담과 노출 정도의 혼란, 사례관리자 역량에 대한 의심 및 저항 등 다양한 부정적인 감정이 있으므로 사례관리자는 클라이언트의 저항과 부정적인 감정을 그대로 인정하고 격려한다.

</td></tr></table>

〈표 6-3〉 초기 상담의 실천지침

<table><tr><td>

• 잠재적 클라이언트에게 편안함을 주는 인사와 대화
• 잠재적 클라이언트의 문제 상황에 대해 진실된 관심 보이기
• 잠재적 클라이언트의 기관과 사례관리자에 대한 기대 경청하기
• 잠재적 클라이언트가 기관, 사례관리자, 서비스에 대한 두려움과 불안을 이해하고 공감하기
• 잠재적 클라이언트에게 사례관리자와 기관이 할 수 있는 것과 할 수 없는 것에 대해 설명하기
• 잠재적 클라이언트에게 서비스의 자격요건 · 이용절차 · 비용 등에 대해 자세하게 설명하기
• 잠재적 클라이언트에게 비밀보장의 원칙 설명하기

</td></tr></table>

출처 : 서울대학교 사회복지실천연구회(1998).

2) 클라이언트 선정하기

초기 면접의 주요 목적은 사례관리 클라이언트의 선정으로, 사례관리 이용자 판정하기라고 할 수 있다. 앞에서 발견한 잠재적 클라이언트들이 모두 사례관리 이용자가 되는 것은 아니기 때문이다. 초기 면접에서는 사례관리 클라이언트에 대한 정보를 수집하고 서비스 욕구를 파악하여 클라이언트를 선정한다.

클라이언트의 선정은 객관적인 평가 기준으로 결정하거나 사례회의를 통해 결정해야 한다. 즉, 클라이언트를 선정하는 기준이나 이유는 공식적이어야 하며 공식적인 절차인 사례회의에서 검토되어야 한다.

인테이크 단계에서 가장 어려운 점은 선정된 클라이언트가 사례관리자의 연락을 거절하거나 욕구해결 동기가 전혀 없는 비자발적인 경우이다. 이때 담당 사례관리자는 일단 관계 형성을 위한 노력을 할 필요가 있다. 예를 들어, 사회복지기관이나 지방자치단체에서 제공하는 물품을 전달하며 대화를 시도하거나 잠시 기다리며 재시도를 하는 노력 등이다.

학습노트

선정된 클라이언트가 거절하거나 비자발적인 경우

- 선정된 클라이언트가 사례관리자의 연락을 거절하거나 대화조차 하지 않는 경우 사례관리자는 매우 난감하다.
- 이행숙 통합사례관리사(부천시 원미1동 행정복지센터)는 이렇게 강조한다.
  "사례관리자는 대상자가 누군가에게 도움을 요청하기까지 많은 망설임과 어려운 용기를 내어야만 가능하다는 걸 충분히 이해해야 한다. 대상자와 첫 만남이 이루어졌을 때 재촉하지 않고 모든 걸 다 말할 수 있도록 편안한 분위기 조성에 최선을 다하고 기다려주고 들어주고 공감해주며 사례를 진행해야 한다. 오랜 기간 관심을 두고 설득해야만 초기 라포를 형성하는 매우 힘든 가구도 있다."

출처 : 사례관리정책지원센터(http://www.hopeletter.or.kr, 웹진 희망e야기 제13호).

3) 초기 면접지 및 개인정보 수집 · 활용 동의서 기록

(1) 초기 면접지 작성법

클라이언트와 초기 접촉이 이루어지면, 사례관리자는 클라이언트가 어떤 상황에 처해 있는지, 어떤 다양한 문제를 가지고 있는지, 욕구는 무엇인지 등을 파악하기 위해 면접하며 [초기 면접지]를 작성한다(표 6-4).

초기 면접지에는 클라이언트의 기본 정보, 가족사항, 도움요청 내용, 면접자 평가 등이 포함된다. 초기 면접지의 내용은 다음과 같다.

① 상담번호 : 접수순서에 따른 기관 내부 일련번호 부여

② 상담일자 : 대면이나 전화로 초기 상담을 실시한 날을 기준으로 작성

③ (　　차)상담 : 상담 차수 기록

④ 상담자명 및 소속 : 접수상담을 개시한 상담자의 성명, 소속기관 및 부서명

⑤ 의뢰경로 : 초기 상담에 이르게 된 경로를 선택

- 사각지대조사 : 복지사각지대 및 지방자치단체 사각지대 조사, 사례관리자가 주민 상담 과정 혹은 가정, 지역사회 방문 중 서비스 대상자 잠정 평가를 통해 의뢰·발굴된 경우
- 대상자(가족) : 대상자 및 가족이 자발적으로 전화, 이메일, 내방 등의 경로로 서비스를 요청한 경우
- 기관 : 유관 기관 및 부서 등에서 위기가구 의뢰한 경우
- 주민 : 일반 이웃 주민이 위기가구 의뢰한 경우
- 지역사회보장협의체 : 지역사회보장협의체에서 위기가구 의뢰한 경우
- 명예사회복지공무원 : 명예사회복지공무원이 위기가구 의뢰한 경우

⑥ 대상자 : 대상자의 인적사항 등을 기록함. 대상자는 반드시 세대주를 의미하지 않으며, 가구 구성원 중 가장 보호가 필요한 자 또는 가구 구성원을 대표하는 자를 기록

⑦ 가구유형 : 현 거주 상황에 대한 정보를 통해 가구유형을 선택

- 1인 가구 : 가구 구성원이 1인인 가구

- **한부모가구** : 편부 · 편모와 자녀 등 한부모와 자녀로 구성된 가구
- **부부＋자녀가구** : 부모와 자녀로 구성된 가구
- **조부모＋부모＋자녀가구** : 조부모와 부모 자녀 3세대로 구성된 가구
- **조부모＋손자녀가구** : 부모세대 없이 조부모와 손자녀로 구성된 가구
- **공동체(비혈연)** : 혈연이 아닌 사람들이 모여 공동체를 형성하는 가구
- **소년소녀가구** : 부모나 친인척이 없이 형제자매만 살고 있거나, 소년소녀 1인만 살고 있거나, 부양능력이 없는 친인척과 형제자매가 함께 살고 있는 가구
- **부부중심가구** : 부부 중심으로 구성된 가구
- **기타** : 위 분류 이외의 가구유형인 경우 구체적인 가구 형태를 기록

⑧ **가족사항** : 초기상담 대상자와 가구원에 대한 기본 정보 기록, 생애주기와 직업은 아래 칸에서 선택

⑨ **주거유형, 주거점유 형태** : 대상가구의 주거 형태(단독주택, 아파트, 연립주택 · 다세대주택 등) 및 유형(자가, 전세, 보증금 없는 월세 등)을 선택

⑩ **상담내용**

- 대상자 및 가족이 제시하고 있는 주요 문제 및 걱정의 내용을 기록
- 대상자 · 가족이 원하는 도움 또는 지원 내용은 상담 중 피면담자(대상자, 가족, 후견인 등)가 하는 말을 중심으로 기록
- 대상자 · 가족의 주요 문제는 잠재된 욕구로 면담자가 파악한 문제점을 기록

⑪ **주요 문제** : 초기 상담을 통해 파악한 잠재적 클라이언트가 진술하는 어려움과 도움의 내용. 초기 면접지에서는 욕구내용의 구체성이 다소 낮더라도 잠재적 클라이언트의 어려움 중심(서비스 중심이 아닌)으로 서술하는 것이 바람직함

- **경제** : 식비, 주거비, 의료비, 교육비, 난방비, 공과금 체납 등 기초생활 해결이 어렵거나 수입에 비해 과도한 지출, 부채, 신용불량, 압류 등 재정상 문제가 있는 경우

- **돌봄** : 식사 및 준비, 옷입기, 씻기, 화장실 가기, 외출하기, 약물 복용 등 일상 생활 수행이 어렵거나 철에 맞는 의복이나 신발, 생활용품, 난방용품 등 의식주 관련 자원이 부족한 경우
- **신체건강** : 중증질환(암, 뇌혈관계 질환, 심장질환, 희귀난치질환 등) 및 만성질환(당뇨병, 고혈압 등)의 신체적 질환으로 어려움이 있거나 영양결핍 및 비만 등 신체적 건강에 문제가 있는 경우
- **정신건강** : 정신적 질환(환각/망상 등 조현병, 우울증, 조울증, 불안 및 강박, 중독, 자해/자살, 분노조절, 치매, 지적 및 발달장애 등)으로 어려움이 있거나 대인기피, 은둔형 외톨이, 과도한 스트레스 등 심리적·정서적 건강에 문제가 있는 경우
- **주거** : 집 내/외부 환경이 열악 혹은 노후되어 환경개선이 필요하거나 철거 및 퇴거 위기 혹은 쉼터나 보호시설 등 시설 입소 등이 필요한 경우
- **일자리** : 실업 및 실직, 사업 실패로 어려움이 있거나 잦은 직장 이동 및 결근 등의 문제가 있는 경우
- **보육 및 교육** : 기초 학습 습득에 어려움이 있거나 학업 유지의 어려움 등의 문제로 보육 및 교육 환경 개선이 필요한 경우
- **관계** : 가족간의 갈등·소원·단절 등의 문제가 있거나, 친인척 및 이웃 간의 갈등·소원·단절등의 문제가 있는 경우
- **안전** : 가정폭력·학대·방임 등 가족 내 안전에 문제가 있거나 직장·학교·데이트 폭력 및 협박·착취 등의 위협이 있는 경우
- **법률 및 권익보장** : 이혼·부채·파산·신용불량·핀권상실·신분상실 등 법률적 문제가 있거나 차별 및 권리침해(인권침해) 등으로 문제가 있는 경우
- **문화 및 여가** : 문화 및 여가 생활에 있어 어려움이 있는 경우

⑫ **상담결과 판정의견** : 기관의 사례관리서비스 대상으로 적합 여부를 판정하기 위해 사례에 대한 잠정적인 서비스 진행계획에 대한 의사결정을 진행

- **사회보장급여 신청** : 사회보장급여 신청으로 욕구 해결이 가능한 경우
- **서비스 연계 · 통합사례관리** : 주요문제별 서비스 수행방법 중에서 민간서비스 제공이 하나라도 있는 경우
- **타 사례관리 사업 연계** : 타 사례관리 사업에서 주요 욕구 해결이 가능한 경우
- **지역사회통합돌봄 대상** : 노령 등으로 케어가 필요한 상태로 평소 살던 집이나 지역사회에서 살기 희망하여 지역사회통합돌봄 대상인 경우
- **기타** : 단순 정보제공으로 문제 및 욕구해결이 가능한 경우 또는 서비스 거절, 상담 거부 등으로 초기 상담이 어려운 경우 서비스 제외 대상자로 기록

⑬ **상담자 종합의견** : 상담자는 종합의견에서 잠재적 클라이언트의 진술과 조사된 객관적 정보에 따라 욕구 및 문제를 요약하고, 대상자 유형 분류를 상담자의 의견을 중심으로 기록함

(2) 기록지 예시

초기 상담지의 기록 예시는 본 서 제11장의 '<표 11-1> 초기 상담지 예시'에 제시되어 있다.

〈표 6-4〉 [서식 제1호] 사례관리 초기 면접지 양식

사례관리 초기 면접지

<table>
<tr><td>① 상담번호</td><td colspan="2"></td><td colspan="2">② 상담일자</td><td colspan="3"></td><td>③(차)상담</td></tr>
<tr><td>④ 상 담 자</td><td colspan="2"></td><td colspan="2">소 속</td><td colspan="2"></td><td>연락처</td><td></td></tr>
<tr><td>⑤ 의뢰경로</td><td colspan="6">☐ 사각지대 조사 ☐ 대상자(가족) ☐기관 ☐ 주민
☐ 지역사회보장협의체 ☐ 명예사회복지공무원</td><td>의뢰사유</td><td></td></tr>
<tr><td>상담유형</td><td colspan="8">☐ 기관 ☐ 대상자 가정 ☐ 기타</td></tr>
<tr><td>⑥ 대상자</td><td colspan="3"></td><td colspan="2">주민등록번호</td><td></td><td>성별</td><td>☐ 남 ☐ 여</td></tr>
<tr><td>연락처</td><td colspan="3">(집)
(H. P)</td><td colspan="2">주소</td><td colspan="3">(등본 주소)
(실거주지 주소)</td></tr>
<tr><td>사회보장급여</td><td colspan="8">☐ 사회보장급여(조회 가능) ☐ 사회복지급여 비수급</td></tr>
<tr><td>⑦ 가구유형</td><td colspan="8">☐ 1인가구 ☐ 한부모가구 ☐ 부모+자녀가구 ☐ 조부모+부모+자녀가구 ☐ 조부모+손자녀가구
☐ 공동체(비혈연) ☐ 소년소녀가구 ☐ 부부중심가구 ☐ 기타(   )</td></tr>
<tr><td>구성원 특성</td><td colspan="8">☐ 장애인 ☐ 다문화 ☐ 북한이탈주민</td></tr>
<tr><td rowspan="2">⑧ 가족사항</td><td>관계</td><td>성명</td><td>주민번호
(외국인등록
번호)</td><td colspan="2">생애주기</td><td>장애등록
여부</td><td>직업</td><td>전화번호</td></tr>
<tr><td></td><td></td><td></td><td colspan="2"></td><td></td><td></td><td></td></tr>
<tr><td colspan="9">생애주기 : (1)영유아 (2)아동 (3)청소년 (4)청년 (5)중장년 (6)노년
직 업 : (1)공무원 (2)법조인 (3)군인 (4)교직원 (5)성직자 (6)의료인 (7)회사원 (8)자영업 (9)금융업 (10)농/축/수산/광업 (11)학생 (12)무직 (13)일용노무자 (14)기타</td></tr>
<tr><td>⑨ 주거형태</td><td colspan="8">☐ 단독주택 ☐ 아파트 ☐ 연립주택 · 다세대주택 ☐ 임대주택 · 아파트
☐ 비거주용 건물 내 주택 ☐ 기숙사 및 특수 사회시설 ☐ 판잣집, 비닐하우스, 컨테이너
☐ 노숙 ☐ 기타(   )</td></tr>
<tr><td>⑨ 주거점유 형태</td><td colspan="8">☐ 자가 ☐ 전세 ☐ 보증금 없는 월세 ☐ 보증금 있는 월세
☐ 일세 · 사글세 · 연세 ☐ 무상 ☐ 시설/그룹홈 ☐ 기타(   )</td></tr>
<tr><td>⑩ 상담내용</td><td colspan="8"></td></tr>
<tr><td>⑪ 주요문제</td><td colspan="8">☐ 경제 ☐ 돌봄 ☐ 신체건강 ☐ 정신건강 ☐ 주거 ☐ 일자리
☐ 보육 및 교육 ☐ 관계 ☐ 안전 ☐ 법률 및 권익보장 ☐ 문화 및 여가</td></tr>
<tr><td>월 평균 소득</td><td colspan="4"></td><td colspan="2">월 평균 지출</td><td colspan="2"></td></tr>
<tr><td>주요 소득원</td><td colspan="4"></td><td colspan="2">주요 지출내역</td><td colspan="2"></td></tr>
<tr><td>⑫ 상담결과 판정의견</td><td colspan="8">☐ 사회보장급여 신청 ☐ 서비스 연계 ☐ 통합사례관리
☐ 타 사례관리사업 연계 ☐ 지역사회통합돌봄 대상 ☐ 기타(   )</td></tr>
<tr><td>⑬ 상담자 종합의견</td><td colspan="8"></td></tr>
</table>

출처 : 보건복지부(2023).

(3) 개인정보 수집 · 활용 동의서 작성법

초기 면접을 통해 잠재적 클라이언트가 '통합사례관리 대상'으로 결정된 경우, 면접자는 사례관리기관에서 실행되는 사례관리서비스의 과정 및 내용에 관해 설명하고, [개인정보 수집 · 활용 동의서](표 6-5)를 받는다. [개인정보 수집 · 활용 동의서]는 개인정보 보호법 제15조(개인정보의 수집 · 이용), 제17조(개인정보의 제공), 제18조(개인정보의 목적 외 이용 · 제공 제한), 제22조(동의를 받는 방법)에 의거하여 클라이언트의 개인정보 수집 · 이용에 있어 동의절차를 준수하며, 고지 후 수집된 정보는 기관에서 사례관리서비스를 위한 업무목적 외에는 사용하지 않고, 비밀보장 원칙에 따라 타인에게 공개하거나 유출하지 않는다는 것을 확인시킨다. 또한 클라이언트의 개인정보를 수집하는 이유는 사례관리기관에서 서비스 제공 시 필요한 최소한의 정보에 해당하며 그 내용에 관하여 동의하지 않을 수 있으나, 그 경우 원활한 서비스 제공이 어려울 수 있음도 설명한다.

〈표 6-5〉 [서식 제2호] 개인정보 수집·활용 동의서 양식

개인정보 수집·활용 동의서

■ 개인정보(고유식별정보) 수집·활용에 관한 동의

활용목적	○○○기관 사례관리 관련 지원 및 서비스 제공
수집하는 기본 항목	성명, 성별, 주민등록번호(외국인 등록번호), 연락처, 주소, 건강, 장애, 소득 등 사례관리 및 기타서비스 연계 신청 관련 서류상의 개인정보
개인정보 보유 및 활용 기간	통합사례관리서비스의 동의일부터 종결 후 5년까지 보유·활용
귀하는 위와 같이 고유식별정보를 수집·이용하는 데 동의하십니까? 귀하는 개인정보 제공 동의를 거부할 권리가 있습니다. 다만, 동의하지 않으시는 경우 정상적인 서비스 이용에 불이익을 받으실 수 있습니다.	

동의함 □ 동의하지 않음 □

■ 개인정보의 제3자 제공에 관한 동의

제공받는 자	사례관리 담당자, 사례회의 참석자(기관), 서비스 제공기관, 보장기관 등
활용목적	통합사례관리서비스 제공
활용항목	- 대상자 정보(성명, 주민등록번호, 연락처, 주소) - 가족구성원 정보(성명, 연령, 동거여부, 연락처) - 사례관리 정보(가족력, 개인력, 서비스 제공이력 등)
보유 및 활용 기간	통합사례관리서비스의 동의일부터 종결 후 5년까지
귀하는 위와 같이 개인정보를 제3자에게 제공하는 것을 동의하십니까? 귀하는 동의를 거부할 권리가 있습니다. 다만, 동의하지 않으시는 경우 서비스 이용에 불이익을 받으실 수 있습니다.	

동의함 □ 동의하지 않음 □

※ 개인정보 제공자가 동의한 내용 외의 다른 목적으로 활용하지 않으며, 제공된 개인정보의 이용을 거부하고자 할 때에는 개인정보 관리책임자를 통해 열람, 정정, 삭제를 요구할 수 있습니다. 단, 만 14세 미만 아동인 경우 반드시 법적 대리인의 동의가 필요합니다.

년 월 일

이 름(본인) : (인)

이 름(대리인) : (인) (관계 :)

(기관명)

생각해 볼 문제

1. '〈표 6-1〉 의뢰받기 사례'로 [사례관리 초기 면접지]를 작성할 때, ⑪ 주요문제와 ⑫ 상담결과 판정의견은 무엇인가?
2. 사례관리자와 잠재적 클라이언트의 배역을 정한 후, 잠재적 클라이언트에게 편안함을 주는 사례관리자의 인사와 대화를 연습해 보시오.

CHAPTER

07 사정단계

사회복지 사례관리에서 사정이란?

- ❏ 사정(assessment)은 인테이크를 통해서 확보된 정보를 토대로 클라이언트의 욕구 및 문제를 심층적으로 파악하며, 그것을 해결하는 데 필요한 자원 중 무엇을 가지고 있으며 동시에 무엇이 부족한지를 파악하는 과정이다.
- ❏ 사정은 사회복지 사례관리에서 중심적 요소이며, 사례관리 과정 중에 반복적으로 수행된다.
- ❏ 사정의 영역에는 크게 ① 욕구 사정, ② 자원 사정, ③ 장애물 사정이 있다.

1. 사정의 개념

1) 사정의 개념

사정(assessment)이란 인테이크를 통해서 확보된 정보를 토대로 클라이언트의 다양하고 복잡한 욕구 및 문제를 심층적으로 파악하고, 강점과 자원을 분석하는 과정으로, 클라이언트가 필요로 하지만 가지고 있지 않은 것이 무엇인지, 클라이언트가 그 욕구를 충족시킬 어떠한 역량과 자원이 있는지 또는 부족한지를 파악하는 것을 의미한다. 즉, 사정은 클라이언트의 신체적·사회적·정서적·인지적·재정적·환경적 욕구 및 지지욕구를 구조화된 사정도구를 사용하여 확인하는 과정이며, 동시에 그것을 해결하는 데 필요한 자원 중 무엇을 가지고 있는지, 동시에 어떤 자원이 부족한지를 파악하는 과정이다.

사정은 사회복지 사례관리에서 중심적 요소이며, 사례관리 과정 중에 지속적이며 반복적으로 수행되므로, 클라이언트에게 새로운 욕구가 발생하거나, 긴급한 상황이 발생하여 재사정이 필요한 경우도 있다.

2) 사정의 활용

사정을 통해 파악된 사정자료는 다음과 같이 활용된다.

① 사례관리자가 서비스 계획을 수립하는 데 근거자료로 활용된다.

② 클라이언트 선정을 위한 기준이 되며 동시에 클라이언트의 문제 및 욕구의 시급성과 중요도를 파악하는 자료가 된다.

③ 서비스 개입의 효과 또는 사례관리 종결의 적정성 판단을 위한 사전 점수로 활용된다.

2. 사정의 특성

사정단계에서 사례관리자는 본격적으로 클라이언트의 욕구 및 자원을 파악하고 인적사항과 장애물을 조사한다. 이러한 과정에서 사정은 다음과 같은 특성을 가진다.

1) 사례관리자의 비심판적이고 수용적인 태도 유지

- 클라이언트는 이웃 또는 공공기관 사람들로부터 좋지 않은 시선을 받아온 경우가 대부분이므로, 사례관리자는 비심판적 태도를 유지해야 한다.
- 사례관리자는 클라이언트가 자신의 삶의 문제를 잘 알고 있고, 무엇이

최선의 선택인지 안다는 가치를 가지고 클라이언트를 존중하고 그의 선택과 결정을 지지한다.

- 사례관리자는 클라이언트의 행동이 적절하지 않더라도 그의 이야기를 수용할 수 있어야 한다.

2) 클라이언트와 사정내용의 합의 및 공유

- 사례관리자는 클라이언트와 욕구 사정 및 자원 사정, 장애물 사정의 내용을 합의하고 공유해야 한다. 사정은 사례관리자와 클라이언트의 공동 작업으로 진행되어야 한다.

3) 클라이언트가 표현하는 언어의 사용

- 요청서비스 작성 시 클라이언트가 표현하는 언어를 그대로 사용하는 것이 효과적이다.
- 클라이언트의 표현대로 기록할 때 변화목표도 명료해지고, 서비스 실행에서 주체적이 될 수 있다.

4) 클라이언트의 강점과 자원의 적극적 사정

- 사례관리자는 클라이언트에게 그의 희망, 긍정적인 성취의 경험이 목표를 달성하기 위한 개인적 · 사회적 자원임을 인식시킨다.
- 클라이언트가 어려운 상황에서 얻게 된 강점, 가능성 등을 최대한 이끌어 내는 것이 사례관리자의 역할이다.

3. 사정의 영역

1) 욕구 사정

(1) 욕구 사정의 특성

욕구 사정은 사정기록지에서 가장 중요한 부분으로 클라이언트가 제시하는 욕구를 사례관리자가 중립적인(몰가치적) 입장에서 구체적이며 심층적으로 확인하는 것을 의미한다. 사례관리자가 이때 클라이언트를 개별화하지 않고 범주화하거나, 욕구에 대한 평가나 판단을 성급하게 하는 것은 바람직하지 않다.

이때 욕구(need)는 특정 프로그램이나 서비스를 제공해야 할, 즉 개입의 필요성이자 개입을 통해 변화를 도모해야 할 사례관리 이용자의 상황, 어려움 내용이다(이기연 · 유서구, 2012).

욕구 사정은 주로 면접을 통한 자료수집으로 이루어지는데, 1회 면접을 통해 욕구가 조사되지 않으므로 여러 번의 면접을 통해 욕구조사를 한다. 욕구조사에서는 클라이언트 삶의 다양한 영역을 종합적이며 포괄적으로 조사하므로, 욕구를 놓치지 않기 위해 욕구영역을 구분하는 경향이 있다. 이는 클라이언트를 면접하는 중에 사례관리자가 간과할 수 있는 욕구를 촘촘히 발견해 내기 위함이다.

욕구 사정 시 사례관리자는 클라이언트가 제시한 주된 욕구영역과 내용을 기본으로 하되 가족의 욕구도 동시에 염두에 두어야 한다. 이때 클라이언트의 욕구와 가족의 욕구가 일치하는지 아니면 차이가 있는지를 확인한다. 차이점이 발견된다면 이를 확인하고 동의하도록 하는 노력이 필요하게 된다. 그러나 동의가 힘든 경우에도 법적인 경우나 위급한 상황을 제외하고는 클라이언트의 욕구가 우선되어야 한다. 사정단계에서 클라이언트의 문제(problem) 또는 요구(demand)가 아닌 욕구(need)에 집중해야 하는 이유는 이들이 유사해 보이지만 차이가 있기 때문인데, 욕구에는 클라이언트의 의지가 포함되기 때문이다.

〈표 7-1〉 클라이언트의 문제 사정, 욕구 사정, 요구 사정의 비교

문제 사정	욕구 사정	요구 사정
비만 문제	체중을 감량하고 싶어요.	체중 감량이 필요해요.
아이의 학업부진 문제	아이가 학교 수업을 잘 따라가면 좋겠어요.	아이에게 학습지를 지원해 주세요.

학습노트

클라이언트의 문제, 욕구, 요구의 비교

- **문제(problem)** : 개인과 환경 간의 상호작용에서 비롯되는 클라이언트에게 근심을 끼치는 어려움으로 대부분 클라이언트와 가족이 호소하는 어려움 및 상황. 보통 범주화된 용어로 기술함
- **욕구(need)** : 클라이언트의 생존과 성장을 위해 필수적이지만 결핍된 요소 및 상황. 이는 개입을 통해 변화를 도모해야 할 클라이언트의 어려움과 상황으로, 욕구에는 클라이언트의 의지가 포함됨
- **요구(demand)** : 클라이언트가 요청하거나 갈망하는 모든 필요 요소 및 상황. 클라이언트가 원하는 것을 모두 포괄하므로 요구가 욕구의 범위를 넘어서기도 하며 사례관리자의 전문가적인 판단이 필요함

욕구사정의 영역은 서비스 이용자의 전체 생활영역을 포괄하며, 사회복지 분야별, 이용자의 생애주기별로 다소 차이를 보이고 있다. 현재 아동, 노인, 장애인, 지역사회복지관, 위기가족의 욕구사정의 영역은 실천분야의 특성에 따라 구성되어 있다. 그러나 우리나라에서 가장 기본이 되는 것은 공공부문의 '사회보장정보시스템(행복이음)'에 있는 11가지 욕구조사 영역으로 이는 희망복지지원단 욕구조사표에 기초한다.

학습노트

사회보장정보시스템(행복이음)

• 사회보장정보시스템(행복이음)이란?

: 지방자치단체를 포함한 범정부 복지사업의 필요정보를 연계하여 통합DB로 관리하는 범정부 복지정보 통합행정시스템. 이를 통해 대상자 선정에서 사후관리에 이르는 절차를 지원하고, 전 부처 서비스 간 중복 · 부적정 · 누락 없는 정확한 서비스를 제공하며, 대국민포털을 통해 각종 복지사업안내, 연계 및 온라인신청을 지원

➡ 사회보장 수급권자 선정 및 복지급여를 관리하기 위해 필요한 정보를 통합 · 연계하여 처리 · 기록 및 관리하는 시스템

• 사회보장정보시스템(행복이음)의 통합사례관리사업

: 통합사례관리사업은 사회보장정보시스템(행복이음)의 사회복지사업 중 하나로 사례관리 담당자는 사회보장정보시스템의 사례관리 서식에 입력하고 관리함

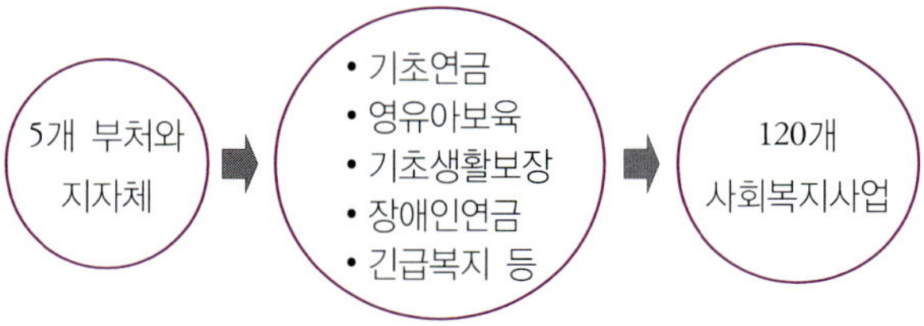

출처 : 한국사회보장정보원(http://www.ssis.or.kr).

(2) 욕구사정 도구

사회복지 사례관리자가 욕구사정 시 면접과 관찰이 가장 우선된다. 그리고 클라이언트의 문제 및 욕구의 시급성과 중요도를 보다 잘 파악하고, 클라이언트의 욕구와 관련 환경의 상황을 점검하면서 총체적인 욕구 내용과 수준을 점검하기 위해 다양한 사정도구를 사용한다. 가장 기초적으로 가계도와 생태체계도를 활용하며, 아동, 청소년, 노인, 장애인, 위기가정, 다문화가족 등 사례관리 이용자 유형에 따라 사정도구는 차별화되어 활용되고 있다.

① 희망복지지원단의 욕구영역별 위기도

욕구사정 도구는 [희망복지지원단의 욕구영역별 위기도]가 대표적인 도구이며, 희망복지지원단사업에서는 [욕구 및 위기도 통합조사양식]을 활용한다. 또한 평가기준, 총점 및 선정기준표(표 7－7)를 두고 있다. 욕구영역별 위기도는 대상자의 위기가 어느 정도인지 위기도 문항에서 0)~3)의 점수로 평가한다(표 7－6).

② 기타 사회복지 분야별 사정도구

현재 사회복지 분야별 사정도구는 클라이언트의 생애주기별 특성에 따라 다양화되어 있다. 노인 클라이언트는 질환과 일상생활활동 중심으로 사정도구가 추가되어 <표 7－6> [서식 제3호] 양식과 더불어 <부록표 1－1> 양식을 선택하여 활용한다. 장애인 클라이언트 역시 장애 관련 사정도구가 차별화되어 있어 <표 7－6> [서식 제3호] 양식과 더불어 <부록표 1－2> 양식을 선택하여 활용한다. 아동 클라이언트의 경우 아동발달 사정도구(드림스타트 양식)가 주로 활용된다(제12장 참조).

2) 자원 사정 및 강점 사정

사례관리의 사정의 두 번째 영역은 자원 사정과 강점 사정이다. 사례관리 실천에서의 자원이란 클라이언트 내적 자원(강점) 및 외부자원들로 클라이언트 및 가족의 욕구를 충족시키고 문제를 해결하기 위해 필요한 각종 정보 및 상담, 건강, 교육, 일자리, 주거 등의 자원 등이 모두 포함된다. 자원은 크게 클라이언트 개인 내적 자원(강점)과 외부자원으로 나뉜다.

(1) 개인 내적 자원의 사정(강점 사정)

① 개인 내적 자원

개인 내적 자원 사정은 곧 강점 사정으로 클라이언트의 강점 및 능력을 사정하는 것이다. 클라이언트의 강점은 신체적 강점, 정서적 강점 등으로 개인이 가지고 있는 개인의 성격이나 태도, 신체적 활동능력, 특별한 지식 및 기술 등을 의미하며, 더불어 과거에 고난이나 위기를 극복했던 경험도 강점이 될 수 있다. 즉, 자신의 욕구를 변화시키거나 문제를 해결할 때 사용될 수 있는 개인적 자원을 말한다.

내부 자원은 다양한 진단도구를 사용하여 사정하거나 면접을 통해 개인의 강점을 사정하기도 한다. 강점 사정에서 성격적 특성만 기록하기보다는 클라이언트의 특별한 지식 및 기술을 반드시 기록한다.

② 개인 내적 자원 사정을 위한 질문

- 성격 특성 : 성격적 장점

  [사정 질문] 어려움을 견딜 수 있는 힘은 무엇인가요?

  [사정 질문] '그럼에도 불구하고 그동안' 어떻게 버틸 수 있었으며, 악화하는 것을 막기 위해 어떤 노력을 했나요?

  : ct의 강점을 찾아내기 위해 반드시 이 질문을 해야 함

- 신체적 강점/ 습관

  [사정 질문] 당신의 좋은 습관은 무엇인가요?

  [사정 질문] 당신의 신체적 강점은 무엇인가요?

- 재능/ 기술

  [사정 질문] 좋아하는 활동 또는 잘하는 일은 무엇인가요?

  [사정 질문] 특별한 직업기술 또는 자격증이 있나요?

〈표 7-2〉 개인 내적 자원 사정을 위한 질문

자 원	강점 요소	사정 질문
성격 특성	• 긍정적 성향 : 긍정적 자아개념, 동기화, 호기심, 낙관성 등 • 덕목 : 성실함, 부지런함, 적극성, 인내심, 유머감각, 생활력, 책임감, 친화력 등	- 어려움을 견딜 수 있는 힘은 무엇인가요? - 어떻게 버틸 수 있었으며, 악화하는 것을 막기 위해 어떤 노력을 했나요? - 다른 사람들이 당신에 대해 말하는 장점은 무엇입니까?
신체적 강점/ 습관	• 일찍 일어나는 습관, 규칙적 운동, 좋은 식습관, 좋은 건강상태 등	- 당신의 좋은 습관은 무엇인가요? - 당신의 신체적 강점은 무엇인가요?
재능/ 기술	• 잘하는 것, 좋아하는 것 • 직업기술, 자격증 등	- 좋아하는(잘하는) 활동은 무엇인가요? - 특별한 직업기술 또는 자격증이 있나요?

(2) 외부자원의 사정

외부자원 사정은 현재 클라이언트의 욕구를 충족하기 위해 사용되고 있는 외부자원을 사정하는 것으로 비공식적 자원 및 공식적 자원으로 나뉜다.

① 비공식적 자원

- 비공식적 자원은 가족, 친척, 친구, 이웃, 자조집단, 종교집단, 직장동료 등으로부터 제공되는 정서적 · 지지적 · 물질적 자원이다. 규칙과 제한성이 없는 경향이 있다.
- 특히 가족자원은 개인 내적 자원에 포함되기도 하지만, 본 서에서는 비공식적 자원으로 분류하고자 한다. 가족의 강점은 가족의 결속력, 우호적 가족관계, 정서적 지지, 긍정적 의사소통 등이 포함된다.
- 비공식적 자원은 생태체계도, 사회적 관계망 지도 등을 활용해 사정한다.

[사정 질문] 그동안 가족, 친척, 친구, 이웃, 자조집단, 종교기관, 직장동료로부터 어떤 도움을 받았나요?

② 공식적 자원

• 공식적 자원은 국가 및 지방자치단체 등의 공공기관 또는 사회복지 기관 및 시설, 지역사회 단체 등 민간기관에서 제공하는 급여와 서비스이다.

[사정 질문] 그동안 동주민센터, 종합사회복지관, 학교, 시민단체 등으로부터 어떤 도움을 받았나요?

[사정 질문] 공식적인 조직(공공기관, 사회복지기관과 시설, 사회단체 등)에서 어떤 지원을 받았나요?

〈표 7-3〉 희망복지지원단 복지자원 통합관리시스템의 공식적 자원 분류

제공주체	개념 및 제공서비스 예시
공공 자원	• 조세를 이용하여 정부, 공기업, 공단 등 공공 기관 및 단체가 제공하는 현금, 현물, 바우처, 프로그램 및 대여, 감면 서비스 〈제공서비스 예시〉 - 생계급여 등 국민기초생활 보장법 및 긴급복지지원법에 의한 공적 급여, 기초연금, 장애인연금 - 노인돌봄서비스, 보건서비스, 방과 후 돌봄서비스 등 공공서비스 - 공공근로, 저소득가정보조 등 지방자치단체 자체 예산으로 실시하는 복지사업 - 각종 바우처 사업
민간 (중계) 자원	• 민간재원을 사용하며, 사회복지 자원을 제공받아 수혜자에게 전달하는 역할을 수행하는 기관 및 이들 기관이 제공하는 서비스 〈제공서비스 예시〉 - 종합복지관, 종별 복지관 등 이용시설의 현금지원, 현물지원 및 서비스 프로그램 - 요양원, 그룹홈 등 생활시설 내에서 제공하는 각종 프로그램 - 공동모금회의 예치금, 기획사업, 지정기탁(현물, 현금), 긴급지원사업 - 전국단위 민간기관(사회공헌단체)의 각종 서비스
지역 발굴 자원	• 지역 내에서 직접 발굴되어 관리되는 민간자원으로, 자원의 제공자와 자원의 수혜자 간의 직접적 서비스가 연결되는 특징을 가지는 자원 〈제공서비스 예시〉 - 지역 내 개인 및 단체의 후원・기부금품, 각종 프로그램, 자원봉사

출처 : 보건복지부(2023).

〈표 7-4〉 희망복지지원단의 제공서비스 유형 분류

제공서비스 유형	주요 내용
현 금	현금, 또는 현금성 지원에 해당하는 급여 - 장학금, 학비 지원, 교육비 지원, 의료비 지원, 생계비 지원 등
현 물	실물로서 물품이 제공되는 경우에 해당 - 연탄 지원, 김장김치 지원, 가전제품 지원 등
바우처	일정 용도 안에서 수급자가 원하는 재화나 서비스를 선택하여 구매할 수 있게 하는 이용권
프로그램	시설이나 기관이 비교적 정기적·정례적으로 제공하는 신체적·정신적 지지, 지원 및 교육과정
자원봉사	개인이나 단체 구성원이 가지고 있는 지식, 기술과 노동력을 제공하여 대상자에게 도움을 주는 것
시설입소	사회복지시설 중 입소시설에서 제공(※ 지역발굴자원 등록 미사용)
대여/ 감면	지자체 개별사업으로 각종 자금을 대여하거나 이용료를 감면 (※ 지역발굴자원 등록 미사용)

출처 : 보건복지부(2023).

학습노트

복지자원 통합관리시스템

복지자원 통합관리시스템이란 전국에 산재된 공공 및 민간 복지자원을 통합하여 복지자원통합DB를 구축하고 이를 복지대상자에 대한 맞춤형 복지 서비스 제공에 활용하기 위한 시스템이다.

- **제공주체** : 서비스를 제공해 줄 수 있는 기관(시설), 단체, 모임 등을 통칭하며, 서비스를 대상자에게 연계 또는 제공하는 전달자로 공공·민간·지역 발굴 자원으로 구분
- **제공서비스** : 욕구와 문제를 해결할 수 있는 현금, 현물, 바우처, 프로그램, 자원봉사, 시설입소, 대여/ 감면 등 각종 복지서비스 등으로 구분([부록 4] 참조)

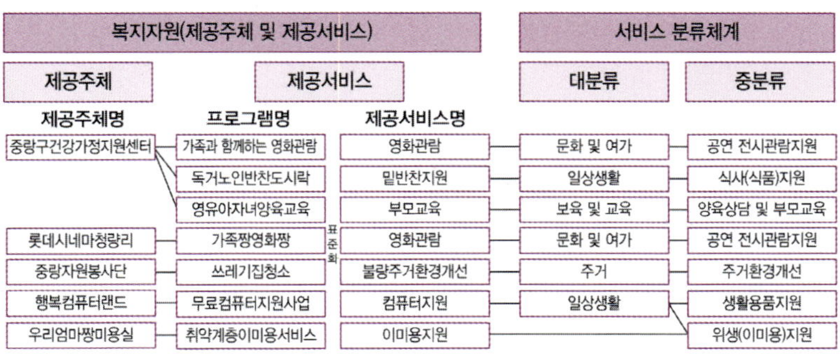

출처 : 보건복지부(2023).

3) 장애물 사정

사례관리 사정의 세 번째 영역은 장애물 사정이다. 보통 사례관리 사정에서 욕구 사정, 자원 사정, 장애물 사정 순으로 하는 것은 시간 순서라기보다는 영역별 구분이다. 장애물 사정은 욕구 사정과 동시에 이루어진다.

(1) 장애물의 개념

장애물은 사례관리 실천에서 클라이언트의 욕구를 해결하는 데 걸림돌이 되는 조건이나 특성으로 내부 장애물과 외부 장애물로 구분된다(한국사례관리학회 편, 2020). '선천적 어려움'이 세 번째 장애물이 되기도 하지만 보통 내부 장애물에 포함된다.

① 내부 장애물

- 내부 장애물은 클라이언트가 변화하거나 욕구를 해결하는 데 걸림돌이 되는 클라이언트의 성격이나 심리·정서적인 특성으로 비관주의, 비판주의, 운명주의, 냉소주의 등이다.
- 벨류와 밍크(Ballew & Mink, 1996)는 내부 장애물이란 개인의 태도, 가치, 신념 등 개인 스스로가 만들어 낸 것으로 '일반화'라고 정의한다. 개인은 대부분 문제 상황에서 자신이 가지고 있는 내부 장애물로 일반화하여 대처한다는 것이다.

② 외부 장애물

- 외부 장애물은 클라이언트가 변화하거나 욕구를 해결하는 데 걸림돌이 되는 클라이언트가 처한 삶의 특성이나 환경적 특성이다. 예를 들어, 부적절한 자원, 지역사회에 필요한 자원이 존재하지 않거나 욕구를 충족시키기에 적합하지 않은 경우 등이다.

〈표 7-5〉 **내부 장애물 및 외부 장애물 유형**

장애물 유형		경험 내용
내부 장애물	비관주의	인생경험, 결론, 감정상태, 행동상태 등에서 끊임없이 좌절을 경험하고, 비관적이며, 무기력한 경우
	비판주의	인생경험, 결론, 감정상태, 행동상태 등에서 항상 불공평한 대접을 받아와 더 이상 그런 대우를 받을 필요가 없다고 생각하고, 분노와 실패감을 느끼고, 비판적이고 공격적인 경우
	운명주의	인생경험, 결론, 감정상태, 행동상태 등에서 유년기에 불안한 삶을 경험하고 인생은 혼란스럽고 예측하기 어렵기 때문에 삶에 대한 걱정이 많고, 충동적이며 무질서한 삶을 살아온 경우
	냉소주의	인생경험, 결론, 감정상태, 행동상태 등에서 배신을 통한 실망 경험이 있고 외로움이 있으며 타인과 거리감을 두고 지나친 독립심 경향을 보이는 경우
외부 장애물	부적절한 자원	가지고 있는 자원이 실제 자원으로 활용되지 못하는 경우
	자원 이용에 대한 무능력	필요한 자원이 있음에도 불구하고 활용하지 못하는 경우
	고갈된 자원	자원 자체가 고갈되어 자원이 없는 경우
	이차적으로 필요한 자원	클라이언트의 욕구를 해결하기 위해서 추가로 필요로 하는 자원

출처 : Ballew, J. R., & Mink, G.(1996). *Case management in social work : Developing the professional skills needed for work with multiproblem clients*. Springfield, IL : Charles C Thomas Pub Limited.

(2) 장애물 사정

장애물 사정 시 사례관리자는 다음의 질문을 하며 탐색한다.

- 클라이언트에게 욕구와 문제를 해결할 수 있는 일부 자원이 있는데, 왜 지금까지 클라이언트가 자원을 활용하지 않았을까?

보통 내부 장애물은 클라이언트가 모르는 상태에서 작용하기 때문에 클라이언트는 그것을 장애물로 인식하지 않을 것이다. 이에 사례관리실천은 클라이언트 스스로 내적 장애물에 대해 인식하게 하는 기능도 한다. 그리고 외부 장애물은 클라이언트가 처한 외적 환경으로 인해 자원을 활용할 수 없거나 자원의 결핍이므로 일반적으로 생태체계도를 통해 파악이 가능하다.

4. 사례관리 사정표(욕구 및 위기도 통합조사표) 작성

1) 클라이언트 개인정보 작성방법

① 주거 사항

- 클라이언트의 거처유형과 주거비용 부담유형, 거주기간의 정보를 파악함. 거처유형은 사례관리자가 건물형태를 보고 판단하여 기재하며, 주거비용 부담유형 및 거주기간의 정보는 질문하여 파악함

② 가족 사항

- 클라이언트를 포함한 가구원의 정보(가구주와의 관계, 성명, 연령, 동거, 학력, 직업, 결혼상태, 장애, 질병 등)를 기록함

③ 가구 유형

- 현재 동거하고 있는 가족 구성원에 따라 가구유형을 선택하여 해당하는 사항에 체크
- 추가적으로 대상 가구의 특수성을 반영하여 장애인, 다문화, 북한이탈주민 등에 체크하거나 기타란에 기술, 중복해서 체크함

④ 서비스 이력

- 클라이언트가 지금까지 제공받은 서비스 내역을 사례관리시스템에서 조회, 참조하거나 직접 질문하여 작성함

2) 클라이언트의 욕구 작성방법

⑤ 욕구 내용

- 욕구 영역별로 욕구 내용을 주요 현상 및 주요 원인의 분류표를 참고하여 구체적으로 기술함. 원인제공자가 분명한 경우 원인제공자 관련 내용

을 포함하여 작성함

• 욕구 내용 작성 시 욕구 영역별 위기도 점수를 바로 작성함

학습노트

원인제공자 예시

가구 구성원, 부모, 친인척, 이웃, 학교친구, 학교 선후배, 친구, 직장동료・상사, 내연남(녀), 전남편, 전부인, 교사(교직원), 보육시설(유치원)종사자, 학원・학습지 교사, 종교관계인, 채권자, 채무자, 임대주・임차인, 폭력배, 복지기관 종사자, 공공기관, 불특정인, 해당 없음(기타)

⑥ 우선순위

• 욕구조사 후, 욕구별 우선순위를 가장 시급한 문제 순으로 1부터 5까지(최대 10까지) 파악하여 기입함

3) 클라이언트의 강점과 장애물, 개인력, 가족력

⑦ 강점과 장애물

• 강점은 이용자의 욕구충족과 현재 당면한 문제를 해결하는 데 도움이 되는 역량과 자원을 파악

• 장애물은 이용자의 욕구충족과 문제해결에 방해가 되는 요소들을 기록함

⑧ 가족력

• **가계도 및 생태도** : 가계도를 그려 가족원의 특성과 가족관계 파악함. 생태도를 그려 가족 주변의 활용 가능한 자원도 파악함.

• **가족 내 사건 및 특성** : 가족 내의 특별한 사건이나 특성을 중심으로 작성함. 이용자의 연령이나 생애주기, 가족환경을 고려하여 가족력이 중요한 정보에 해당할 경우 자세히 기술함

학습노트

가계도(genogram)란?

- 가계도란 3세대 이상에 걸친 가족구성원에 관한 정보와 그들 간의 관계를 도표로 기록하는 작성방법을 의미함. 가계도는 가족의 구조나 연령 등과 같은 일반적 정보뿐만 아니라 좀 더 복잡한 정보, 즉 가족관계, 결혼이나 별거, 이혼, 질병, 사망 등과 같은 중요한 생활사건 등을 상세히 나타낼 수 있으며 또 쉽게 이해 할 수 있도록 하는 일종의 도식

생태도(eco-map)란?

- 생태도(eco-map)는 이용자 개인이나 가족이 외부환경체계들과 어떻게 관련되어 있는지를 그림으로 나타내는 것으로서 사회복지사가 이용자와 환경의 관계 또는 가족과 환경의 관계에 대한 정보를 획득하도록 돕는 사정도구. 이용자 및 가족 주변에 얼마나 다양한 환경자원들이 존재하는지의 구조뿐 아니라 그 자원들과 어떻게 상호작용하는지의 기능적인 면을 파악함

⑨ 개인력

- 클라이언트의 주요 정보(특별한 사건이나 이슈)를 영유아기, 아동기, 청소년기, 성인기로 나누어 기술함. 각 단계별로 해당 시기에 클라이언트에게 가장 큰 영향을 준 사건 등을 기록함
- 발달과정 중 특히 이용자에게 중요한 영향을 미쳤던 시기의 사건과 그 당시 느낀 감정 및 대처방법, 이후 그 사건에 부여하는 의미 등에 대해서 질문하여 작성함

⑩ 요청 서비스 내역

- 클라이언트가 상담을 통해 직접적으로 요청한 서비스 내역을 구체적으로 기술함. 요청 서비스 내역은 되도록 클라이언트의 표현으로 작성함

4) 사례관리자의 검토의견 작성방법

⑪ 주요 욕구

- '⑤ 욕구 내용'에서 10개 이내의 우선순위로 정해진 욕구 내용을 요약적으로 기록하며, 욕구명은 11개 욕구영역으로 기술하거나 소영역으로 기술함. 예를 들어, 욕구 내용이 '습관성 음주를 치료하고 싶음'이라면, 욕구영역은 '정신적 건강' 또는 '정신적 질환 관리'라고 기술함

⑫ 종합 의견

- 종합의견은 우선 위기도 총점을 기록하고, 사례관리자의 전문적 판단을 기반으로 '<표 7-7> 희망복지지원단 사례관리 이용자 선정기준표'에 따라 선정함. 클라이언트의 욕구를 정리하며 그에 따른 지원방향에 대하여 작성함

⑬ 사회적 지지자원

- 클라이언트의 주요 욕구 및 문제를 완화하거나 해결하는 데 도움이 될 수 있으며, 잠재적 활용가치가 있는 개인의 내적 자원, 가족이나 지역사회 유형 혹은 무형의 자원을 파악하여 기록함. 활용 가능한 자원의 유무와 활용 능력에 대해 기술함

5) 기록지 예시

사례관리 사정표 기록 예시는 본 서 제11장의 '<표 11-2> 욕구 및 위기도 통합조사표 예시'를 참조할 수 있다.

〈표 7-6〉 [서식 제3호] 사례관리 사정표(욕구 및 위기도 통합조사표) 양식

사례관리 사정표(욕구 및 위기도 통합조사표)

<table>
<tr><td>이용자 성명</td><td colspan="2"></td><td colspan="2">주민등록번호</td><td colspan="2"></td><td rowspan="2">연락처</td><td>집 :</td><td>직장 :</td><td colspan="2" rowspan="2">□ 신규
□ 재조사(　)차</td></tr>
<tr><td>주 소</td><td colspan="6"></td><td colspan="2">휴대전화 :</td></tr>
<tr><td rowspan="2">① 주거 사항</td><td>거처 유형</td><td colspan="10">□ 단독주택 □ 아파트 □ 연립주택・다세대주택 □ 임대주택・아파트 □ 비거주용 건물 내 주택
□ 기숙사 및 특수 사회시설 □ 판잣집, 비닐하우스, 컨테이너 □ 노숙 □ 기타(　　)</td></tr>
<tr><td>주거비용 부담유형</td><td colspan="7">□ 자가 □ 전세 □ 보증금 없는 월세 □ 보증금 있는 월세
□ 일세・사글세・연세 □ 무상 □ 시설/그룹홈 □ 기타(　　)</td><td>거주 기간</td><td colspan="2">년　개월</td></tr>
<tr><td rowspan="4">② 가족 사항</td><td>가구주와의 관계</td><td>성명</td><td>주민번호</td><td>성별</td><td>동거 여부</td><td>학력</td><td>직업</td><td>결혼 상태</td><td>장애</td><td>질병</td><td>비고</td></tr>
<tr><td></td><td></td><td></td><td></td><td></td><td></td><td></td><td></td><td></td><td></td><td></td></tr>
<tr><td></td><td></td><td></td><td></td><td></td><td></td><td></td><td></td><td></td><td></td><td></td></tr>
<tr><td></td><td></td><td></td><td></td><td></td><td></td><td></td><td></td><td></td><td></td><td></td></tr>
<tr><td>③ 가구 유형</td><td colspan="11">□ 1인가구 □ 한부모가구 □ 부모+자녀가구 □ 조부모+부모+자녀가구 □ 조부모+손자녀가구 □ 공동체(비혈연)
□ 부부중심가구 □ 장애인 □ 다문화 □ 북한이탈주민 □ 기타(　　)</td></tr>
<tr><td rowspan="4">④ 서비스 이력</td><td>수혜자</td><td>개시일 – 종료일</td><td>급여・서비스명</td><td>서비스유형</td><td>제공주기</td><td>제공기관</td><td>서비스상태</td></tr>
<tr><td></td><td></td><td></td><td></td><td></td><td></td><td></td></tr>
<tr><td></td><td></td><td></td><td></td><td></td><td></td><td></td></tr>
<tr><td></td><td></td><td></td><td></td><td></td><td></td><td></td></tr>
</table>

<table>
<tr><th rowspan="2">욕구 영역별 조사</th><th rowspan="2" colspan="2">욕구 영역</th><th rowspan="2">대상자 성명</th><th colspan="3">⑤ 욕구 내용
(* 주요 현상 및 원인분류표 내용을 포함하여 작성)</th><th rowspan="2">위기도 문항</th><th rowspan="2">점수</th><th rowspan="2">⑥ 우선 순위</th></tr>
<tr><th>주요 현상</th><th>주요 원인</th><th>욕구 내용</th></tr>
<tr><td rowspan="3">욕구 영역</td><td rowspan="3">1. 경제</td><td>1-1
기초
생활
해결</td><td></td><td>① 식비 부족
② 주거비 부족
③ 의료비 부족
④ 교육비 부족
⑤ 난방비 부족
⑥ 공과금 체납
⑦ 기타</td><td>• 실직/휴폐업
• 파산
• 질병 및 상해
• 저임금
• 부양의무자의 부양 기피
• 근로능력 부족
• 정보 부족
• 기타</td><td></td><td>1. 나 혹은 나의 가족은 돈이 없어서 어려움을 겪고 있다.
① 돈이 없어 식사를 못하고 있거나 식료품 구입이 어렵다.
② 치료비가 없어서 병원을 못 가고 있다.
③ 집세가 3개월 이상 밀려있다.
④ 공과금(사회보험료, 전화요금, 가스요금, 수도요금, 전기요금, 관리비 중 하나 이상)이 3개월 이상 연체되어 있다.
⑤ 교육비를 기한 내 납부하지 못하고 있다.
⑥ 돈이 없어 계절에 맞는 의복을 마련할 수 없다.
⑦ 난방비가 없어 추운 겨울에 난방을 사용하지 못하고 있다.

0) 해당 사항이 0개인 경우
1) 해당 사항이 1개인 경우
2) 해당 사항이 2~3개인 경우
3) 해당 사항이 4개 이상인 경우/ ①, ②, ③, ④ 중 하나라도 해당하는 경우</td><td></td><td></td></tr>
<tr><td rowspan="2">1-2
재정
관리</td><td rowspan="2"></td><td rowspan="2">① 수입 대비 과도한 지출(불필요한 소비)
② 부채, 신용불량, 압류</td><td rowspan="2">• 재정관리능력 부족 : 지적장애, 치매, 정신질환, 미성년 등
• 파산
• 사고 및 질병, 범죄연루
• 기타</td><td rowspan="2"></td><td>2. 나 혹은 나의 가족은 금전관리에 어려움이 있다.
0) 어려움이 없다./ 해당 사항 없음
1) 도움이 있으면 금전관리가 가능하다.
2) 수입보다 지출이 더 많다.
3) 금전관리 자체가 어렵다(개인역량 부족, 건강, 장애, 기타 사유).</td><td></td><td rowspan="2"></td></tr>
<tr><td>3. 나 혹은 나의 가족은 빚과 관련된 문제를 해결하는 데 어려움이 있다.
0) 어려움이 없다./ 해당 사항 없음
1) 빚은 있으나 갚아 나가고 있다.
2) 빚을 갚을 능력이 없다.
3) 지속적인 채무독촉을 받고 있다.</td><td></td></tr>
</table>

<table>
<tr><th rowspan="2">욕구 영역별 조사</th><th rowspan="2" colspan="2">욕구 영역</th><th rowspan="2">대상자 성명</th><th colspan="3">⑤ 욕구 내용
(* 주요 현상 및 원인분류표 내용을 포함하여 작성)</th><th rowspan="2">위기도 문항</th><th rowspan="2">점수</th><th rowspan="2">⑥ 우선 순위</th></tr>
<tr><th>주요 현상</th><th>주요 원인</th><th>욕구 내용</th></tr>
<tr><td rowspan="3">욕구 영역</td><td rowspan="3">2. 돌봄</td><td>2-1
돌봄
지원</td><td></td><td>① 식사 및 준비, 옷입기, 씻기, 화장실 가기, 외출하기, 약물복용 등 일상생활 수행이 어려움
② 긴급상황 대처 곤란
③ 기타</td><td>• 노쇠, 장애, 질병
• 돌봄 제공할 가족원이나 지지자원 없음/미약
• 기타</td><td></td><td>1. 나 혹은 나의 가족은 식사하기, 화장실 가기, 씻기, 옷입기 등 기본적인 일상생활 동작을 수행하는 데 어려움이 있다.
0) 혼자 가능/ 해당 사항 없음
1) 부분 도움 필요
2) 완전 도움 필요</td><td></td><td></td></tr>
<tr><td rowspan="2">2-2
일상
생활
지원</td><td rowspan="2"></td><td rowspan="2">• 의식주 관련 자원 부족
① 식생활 자원
② 철에 맞는 의복이나 신발
③ 의복비 부족
④ 난방비 부족
⑤ 기타</td><td rowspan="2">• 생활비 부족
• 노쇠, 장애, 질병
• 일상생활을 지원할 가족원이나 지지자원 없음/미약
• 기타</td><td rowspan="2"></td><td>2. 나 혹은 나의 가족은 보호가 필요한 가족원(노인, 장애인, 아동 등)을 돌보는 데 어려움이 있다.
0) 어려움이 없다./ 해당 사항 없음
1) 돌볼 능력이 부족하며, 지원체계를 알지 못한다.
2) 돌볼 능력은 있으나 돌볼 의지가 없다.</td><td></td><td rowspan="2"></td></tr>
<tr><td>3. 나 혹은 나의 가족은 의식주 자원*이 부족하여 일상생활을 유지하는 데 어려움이 있다.
0) 어려움이 없다./ 해당 사항 없음
1) 약간 부족하지만 일상생활 유지가 가능하다.
2) 일상생활 유지에 일부 어려움이 있다.
3) 일상생활 유지에 큰 어려움이 있다.
* 의식주 자원 : 식료품, 의복, 생활용품, 냉난방기구 등 기초적인 일상생활을 유지하는 데 필요한 물품.</td><td></td></tr>
</table>

욕구 영역별 조사	욕구 영역		대상자 성명	⑤ 욕구 내용 (* 주요 현상 및 원인분류표 내용을 포함하여 작성)			위기도 문항	점수	⑥ 우선 순위
				주요 현상	주요 원인	욕구 내용			
욕구 영역	3. 신체적 건강	3-1 신체적 질환 관리		* 신체적 질명 (질병명) ① 중증질환(암, 뇌혈관계질환, 심장질환, 희귀난치질환) ② 만성질환(당뇨병, 고혈압 등) ③ 기타	• 유전, 생활습관, 노화, 사고 • 치료동기 부족 • 질병관리능력 부족 • 질병관리자원 및 지원체계 부족 • 기타		1. 나 혹은 나의 가족은 신체적 질환으로 어려움을 겪고 있다. 0) 어려움이 없다./ 해당 사항 없음 1) 신체적 질환이 있으나 일상생활 및 사회생활이 가능하다. 2) 신체적 질환으로 일상생활이나 사회생활에 일부 어려움이 있다. 3) 신체적 질환으로 일상생활이나 사회생활이 전혀 안 된다.		
		3-2 신체적 건강 유지		① 영양결핍 ② 비만 ③ 기타	• 잘못된 식습관 및 생활습관 • 정보 부족 • 건강관리능력 부족 • 건강관리자원 및 지원체계 부족 • 기타		2. 나 혹은 나의 가족은 신체적 건강 문제를 관리하는 데 어려움이 있다. 0) 어려움이 없다./ 해당 사항 없음 1) 관리하는 데 어려움이 있으나, 관리하기를 원하고 있다. 2) 관리하는 데 어려움이 있고, 건강관리를 위한 지원체계가 충분하지 않다. 3) 관리하는 데 어려움이 있고, 건강관리를 위한 지원체계가 전혀 없다.		

욕구 영역별 조사	욕구 영역		대상자 성명	⑤ 욕구 내용 (* 주요 현상 및 원인분류표 내용을 포함하여 작성)			위기도 문항	점수	⑥ 우선 순위
				주요 현상	주요 원인	욕구 내용			
욕구 영역	4. 정신적 건강	4-1 정신적 질환 관리		① 환각/망상(조현병) ② 기분장애(우울증, 조울증) ③ 불안 · 강박 ④ 중독문제 ⑤ 자해/자살 ⑥ 수면문제 ⑦ 성격문제 ⑧ 분노조절, 공격적 행동 ⑨ 치매 ⑩ 이상한 행동 ⑪ 주의산만, 과잉행동 ⑫ 지적 및 발달장애 ⑬ 기타	• 정신질환 • 지적 및 발달장애 • 심리적 외상 • 가족갈등, 가족불화 • 치료동기 부족 • 질병관리능력 부족 • 질병관리자원, 지원체계 부족 • 기타		1. 나 혹은 나의 가족은 정신적 질환*으로 어려움을 겪고 있다. 0) 어려움이 없다./ 해당 사항 없음 1) 정신질환이 있으나 증상 및 약물관리가 잘 되고 일상생활 및 사회생활이 대체로 가능하다. 2) 정신질환의 증상 및 약물관리가 되지 않아 일상생활 및 사회생활의 어려움이 있다. 3) 정신질환의 증상관리나 약물관리가 되지 않아 자타해의 위험이 있다. * 정신적 질환 : 우울증, 조현병, 양극성장애 등의 정신질환 및 중독문제(알코올, 약물, 도박, 인터넷 게임 등)		
							2. 나 혹은 나의 가족은 지난 6개월 동안 자살을 시도하거나 구체적인 방법을 생각한 적이 있다. 0) 해당 사항 없음 1) 자살을 생각한 적 있다. 2) 자살을 위한 구체적인 방법을 생각한 적 있다. 3) 자살을 시도한 적 있다.		
		4-2 심리 · 정서적 건강 유지		① 대인기피 · 은둔형 외톨이 ② 정서-행동상의 문제 ③ 스트레스 ④ 부적응	• 스트레스 • 심리적 외상 • 가족갈등/불화 • 심리정서적 건강 관리능력 부족 • 심리정서적 건강 관리자원 및 지원체계 부족 • 기타		3. 나 혹은 나의 가족은 심리 · 정서적 건강문제*로 어려움을 겪고 있다. 0) 어려움이 없다./ 해당 사항 없음 1) 심리 · 정서적 건강문제가 있으나 일상생활 및 사회생활이 대체로 가능하다. 2) 심리 · 정서적 건강문제로 일상생활 및 사회생활의 일부 어려움이 있다. 3) 심리 · 정서적 건강문제로 일상생활이나 사회생활의 전혀 안 된다. * 심리 · 정서적 건강문제 : 진단받은 정신질환은 현재 없으나 심리 · 정서적 문제를 지니고 있는 경우		

<table>
<tr><th rowspan="2">욕구
영역별
조사</th><th rowspan="2" colspan="2">욕구 영역</th><th rowspan="2">대상자
설명</th><th colspan="3">⑤ 욕구 내용
(* 주요 현상 및 원인분류표 내용을 포함하여 작성)</th><th rowspan="2">위기도 문항</th><th rowspan="2">점수</th><th rowspan="2">⑥
우선
순위</th></tr>
<tr><th>주요 현상</th><th>주요 원인</th><th>욕구
내용</th></tr>
<tr><td rowspan="3">욕구
영역</td><td rowspan="3">5.
주거</td><td rowspan="3">5-1
주거
내외부
환경
개선</td><td rowspan="3"></td><td rowspan="3">① 집안 내부환경 열악 및 노후
② 집안 외부환경 열악 및 노후
③ 공간이 협소하거나 편의시설이 부족함
④ 기타</td><td rowspan="3">• 노후 및 낙후, 안전문제
• 편의시설 등 시설부족 문제
• 주거환경 위생관리의 문제
• 유해환경 문제
• 상습침수 등 환경조건문제</td><td rowspan="3"></td><td>1. 나 혹은 나의 가족이 거주하는 집의 생활환경이 열악하다.
[점검사항] ① 화장실 ② 주방시설 ③ 도배장판 ④ 전기시설 ⑤ 가스시설 ⑥ 상하수도시설 ⑦ 냉난방시설 ⑧ 위생상태(곰팡이, 찌든 때, 방역불량 등) ⑨ 창호/ 문짝 ⑩ 주변 환경 ⑪ 채광 ⑫ 쓰레기더미 ⑬ 기타
0) 어려움이 없다./ 해당 사항 없음
1) 주거환경이 약간 열악하다.
2) 주거환경이 대체로 열악하다.
3) 주거환경이 매우 열악하다.</td><td></td><td rowspan="3"></td></tr>
<tr><td>2. 나 혹은 나의 가족은 거주하는 집의 안전상의 문제로 어려움을 겪고 있다.
[점검사항] ① 화재위험 ② 전기선 누출 ③ 누수 ④ 가스누출 ⑤ 방범장치 미비 ⑥ 침수 ⑦ 붕괴위험 ⑧ 기타
0) 어려움이 없다./ 해당 사항 없음
1) 어려움이 있으나 대책을 마련할 수 있다.
2) 어려움이 있으나 대책 마련을 못하고 있다.</td><td></td></tr>
<tr><td>3. 나 혹은 나의 가족은 거주하는 집의 주거공간 혹은 편의시설 부족으로 생활하는 데 어려움이 있다.
[점검사항] ① 공간부족(휠체어 이동공간 부족) ② 가족 수 대비 부족한 방의 수 ③ 문턱 ④ 안전바 미설치 ⑤ 싱크, 찬장, 가구 등 높낮이 미조절 ⑥ 욕실 미개조 ⑦ 램프 미설치
0) 어려움이 없다./ 해당 사항 없음
1) 약간 어렵다.
2) 대체로 어렵다.
3) 매우 어렵다.</td><td></td></tr>
</table>

<table>
<tr><th rowspan="2">욕구 영역별 조사</th><th rowspan="2" colspan="2">욕구 영역</th><th rowspan="2">대상자 성명</th><th colspan="3">⑤ 욕구 내용
(* 주요 현상 및 원인분류표 내용을 포함하여 작성)</th><th rowspan="2">위기도 문항</th><th rowspan="2">점수</th><th rowspan="2">⑥ 우선 순위</th></tr>
<tr><th>주요 현상</th><th>주요 원인</th><th>욕구 내용</th></tr>
<tr><td rowspan="3">욕구 영역</td><td>5. 주거</td><td>5-2 주거지 마련</td><td></td><td>① 철거 및 퇴거위기
② 쉼터나 보호시설 등의 시설 입소 필요
③ 기타</td><td>• 임대계약 만료
• 지역 개발
• 노쇠, 장애, 질병 등
• 학대나 폭력 등으로 인한 위험
• 부양의무자나 보호자 부재
• 기타</td><td></td><td>4. 현재 거주지가 불안정하거나 적절하지 못하여 어려움*이 있다.
0) 어려움이 없다./ 해당 사항 없음
1) 어려움이 있어서 새로운 주거지를 마련하고 있다.
2) 어려움이 있으나 대책을 마련하지 못하고 있다.
* 임대주택, 임시주거 지원, 시설입소 등의 욕구를 구별하여 조사
* 어려움 예시 : 철거 및 퇴거 위기, 임대만료, 독립생활이 가능하지 않거나 위험요소 등</td><td></td><td></td></tr>
<tr><td rowspan="2">6. 일자리</td><td>6-1 취(창)업</td><td></td><td>① 실업/실직
② 사업실패
③ 기타</td><td>• 신체 · 정신 건강 문제
• 근로능력 부족 : 경험 및 경력 부족, 직업기술 부족
• 취업동기(의지)부족
• 정보 부족
• 기타</td><td></td><td>1. 나 혹은 나의 가족은 구직에 어려움이 있다.
0) 어려움이 없다./ 해당 사항 없음
1) 근로능력은 부족하나 일할 의지가 있다.
2) 근로능력은 있으나 가족돌봄, 자녀양육, 일자리 발굴 등으로 일하기 어렵다.
3) 근로능력은 있으나 일할 의지가 없다.</td><td></td><td></td></tr>
<tr><td>6-2 고용 유지</td><td></td><td>① 잦은 직장이동
② 잦은 결근
③ 고용주의 불만족
④ 직장적응이 어려움
⑤ 사업체유지의 어려움
⑥ 기타</td><td>• 낮은 직무만족 : 저임금, 비정규직, 열악한 근로환경
• 업무능력 부족
• 낮은 자존감
• 조직생활 부적응: 따돌림, 사회관계 기술 부족
• 기타</td><td></td><td>2. 나 혹은 나의 가족은 직장생활을 유지하는 데 어려움이 있다.
0) 어려움이 없다./ 해당 사항 없음
1) 직장생활을 유지하는 데 어려움이 약간 있다.
2) 직장생활을 유지하는 데 어려움이 많다.
3) 언제든지 정리해고될 수 있다.</td><td></td><td></td></tr>
</table>

<table>
<tr><th rowspan="2">욕구 영역별 조사</th><th rowspan="2" colspan="2">욕구 영역</th><th rowspan="2">대상자 성명</th><th colspan="3">⑤ 욕구 내용
(* 주요 현상 및 원인분류표 내용을 포함하여 작성)</th><th rowspan="2">위기도 문항</th><th rowspan="2">점수</th><th rowspan="2">⑥ 우선 순위</th></tr>
<tr><th>주요 현상</th><th>주요 원인</th><th>욕구 내용</th></tr>
<tr><td rowspan="3">욕구 영역</td><td rowspan="3">7. 보육 및 교육</td><td>7-1 기초 학습 습득 및 향상</td><td></td><td>① 읽기, 쓰기, 말하기 능력 부족
② 수리계산능력 부족
③ 그 외 학습능력 부족</td><td>• 신체·정신적 장애
• 경제적 빈곤
• 보호자의 무관심/의지부족
• 본인의 무관심/의지부족
• 이성문제 및 교우관계
• 정보 부족
• 기타</td><td></td><td>1. 나 혹은 나의 자녀는 일상생활 및 사회생활 유지를 위해 필요한 기초학습 능력이 부족하다.
[점검사항] ① 읽기 ② 쓰기 ③ 간단히 계산하기 ④ 이해하기
0) 해당 사항 없음
1) 기초학습능력이 약간 부족하다.
2) 대체로 부족하다.
3) 매우 부족하다.</td><td></td><td></td></tr>
<tr><td rowspan="2">7-2 보육 및 교육 환경 개선</td><td rowspan="2"></td><td rowspan="2">① 특수교육이 필요함
② 상급학교 진학의 어려움
③ 학업 유지의 어려움
④ 학업중단(가출, 무단결석 등)
⑤ 학교생활 적응의 어려움
⑥ 기타</td><td rowspan="2"></td><td rowspan="2"></td><td>2. (고등학생 이하) 나 혹은 나의 자녀는 학교생활의 어려움이 있다.
0) 어려움이 없다./ 해당 사항 없음
1) 등교는 하지만 학교생활의 어려움을 표현하고 있다.
2) 등교는 하지만 교칙을 위반하거나(무단지각, 조퇴, 다른 학생에게 해를 입히는 행위, 징계 등) 따돌림 등의 어려움이 있다.
3) 무단으로 결석하고 있다.</td><td></td><td rowspan="2"></td></tr>
<tr><td>3. (고등학생 이하) 나 혹은 나의 자녀는 학업유지의 어려움이 있다.
0) 어려움이 없다./ 해당 사항 없음
1) 장애 등으로 특수교육을 받아야 하지만 그러지 못하고 있다(거리, 비용 등의 이유).
2) 상급학교 진학(검정고시 포함) 특기 개발, 기타 학업을 유지하기 위한 자원이 부족하다.
3) 학업을 중단하였으며(의무교육), 학업을 유지하려는 의지나 대안이 없다.</td><td></td></tr>
</table>

욕구 영역별 조사	욕구 영역		대상자 성명	⑤ 욕구 내용 (* 주요 현상 및 원인분류표 내용을 포함하여 작성)			위기도 문항	점수	⑥ 우선 순위
				주요 현상	주요 원인	욕구 내용			
욕구 영역	8. 관계	8-1 가족 관계		① 가족간 갈등 ② 가족간 관계소원 ③ 가족간 관계단절 ④ 기타	• 배우자 외도 • 성격차이 • 종교갈등, 자녀 양육 문제갈등 • 경제적 문제 • 무관심 • 기타		1. 나 혹은 나의 가족은 가족(동거·비동거 가족 포함)관계로 어려움이 있다. 0) 어려움이 없다./ 해당 사항 없음 1) 가족관계로 인한 어려움이 약간 있다. 2) 가족관계로 인해 일상 및 사회생활에 일부 어려움이 있다. 3) 가족관계로 인해 일상 및 사회생활에 지장이 많다.		
		8-2 사회적 관계		① 친인척 갈등/소원/단절 ② 이웃간 갈등/소원/단절 ③ 소속집단 내 관계 어려움	• 정신적 문제 • 경제적 갈등 • 적응력 부족 • 기타		2. 나 혹은 나의 가족은 일상적 어려움을 항시 의논할 사람이 있다. 0) 여러 명 있다. 1) 1-2명 있다. 2) 전혀 없다.		
							3. 나 혹은 나의 가족은 일상적 어려움을 해결하는 데 실제로 도와줄 사람이 있다. 0) 여러 명 있다. 1) 1-2명 있다. 2) 전혀 없다.		
							4. 나 혹은 나의 가족은 타인에게 피해를 주는 언행으로 이웃과 갈등을 유발하고 있다. 0) 유발하고 있지 않다./ 해당 사항 없음 1) 유발하고 있으나 조정이 가능하다. 2) 유발하고 있으며 해결되지 않고 있다.		

<table>
<tr><th rowspan="2">욕구
영역별
조사</th><th rowspan="2" colspan="2">욕구 영역</th><th rowspan="2">대상자
성명</th><th colspan="3">⑤ 욕구 내용
(* 주요 현상 및 원인분류표 내용을
포함하여 작성)</th><th rowspan="2">위기도 문항</th><th rowspan="2">점수</th><th rowspan="2">⑥
우선
순위</th></tr>
<tr><th>주요 현상</th><th>주요 원인</th><th>욕구
내용</th></tr>
<tr><td rowspan="3">욕구
영역</td><td rowspan="3">9.
안전</td><td rowspan="2">9-1
가족
내
안전</td><td rowspan="2"></td><td rowspan="2">① 가정폭력
② 학대
③ 방임
④ 자기방임
⑤ 기타</td><td rowspan="2">• 정신질환
• 중독문제
• 폭력적 성향
• 양육기술 미흡
• 보호역할 가구원 부재
• 가족구성원 간 갈등
• 경제적 빈곤
• 기타</td><td rowspan="2"></td><td>1. 나 혹은 나의 가족은 동거하는 가족으로부터 다음과 같은 학대와 폭력의 당할 위험이 있다.
① 신체적 폭력 ② 정서적 폭력(언어적 폭력)
③ 성적 폭력 ④ 방임
⑤ 경제적 폭력 ⑥ 자기방임
0) 해당 사항 없음
3) 어느 하나라도 해당 시 3점</td><td></td><td rowspan="2"></td></tr>
<tr><td>2. 나 혹은 나의 가족은 동거하는 가족에게 다음과 같은 학대와 폭력을 행사할 것 같다.
① 신체적 폭력 ② 정서적 폭력(언어적 폭력)
③ 성적 폭력 ④ 방임
⑤ 경제적 폭력
0) 해당 사항 없음
3) 어느 하나라도 해당 시 3점</td><td></td></tr>
<tr><td>9-2
가족
외부로
부터의
안전</td><td></td><td>① 폭력(직장폭력, 학교폭력, 데이트 폭력, 성폭력 등)
② 협박, 위협
③ 착취
④ 기타</td><td>• 자기보호능력 미약, 꾀임/악용
• 관계갈등
• 원한관계
• 부채/금전거래 문제
• 기타</td><td></td><td>3. 가족 외부로부터 위험(직장폭력, 학교폭력, 성폭력, 범죄피해, 기타 등)으로 나 혹은 나의 가족의 안전이 위협받고 있다.
0) 해당 사항 없음
3) 위협받고 있다.</td><td></td><td></td></tr>
</table>

욕구 영역별 조사	욕구 영역		대상자 성명	⑤ 욕구 내용 (* 주요 현상 및 원인분류표 내용을 포함하여 작성)			위기도 문항	점수	⑥ 우선 순위
				주요 현상	주요 원인	욕구 내용			
욕구 영역	10. 법률 및 권익 보장	10-1 법률적 지원		① 이혼 ② 부채/파산/신용 불량 ③ 친권상실, 후견인 지정 ④ 국적 문제 ⑤ 사고보상처리 ⑥ 신분상실 ⑦ 기타	• 법률지식 및 정보 부족 • 법적후견인 부재 (장애, 미성년 등) • 폭력/범죄 • 이혼 • 사고(의료 · 산재 · 교통사고 등) • 결혼이민/이주/난민/탈북 • 주민등록 말소 • 경제적 능력 부족 • 기타		1. 나 혹은 나의 가족은 법적 문제로 어려움을 겪고 있다. 0) 어려움이 없다./ 해당 사항 없음 1) 어려움이 있으나 일상생활 및 사회생활이 가능하다. 2) 법적 문제로 일상생활이나 사회생활에 일부 어려움이 있다. 3) 법적 문제로 일상생활이나 사회생활에 지장이 많다.		
		10-2 권익 보장		① 차별대우(차별) ② 권리침해(인권 침해)	• 성별, 장애, 인종에 따른 차별 • 착취 • 부당한 철거나 이주 요구 • 기타		2. 나 혹은 나의 가족은 차별대우나 불이익을 받고 있다. 0) 차별대우나 불이익을 받고 있지 않다./ 해당 사항 없음 1) 차별대우나 불이익을 받고 있지만, 권익보장을 위한 지원체계가 있다. 2) 차별대우나 불이익을 받고 있으며, 권익보장을 위한 지원체계가 미흡하다. 3) 차별대우나 불이익을 받고 있으며, 권익보장을 위한 지원체계가 전혀 없다.		
	11. 문화 및 여가	11-1 문화 · 여가 생활 활용		① 문화생활 어려움 ② 취미활동 어려움 ③ 기타	• 문화 · 여가생활 자원부족 • 문화 · 여가생활 정보부족 • 시간부족 • 동기부족 • 기타		** 문화 및 여가생활 활용의 경우 욕구조사는 하지만 위기도 평가에서는 제외함		

<table>
<tr><td>⑦ 강점 및 장애물</td><td colspan="6"></td></tr>
<tr><td rowspan="2">⑧ 가족력</td><td>가계도 및 생태체계도</td><td colspan="5"></td></tr>
<tr><td>가족내 사건 및 특성</td><td colspan="5"></td></tr>
<tr><td rowspan="2">⑨ 개인력</td><td>가족관계</td><td>성명</td><td>나이</td><td colspan="3">특이사항</td></tr>
<tr><td></td><td></td><td></td><td colspan="3"></td></tr>
<tr><td>⑩ 요청 서비스 내역</td><td colspan="6"></td></tr>
<tr><td rowspan="6">검토 의견</td><td rowspan="4">⑪ 주요 욕구</td><td colspan="2">욕구영역</td><td colspan="3">욕구 내용</td></tr>
<tr><td colspan="2"></td><td colspan="3"></td></tr>
<tr><td colspan="2"></td><td colspan="3"></td></tr>
<tr><td colspan="2"></td><td colspan="3"></td></tr>
<tr><td>⑫ 종합의견</td><td colspan="5">위기도 총점(　　　)</td></tr>
<tr><td>⑬ 사회적 지지자원</td><td colspan="5"></td></tr>
<tr><td>접수번호</td><td colspan="4"></td><td>작성일자</td><td></td></tr>
<tr><td rowspan="2">담 당 자</td><td colspan="4" rowspan="2"></td><td>소　속</td><td></td></tr>
<tr><td>연 락 처</td><td></td></tr>
</table>

〈표 7-7〉 희망복지지원단 사례관리 이용자 선정기준표

욕구 영역	총 점	사례관리 여부 기준표	해당 여부
1. 경제		- 1번 문항이 3점인 경우 - 3번 문항이 2점 이상인 경우	□해당 □비해당
2. 돌봄		- 1, 2번 문항 중 어느 한 문항이라도 1점 이상인 경우 - 3번 문항이 2점 이상인 경우	□해당 □비해당
3. 신체적 건강		- 어느 한 문항이라도 3점인 경우	□해당 □비해당
4. 정신적 건강		- 어느 한 문항이라도 2점 이상인 경우	□해당 □비해당
5. 주거		- 1~3번 문항의 총점이 4점 이상인 경우 - 4번 문항이 2점 이상인 경우	□해당 □비해당
6. 일자리		- 1번 문항이 2점 이상인 경우 - 2번 문항이 2점 이상인 경우	□해당 □비해당
7. 보육 및 교육		- 1번 문항이 2점 이상인 경우	□해당 □비해당
		- 2번 문항이 2점 이상인 경우 - 3번 문항이 1~3번 중 하나라도 해당되는 경우	□해당 □비해당
8. 관계		- 1번 문항이 3점인 경우 - 2~4번 문항 중 어느 한 문항이라도 2점인 경우	□해당 □비해당
9. 안전		- 어느 한 문항이라도 3점인 경우	□해당 □비해당
10. 법률 및 권익 보장		- 1번 문항이 2점 이상인 경우 - 2번 문항이 2점 이상인 경우	□해당 □비해당
총 점			
(잠재적) 통합사례관리 이용자 선정 여부		각 욕구영역별로 어느 하나라도 '해당'에 표시된 경우는 통합사례관리 이용자로 선정함	□선정 □미선정

생각해 볼 문제

1. 본인을 대상으로 '〈표 7-6〉 [서식 제3호] 사례관리 사정표'의 위기도 점수를 작성해 보시오.
2. 내부 장애물은 클라이언트가 변화하거나 욕구를 해결하는 데 걸림돌이 되는 클라이언트의 성격이나 심리 · 정서적인 특성으로 비관주의, 비판주의, 운명주의, 냉소주의 등이다. 〈표 7-5〉를 참고하여 나에게 어떤 '내부 장애물'이 있는지 탐색해 보시오.

CHAPTER

08 서비스 계획 단계

사회복지 사례관리에서 서비스 계획이란?

- 서비스 계획은 사정단계에서 확인된 욕구목록을 해결하고자 목적 및 목표를 설정하고, 필요한 다양한 서비스를 구성해 가는 과정이다.
- 서비스 계획 단계는 ① 욕구의 우선순위 확인, ② 목표(장단기 목표) 수립, ③ 실천서비스 계획으로 실행된다.
- 사례관리실천에서 가장 많은 실수가 욕구사정 결과와 다른 목표 또는 실천서비스를 계획하는 데서 일어나고 있다. 욕구사정 → 서비스 목표 수립 → 서비스 계획은 논리적으로 연결되어 있어야 한다.

1. 서비스 계획 수립의 개념

서비스 계획 수립(service planning)은 사정을 통해 작성된 욕구목록을 실행으로 옮기기 위한 전략을 설정하는 단계이다. 즉, 계획 수립은 사정을 통해 밝혀진 내용에 기반을 두고 달성하고자 하는 목적 및 변화목표를 분명히 하며 필요한 서비스를 구성해 가는 논리적인 과정이다(한국사례관리학회 편, 2012).

서비스 계획 단계는 사정단계와 서비스 실행 단계를 연결하는 중요한 과정으로 클라이언트의 욕구가 파악된 후 그 욕구의 우선순위를 정하고, 충족시킬 목표를 결정한 후, 그 목표를 달성시킬 서비스를 결정하는 체계화된 과정이다. 서비스 계획은 클라이언트의 욕구를 충족시키며 바람직한 성과를 이끌어 내는 서비스로 구성되며 반드시 문서로 작성된다.

사례관리자는 서비스 계획을 개별화 서비스 계획(ISP : Individual Service Plan)으로 수립한다. 이는 클라이언트를 개별화하여 욕구를 충족시킬 수 있는 적절한 서비스를 계획하는 것으로 여기서 개별화란 클라이언트 맞춤형 서비스를 계획하는 것을 의미한다(Alberta Human Services, 2013).

2. 서비스 계획 수립의 단계

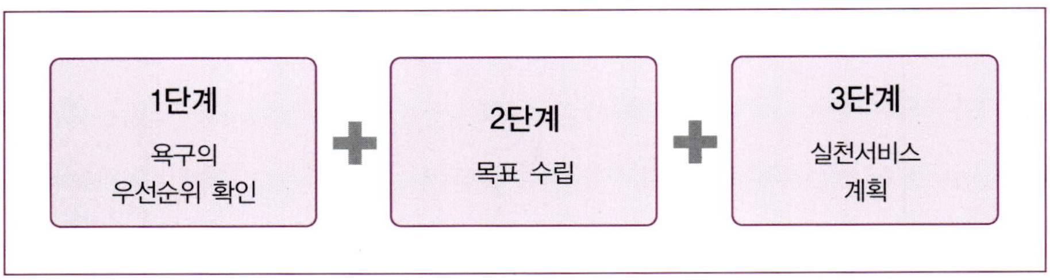

❙그림 8-1❙ 서비스 계획 수립 단계

1) 욕구의 우선순위 확인

목표를 수립하기 위해서는 욕구사정 및 자원사정의 내용에 대한 검토가 이루어져야 한다. '<표 7−6> [서식 제3호] 사례관리 사정표(욕구 및 위기도 통합 조사표)'에서 드러난 욕구의 우선순위를 다시 확인한다. 우선적으로 해결해야 할 욕구들을 구체화하고, 클라이언트가 기대하고 바라는 바가 정확히 무엇인지 확인한다.

사례관리 사정표의 욕구의 우선순위 결정기준은 다음과 같다(Alberta Human Services, 2013).

- 클라이언트가 가장 중요하다고 인식하거나, 당장 위험을 끼칠 가능성이 있는 욕구를 우선순위로 한다.
- 클라이언트의 장애물로 판단되는 주요 문제 중에서 단기간 내 제거 가능한 것을 우선순위로 한다.
- 클라이언트의 욕구 중에서 작은 것, 달성하기 쉬운 것을 우선으로 하되 클라이언트의 생활에서 현실적이고 성취 가능한 것을 우선순위로 한다.
- 서비스가 미뤄질 경우 다른 욕구영역에까지 새로운 문제 유발 혹은 욕구 발생 가능성이 높은 욕구를 우선순위로 한다.

2) 목표 수립

사례관리자와 클라이언트는 욕구를 우선순위별로 정리한 이후, 이를 해결하고자 하는 소망의 방향을 간단하게 문서화하는 과정을 밟는다. 이것이 바로 목표 수립인데, 목표 수립이란 클라이언트의 욕구 충족 방향 또는 문제해결 방향을 문서로 설정하는 것이다. 이는 사정자료를 서비스 계획으로 전환하는 과정으로 사례관리자와 클라이언트 간의 합의와 사례관리자의 전문적 판단 및 경험에 따라 결정된다(Woodside & McClam, 2006).

목표 수립을 위한 면접은 계속되는 과정이라 할 수 있다. 사례관리자는 '목표 수립을 위한 면접질문'을 통해 클라이언트가 원하는 것과 그동안의 성공경험을 확대하는 방향으로 장기목표와 단기목표를 설정하고 합의한다. 즉, 목표는 이용자가 자신의 문제를 인식하고 이 문제나 상황이 어떻게 변화되었으면 하고 바라는 것으로 사례관리자의 다양한 역량(글쓰기 역량, 의사소통 역량, 전문성 역량 등)이 요구되는 작업이다. 사례관리자는 이용자와 장기목표와 단기목표를 합의하고, 사례회의를 통해 목표를 결정한다.

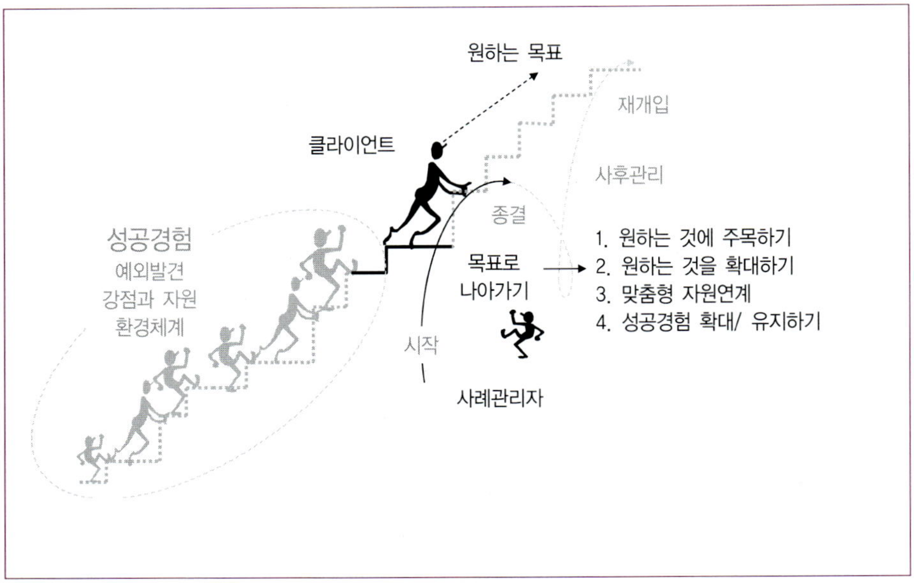

| 그림 8-2 | 목표 수립하기

출처 : 김윤주・황혜숙(2006), p. 37 <그림3> 재구성.

학습노트

목표 수립을 위한 면접질문

- **장기목표 설정** : 사례관리자는 ct와 함께 삶의 변화에 대한 큰 그림 그려보기
  [질문] 어떤 모습으로 변화하고 싶은가요?
  어떤 모습이면 건강한 삶(자립적 삶)을 살 수 있을까요?
  지금 생활에서 원하는 것은 무엇인가요?
  그동안 성공의 경험은 어떤 것이 있었나요?
- **단기목표 설정** : 분명한 변화지점을 위한 목표를 만들어 가기
  [질문] 그 모습이 되기 위해선 어떤 변화목표(단기목표)가 필요할까요?
- **단기목표의 우선순위** : 삶의 변화를 위해 순차적으로 목표 만들어 가기
  [질문] 그럼 그 목표 중 가장 중요한 목표는 무엇일까요?

목표는 다음 <표 8-1>과 같은 지침에 따라 수립한다. 목표 수립의 바람직한 예로, '일상생활 기술 습득하기' 또는 '적성에 맞는 자격증 과정 탐색하기' 등이 있다. 바람직하지 않은 예로는 '삶의 질 향상하기' 또는 '정서적으로 안정하기' 등이 있는데, 이는 구체적이지 않으며 지나치게 포괄적이어서 성과를 측정하기 어렵기 때문이다. 또 다른 바람직하지 않은 예는 '부모교육 제공하기'와 같이 주어가 사례관리자가 되는 경우(제공자 관점)이다. 이 경우 목표를 '부모교육 참여하기'로 수정하여, 반드시 주어를 이용자(이용자 관점)가 되도록 기록한다.

〈표 8-1〉 목표 서술의 지침

- 장기목표는 종결 시 이용자의 변화모습으로 표현한다.
- 단기목표는 장기목표와 연결되며 구체적이고, 측정 가능하게 기술한다.
- 목표는 행동적인 표현으로 기술한다.
- 목표 서술에서 부사와 형용사의 사용을 피한다.
- 목표는 주어를 이용자로 하여 이용자 관점으로 기록한다.
- 목표의 내용은 긍정적인 언어로 기록한다.
- 목표 서술은 단문으로 하며 단일한 행동결과로 세운다.
- 목표는 현실적이며 달성 가능한 내용으로 서술한다.
- 목표는 사례관리기관의 기능과 일관성 있어야 한다.

그리고 목표는 욕구별로 단기목표와 장기목표로 구분하여 수립하는데, 목표 달성 가능성 및 구체성, 측정 가능성, 클라이언트의 상황 등을 종합적으로 고려하여 수립한다. 서비스 목표는 장·단기라는 시간적 구분 및 목표달성의 수월성, 복잡성 등에 대한 종합적 고려를 통해 설정하되, 목표를 제시하는 이유는 사례관리 과정을 통해 궁극적으로 이용자와 그 가족에게 기대되는 측정 가능한, 혹은 객관적으로 판단이 가능한 변화 상태를 규정하는 데 있다(보건복지부, 2023). 단기목표와 장기목표는 그 내용이 반드시 연결되어 있어야 하며 보통 장기목표를 먼저 설정하고 단기목표를 구체화한다.

① 단기목표

- 단기목표(개입 목표)는 서비스 제공 후 6개월 이내에 달성 가능하며 성취가 수월한 목표로 수립한다. 장기목표를 달성하기 위해 단계별로 제공해야 하는 서비스와 연관되게 설정하고, 개입시기를 고려하여 구체적으로 수립한다. 대부분 장기목표를 달성하기 위한 과정적 목표로 설정한다.
- 단기목표는 인식의 변화보다는 새로운 지식이나 정보의 습득, 새로운 자원의 활용, 행동 변화 등에 초점을 둔다.

② 장기목표

- 장기목표는 6개월 이상의 개입을 통해 클라이언트의 긍정적인 변화를 도모할 수 있는 목표로 설정한다.
- 장기목표는 사례관리가 종결되는 시점에 어떤 변화가 이루어질 수 있을지에 대한 달성 가능한 수준을 목표로 설정한다.

〈표 8-2〉 단기목표 및 장기목표 설정 예시

욕구 영역	단기목표	장기목표
일자리	• 적성에 맞는 자격증 과정 탐색하기 • 자격증 취득하기	• 취업활동하기
정신적 건강	• 지지적 상담 받기 • 우울증 치료받기	• 정신건강 향상하기
보육 및 교육	• 학습멘토링 참여하기	• 학업 유지하기

목표 수립 시 주의할 점은 욕구와 목표의 일관성이다. 사례관리실천에서 가장 많은 실수가 사정결과와 다른 목표를 설정하거나, 장·단기 목표와 거리가 먼 서비스를 계획하는 데서 일어나는데, 반드시 욕구사정 → 서비스 목표 수립 → 서비스 계획은 논리적으로 연결되어 있어야 한다.

3) 실천서비스 계획

욕구의 우선순위가 결정되고, 서비스 목표가 설정되면, 그 다음 단계로 실천서비스를 계획한다. 실천서비스 계획(service planning)이란 설정된 목표를 달성하기 위한 실행계획을 의미하며, 직접적 서비스의 제공 및 간접적 서비스의 연계의 구체적인 계획을 수립하는 내용으로 구성된다.

사례관리자는 사정 이후 서비스 목표가 설정되면, 각 목표를 달성하기 위한 전체적인 그림을 그려보고 점차적으로 달성할 수 있는 서비스 계획을 순차적으로 설정한다. 이때 단기목표에 따른 서비스 계획이 모두 합해지면, 장기목표를 달성할 수 있도록 한다. 실천서비스 계획은 곧 서비스의 선택(selecting services)으로 사정에서 발견된 강점을 행동계획에 포함하며 가족과 이웃, 친구 그리고 지역사회 자원들을 개입시키고 행동과업을 구체적으로 기록한다.

서비스 계획에는 단기목표, 장기목표, 서비스명, 우선순위, 개입시기, 서비스 기간 및 횟수, 제공 기관 및 담당자 등을 포함한다(표 8-3 [서식 제4호] 사례관리 서비스 계획표 및 점검표 양식).

서비스 횟수(주/ 월)와 개입기간은 서비스의 충분성과 연관되어 있으며, 서비스를 통해 기대되는 성과를 도출하기 위해 어느 정도 기간 동안 서비스가 제공될 필요가 있는지, 그 투입량에 대한 계획을 의미한다. 그러나 간접서비스로 외부기관에 의뢰하여 서비스를 제공하는 경우는 그 기관의 서비스 제공 지침을 고려하여 서비스 기간 및 횟수를 정한다.

3. 서비스 계획표 작성

1) 단기목표와 장기목표 작성방법

단기목표와 장기목표는 다양한 서비스 제공을 통해 궁극적으로 변화를 가져오기 위한 영역 및 각 영역별 변화의 양과 질에 대한 기대치를 기록한다.

- 단기목표는 서비스 제공 후 6개월 이내에 달성 가능하며 새로운 지식이나 정보의 습득, 새로운 자원의 활용, 행동 변화 등의 목표로 설정한다.
- 장기목표는 6개월 이상의 개입을 통해 클라이언트의 긍정적인 변화를 도모할 수 있는 목표로 설정한다. 보통 장기목표는 단기목표의 수보다 적다.

2) 서비스 계획서 작성방법

- **욕구영역** : 11개 욕구영역 중 해당되는 욕구영역을 기록한다.
- **개입목표** : 단기목표를 욕구영역별로 구분하여 기록한다. 개입목표를 단기목표와 다르게 기술하지 않도록 한다.
- **서비스명** : 개입목표에 따라 제공되어야 할 서비스 또는 기관의 구체적인 프로그램명을 기록한다.
- **우선순위** : ‘<표 7−6> [서식 제3호] 사례관리 사정표(욕구 및 위기도 통합조사표)’에서 드러난 욕구의 우선순위를 근거로 하며, 우선적으로 해결해야 할 긴급하고 성취 가능한 것을 중심으로 숫자를 적는다.
- **개입시기** : 긴급성, 현실성 등을 고려하여 시간제한적인 개입활동이 이루어질 수 있도록 각각의 서비스 내용별로 일주일 이내, 한 달 이내, 3개월 이내 등 예상 개입시기를 설정한다.

- **서비스 기간 및 횟수** : 서비스를 통해 기대되는 성과를 도출하기 위해 어느 정도의 서비스가 제공될 필요가 있는지, 투입량에 대한 계획을 의미한다. 그러나 간접서비스를 제공하는 경우 외부 기관의 서비스 제공 지침을 고려하여 서비스 기간 및 횟수를 구체적으로 기록한다.
- **제공기관 및 담당자** : 실제로 서비스제공의 일차책임을 수행하는 기관의 담당자명을 기록하여 주기적인 모니터링 채널을 구축하도록 한다.
- **사례관리 동의서** : 사례관리자는 서비스 계획 후 클라이언트(와 보호자)에게 사례관리 서비스 계획표를 설명하고, 사례관리 동의서를 작성한다. 이때 사례관리자는 클라이언트가 직접 서명하도록 안내하고 보관한다.

3) 서비스 계획표 예시

- **기록지 예시** : 사례관리 서비스 계획표 기록 예시는 본 서 제11장의 '<표 11-3> 서비스 제공계획 및 점검표 예시'를 참조할 수 있다.

〈표 8-3〉 [서식 제4호] 사례관리 서비스 계획표 및 점검표 양식

사례관리 서비스 계획표 및 점검표

사례관리 번호		대상자 명		사례 관리자		점검 일자	

번호	단기목표	번호	장기목표
1		1	
2		2	
3		3	

욕구 영역	개입 목표	서비스명	대상자	우선 순위	개입 시기	서비스 시작 일자	서비스 종료 일자	횟수 (회/1주당)	제공 기관	담당자	점검 방법	이행 여부	변경 내역	변경 사유

본인은 년 월 일부터 상기와 같은 서비스 이용에 동의하며, 적극적으로 변화 노력에 동참할 것을 약속합니다. 또한 더 나은 생활지원을 위해 협력하는 기관들과 본인 및 가족의 기초정보 및 서비스 진행과정에 대한 정보를 공유하는 것에 대해 동의합니다.

20 년 월 일 성 명 : (인)

20 년 월 일 사례관리자 : (인)

출처 : 보건복지부(2023).

생각해 볼 문제

1. 아래 단기목표 및 장기목표 사례에서 ①, ② 목표를 수정하고 무엇이 잘못되었는지 토의하시오.

번호	단기목표	번호	장기목표
1	① 모와 주 1회 전화하여 복약상황을 확인하기	1	모의 우울증 개선
2	아동의 주2회 이상 학습지 공부 참여하기	2	② 아동의 건강한 성장

2. 사례관리자와 클라이언트의 배역을 정하고 서로 '목표 수립을 위한 면접질문'을 연습해 보시오.

CHAPTER 09

서비스 실행 및 점검 단계

서비스 실행 및 점검 단계

- 서비스 실행은 그 이전 단계에서 수립한 서비스 계획에 따라 클라이언트에게 직·간접서비스를 제공하고 이행하는 것을 의미한다.
- 점검이란 클라이언트에게 제공되는 서비스의 이행상황 및 클라이언트의 환경변화 및 욕구변화 등을 주기적으로 점검·파악하는 활동을 말한다.
- 서비스 실행 및 점검 활동은 서비스 제공 계획 수립 후 종결시점까지 이루어진다.

1. 서비스 실행

서비스 실행은 그 이전 단계에서 수립한 서비스 계획에 따라 클라이언트에게 직·간접서비스를 제공하고 이행하는 것을 의미한다.

서비스 실행은 사례관리자가 직접 제공하는 직접서비스 실행과 외부자원을 연계하여 제공하는 간접서비스 실행이 있다.

1) 직접서비스 제공

사례관리에 있어 직접실천이란 사례관리자를 통해 제공되는 서비스를 의미하며, 클라이언트가 역량을 강화하도록 사례관리자가 직접 제공하는 활동이다.

직접실천에는 사례관리자가 직접 개입하여 클라이언트를 대상으로 하는 상담 및 클라이언트의 동기를 강화하기 위한 상담, 클라이언트의 역량을 강화하기 위한 각종 교육·훈련과 활동, 정보제공 활동 등이 속한다.

(1) 상담

직접서비스의 상담은 심리상담과 구별이 된다. 사례관리의 상담은 초기 면접부터 종결까지 지속적으로 이루어지며 주로 '강점관점 해결중심 상담'에 집중된다. 클라이언트가 원하는 것의 그림을 그려봄으로써 클라이언트와 함께 변화를 위한 해결책을 모색하고 해결을 향한 좋은 목표를 잘 형성하는 것을 돕는 상담이다.

〈표 9-1〉 서비스 실행 단계의 강점관점 해결중심 상담

[사례 2] 저소득 부자의 강점관점 해결중심 상담	
사례관리자	아버님, 그동안 잘 지내셨어요?
B군 아버지	네…
사례관리자	아버님, B군과 요즘 어떻게 지내시나요?
B군 아버지	아이가 여전히 나와 말을 잘 안 하려고 해요. 그동안 애들 엄마가 집 나가고 내가 지금껏 아이 밥해주고 그래왔지요.
사례관리자	그러셨네요. 혹시 아이한테 아버지가 애쓰시는 것을 어떻게 아니?라고 물어보면 무엇을 보고 안다고 이야기할까요?
B군 아버지	애가 알긴 뭘 알겠어요? 아이는 듣기 싫은지 내가 뭐라고 하면 대꾸도 않고 하여간…
사례관리자	예, 그런데도 아버지는 애를 쓰시네요. 병원을 다니시면서 치료받고 계시지요?
B군 아버지	그동안 가정이 어려워 병원에 안 가고 안약만 넣었거든요. 그게 잘못된 거 같아요. 선생님이 소개한 안과병원, 아직 안 가봤는데… 치료가 될까요?
사례관리자	아버님, 일단 진단과 치료를 받아보셔야지요. 제가 함께 동행해 드릴까요?
B군 아버지	그럼 감사하고요…
사례관리자	B군과 잘 지내시려면 어떻게 해야 할까요?
B군 아버지	지금은 내가 불편하니까 아이한테 잔소리도 더 많이 해요. 술도 먹게 되고요. 일을 못하니까 나도 답답하잖아요.

사례관리자 예, 답답하셔서… 야단 안 치고 술 덜 먹으면, 어떻게 될까요?
B군 아버지 야단 안 치고, 술 덜 먹으면 아이도 피하지 않고 내 말을 들을 거예요. 일도 하고, 병원도 다니려고요. 일을 하면 제가 달라지겠지요?
사례관리자 네, 그럼 일자리를 소개하는 고용센터에 함께 가볼까요?
B군 아버지 네…

➲ 본 사례는 저소득 부자가정 사례로, 클라이언트는 부와 아동이다. 실행단계에서 문제해결 동기를 유지시키는 강점관점 해결중심 상담이 계속 요구되는 사례이다.

출처 : 김윤주 · 황혜숙(2006), pp. 98-100 <사례> 재구성.

강점관점 해결중심 상담은 클라이언트의 강점을 활용하여 변화동기와 변화결심을 강화하는 상담이며, 클라이언트의 문제를 해결하고자 하는 동기를 강화하는 상담이다. 클라이언트가 목표 달성을 위해 실행계획을 수행함에 있어 장애요인을 발견하고 클라이언트의 감정, 어려움을 인정하고, 변화동기를 요약한 후 변화지점과 변화행동에 초점을 맞춘다. 이때 사례관리자는 자원에 관한 여러 가지 정보와 지식, 문제해결을 위한 전문지식과 경험을 활용하여야 한다(신성만 외 공역, 2013).

[사례 2]는 강점관점 해결중심 상담의 실제이다. 본 사례의 클라이언트는 저소득 부자가정으로 43세 한부모와 13세 아들이다. 본 사례를 살펴볼 때 단기목표는 (1) 부는 아들과 관계 회복하기, (2) 부는 안질환(녹내장) 치료받기, (3) 부는 음주횟수 줄이기, (4) 부는 취업상담 참여하기 등으로 정리할 수 있다. 사례관리자는 (1)과 (3)을 위해 강점관점 해결중심 상담을 진행하였고 (2)와 (4)는 간접실천이지만, 사례관리자의 지지적 상담과 동행이 함께 수행되었다.

(2) 교육 및 훈련

교육 및 훈련은 클라이언트가 욕구충족을 위해 필요한 기술을 획득하여 직접 활용이 가능하도록 사례관리자가 교육하는 것을 의미한다. 교육 및 훈련은 대부분 일상생활 기술 및 독립적 삶의 기술 등으로 구조화된 학습방법을 통해 진행한다. 교육방법으로는 모델링, 코칭, 역할 바꾸기, 빈의자 기법, 강화물 활용하기, 개별 교육 및 집단 교육, 실습 등 다양하고 창의적 방법을 활용할 수 있다.

사례관리자들은 클라이언트에게 외부자원을 연계하는 것에 관심을 갖기 쉬우나 실제로 자원을 얻는 방법을 습득하도록 교육하는 것이 더 중요하다.

다음 <표 9-2>는 '일상생활 기술 수행 자기평가'로 클라이언트의 자기평가 후 점수가 낮은 항목에 대해 사례관리자는 클라이언트와 함께 연습한다.

사례관리자는 클라이언트에게 교육 및 훈련을 제공할 때 다음과 같은 점을 유의해야 한다.

① 사례관리자는 클라이언트 스스로 교육내용과 목표를 명확히 인지하도록 한 후 교육을 실시하여야 한다.

② 사례관리자는 클라이언트가 교육받은 내용을 실행할 수 있도록, 행동순서를 구체화하여 교육하고 반복경험을 제공하여야 한다.

③ 사례관리자는 클라이언트가 반복적으로 행동을 연습하도록, 안전한 환경을 제공하고 실패에 대한 염려를 제거해 주며, 적절한 보상을 제공한다. 이때 강화물은 칭찬과 같은 사회적 강화가 적절하다.

④ 획득한 기술을 실제 삶에 적용할 수 있도록 기회를 제공한다. 사례관리자는 클라이언트의 성공을 격려하고, 실제 적용의 어려움은 보완해야 한다.

〈표 9-2〉 일상생활 기술 수행 자기평가

영 역	활동/ 기술	활동수행 평가			
		매우 부족	부 족	잘 함	매우 잘함
1. 일상생활	나는 내 의복을 세탁하고 관리한다.				
	나는 매일 개인위생(세수, 양치질, 샤워 등)을 철저히 한다.				
	나는 식사준비(장보기, 요리, 상 차리기)를 혼자서 할 수 있다.				
	나는 쓰레기를 분리·배출한다.				
	나는 정기적으로 실내청소, 침구정리를 한다.				

2. 소비/ 지출	나는 내가 가진 돈의 한도 내에서 필요한 물건을 합리적으로 구입한다.				
	나는 쇼핑 시 물품의 목록, 구입가격, 구입방법에 대한 계획을 세운다.				
3. 주거	나는 내가 거주할 집을 인터넷을 통해 또는 직접 알아볼 수 있다.				
	나는 부동산계약서의 내용을 이해한다.				
4. 공공 기관 이용	나는 주민센터에 가서 필요한 일을 처리할 수 있다.				
	나는 은행에 가서(또는 인터넷뱅킹을 이용하여) 입금, 출금을 할 수 있다.				
5. 여가	나는 여가시간에 내가 원하는 여가활동을 한다.				
6. 이동	나는 대중교통을 이용해 내가 원하는 곳에 갈 수 있다.				

2) 간접서비스 제공

(1) 연계(linking services)

연계란 클라이언트의 욕구를 해결할 서비스를 사례관리기관에서 제공하기 어려울 때 사례관리자가 외부에서 최선의 기관이나 자원을 연결하여 적절한 서비스를 제공하는 것을 의미한다. 사례관리자는 클라이언트의 욕구에 부응하는 자원을 사정하여 자료화하거나 자원망을 조직하고 이를 활용하여 클라이언트가 최선의 선택을 할 수 있도록 도와야 한다. 연계 시 사례관리자는 클라이언트에게 연계의 필요성을 알려주고 연계 내용을 미리 알도록 한다. 연계를 위해 사례관리자는 다음과 같은 과정을 수행한다.

① 자료 분석과 정리

클라이언트의 욕구 해결을 위해 최선의 선택을 할 수 있도록 사례관리자는 다양하고 적절한 정보를 가지고 있어야 한다. 사례관리자는 지역사회 기관 리스트, 홈페이지 정보, 전문가의 자문, 지역사회 회의나 모임 등을 활용하여 정보를 얻을 수 있다. 효과적 연계를 위한 정보는 다음과 같다.

- 서비스 이용 자격기준 등 서비스 이용성, 접근성에 관한 정보
- 클라이언트 욕구 해결을 위한 서비스 제공자의 역량 정보
- 서비스 제공자 및 기관의 평판 정보
- 홈페이지 등을 통한 기관의 주요 서비스에 대한 정보

② 자원목록에서 선택하도록 돕기

클라이언트의 욕구에 근거하여 다양한 대안과 그에 대한 장단점을 비교하여 제시함으로써 클라이언트가 선택하도록 한다. 이때 사례관리자가 소속 기관 서비스 위주로 자원을 소개하는 등 수집된 정보가 제한적이어서 최적의 서비스를 연계할 수 없는 경우가 생기지 않도록 유의한다.

예를 들어, '<표 9－3> 서비스 연계 사례'의 C씨는 서울특별시 노원구에 거주하지만 가정폭력피해자쉼터는 노원구가 아닌 타 지역의 쉼터를 선호하며 아이 동반 가능한 쉼터를 선호할 것이다. 이에 사례관리자는 연계서비스를 지원할 시 클라이언트의 욕구 맞춤형으로 자원정보를 지원하고 선택하도록 돕는 역할을 한다.

③ 연계할 기관에 대한 조직화

단순히 전화번호를 알려주거나 안내지를 제공하는 소극적 정보 안내가 아니라 연계기관과의 연계활동에 대한 사전 협의와 연계절차를 구조화하여 서비스가 클라이언트에게 잘 제공되도록 한다. 또한 연계 이후 클라이언트가 서비스에 접근하는 데 어려움이 없는지 미리 확인하고 필요시 동행한다.

〈표 9-3〉 서비스 연계 사례 연습하기

〈서비스 연계 사례〉 C씨(42세)는 결혼 후 지속적으로 가정폭력을 당해왔다. 지금까지 아이(10세 여아)를 생각해 참아왔는데, 아이가 우울한 표정을 지으며, 학교에서도 친구들과 잘 사귀지 못해 이번 달엔 집을 떠날 계획을 세우고 있다. 남편은 가부장적이며 난폭한 성격이라 아이와 함께 도망간다면, 보복할 가능성이 많다. 평소에도 “네가 도망가면, 반드시 찾아내어 가만두지 않겠다”고 협박하여 몇 번 시도하다가 번번이 포기하곤 했다. 그러나 C씨는 남편이 절대 찾아낼 수 없는 가정폭력피해자쉼터에 가서 안전하게 초등학생 아이를 공부시키길 원하고 있다. 이에 지역사회 가족상담소의 사례관리자는 외부 자원 및 서비스를 연계하고자 한다. 〈어떻게 서비스를 연계할 것인가?〉 ① 사례관리자는 C씨가 신고전화 112, 여성긴급전화 1366 등에 전화 걸 수 있도록 신고전화 정보를 제공한다. ② 사례관리자는 가정폭력 피해자시설이 모두 비공개이므로 신고전화를 통해 C씨의 욕구에 근거하여 자녀동반 피해자시설을 요청하도록 지원한다. ③ 사례관리자는 C씨가 집을 안전하게 떠날 수 있도록 미리 준비교육을 한다.

(2) 옹호(advocacy)

옹호란 사례관리자가 자신의 권리를 주장할 능력이 취약하거나 기본적인 권리를 침해받을 위기상황에 놓인 클라이언트의 입장을 대신하여 자원의 접근성과 활용성을 증진시키는 사례관리 실천활동을 의미한다. 이때 사례관리자의 과업은 클라이언트의 의사결정 과정을 도우며 클라이언트의 능력을 제한하는 환경적 조건을 변화시키는 역할을 수행하는 것이다. 사례관리에서 옹호활동은 클라이언트 개인의 옹호활동이 대부분이지만 사안에 따라서는 지역사회나 기관, 정책을 대상으로 옹호활동을 전개하기도 한다.

〈표 9-4〉 옹호 사례 연습하기

〈옹호 사례〉

D군(17세)은 현재 고등학교 2학년 재학 중인 학생으로 어려운 가정에 보탬이 되고자 웨딩홀에서 여름방학 동안 아르바이트를 했다. D군은 인력공급업체가 운영하는 인터넷사이트를 거쳐 웨딩홀에서 일했는데, 웨딩홀이나 인력공급업체 모두 근로계약을 체결하지 않은 채 일을 시켰다. D군은 식사시간이나 휴게시간 없이 하루 13시간 이상 일을 해 너무 힘들어 3주 만에 일을 그만두었다. 그런데 한 달 계약을 지키지 않았다는 이유로 임금을 한 푼도 받지 못하였고, D군은 인력공급업체와 웨딩홀에 모두 임금 요청을 했으나, 서로 책임이 없다고 한다.

사례관리자는 D군 가족을 사례관리 이용자로 초기 면접하는 과정 중에서 이러한 일을 알게 되었고, D군을 위해 옹호활동을 하였다.

〈어떻게 옹호할 것인가?〉

① 사례관리자는 D군으로부터 인력공급업체 및 웨딩홀 사업주의 부당노동 행위 및 체불임금에 대한 내용을 확인하고 증거자료를 확보한다.
② 사례관리자는 D군이 인터넷 또는 관할 노동청에 민원을 신고하도록 지원한다.
③ 사례관리자는 D군이 진정서를 제출한 후 노동청 출두명령을 받게 되면, 함께 근로감독관을 면접한다.
④ 사례관리자와 D군은 사업주와 함께 근로감독관 조사를 받기 전에 사전에 할 말과 자료를 준비한다.
⑤ 사례관리자와 D군은 노동청 진정을 통해 사건이 원만하게 합의되면 취하서를 내도록 한다.

(3) 조정(coordination)

조정이란 사례관리자가 클라이언트를 위한 서비스가 중복될 때 또는 자원망 간에 갈등이 일어날 때, 또는 자원망 간의 역할분담이 필요할 때, 사례관리자가 각 기관의 역량에 적합한 역할분담을 하도록 관여하는 활동을 의미한다.

그러나 사례관리자 입장에서 조정이란 사실상 쉬운 업무라고 할 수 없다. 서비스 기관 간의 상황이 다양하고 클라이언트의 욕구가 있기 때문에 쉽게 갈등이 일어난다.

〈표 9-5〉 조정 사례 연습하기

〈조정 사례〉

결혼이민여성 K씨는 지역사회 가족센터의 미취학 아동을 대상으로 하는 '찾아가는 미술치료 프로그램'을 신청하여 아들 E군(6세)과 주 1회 함께 참여하고 있다. 이는 E군이 유치원에서 과잉행동을 해 유치원 원장님으로부터 치료를 권유받았기 때문이다. 그러나 K씨는 주 1회의 미술치료만으로는 불안하게 느껴 종합사회복지관을 방문하여 E군이 주 1회 미술치료를 또 받도록 하였다. 종합사회복지관 사례관리팀은 K씨와 E군을 사례관리 이용자로 초기 면접하는 가운데 E군이 미술치료를 중복으로 받고 있음을 알게 되어 조정하고자 한다.

〈어떻게 조정할 것인가?〉

① 사례관리자는 K씨 및 가족센터의 담당자와 종합사회복지관의 담당자에게 E군이 미술치료를 중복으로 받고 있음을 확인시킨다.
② 사례관리자는 K씨와 E군을 사례관리 이용자로 사정을 하고 필요시 소아정신과 검사를 의뢰한다.
③ 사례관리자는 서비스 계획 시 E군을 위해 가장 적절한 서비스를 계획하고 K씨 및 E군과 합의한다. 미술치료가 포함되는 경우 한 기관의 서비스를 이용하도록 한다.
④ 사례관리자는 서비스 계획의 결과를 가족센터의 담당자와 종합사회복지관의 담당자와 공유한다.

조정하는 사례관리자는 다음과 같은 점에 유의하여야 한다.

① 자원 간의 조정 시 클라이언트의 욕구에 초점을 맞추어 논의한다.
   서로의 입장을 내세우다 보면 조정활동이 어려워질 수 있다. 클라이언트에게 초점을 두어 해결방법을 토론하여야 한다.
② 조정의 이점을 공유한다.
   조정활동을 통해 얻을 수 있는 이점을 함께 누릴 수 있도록 배려한다.
③ 사례관리자의 조정노력을 통한 결과를 공유한다.
   사례관리의 조정내용을 사례관리자 및 클라이언트, 그리고 관계된 서비스 기관과 담당자가 알 수 있도록 조정결과를 공유한다.
④ 조정을 위한 시스템을 마련한다.
   조정을 위한 시스템으로 지역 내 사회복지기관의 통합사례회의를 정기적으로 마련한다.

2. 사례관리 과정기록지 작성

'<표 9-6> [서식 제5호] 사례관리 과정기록지'에는 일시, 서비스명, 서비스 구분, 접촉방법, 접촉대상, 서비스 제공내용 등이 포함된다.

① **일시** : 서비스가 제공된 일시를 기록한다.

② **서비스명** : [서비스 계획표]에 있는 해당되는 서비스명을 기록한다.

③ **서비스 구분** : 직접서비스/ 간접서비스로 구분하여 기록한다.

④ **접촉방법** : 가정방문, 기관 내방, 전화, 온라인(메일, SNS 등), 기타 등의 방법을 기록한다.

⑤ **접촉대상** : 사례관리자가 클라이언트, 가족원, 서비스기관 담당자 등 접촉 대상자를 기록한다.

⑥ **서비스 제공내용** : 제공한 서비스 내용을 구체적으로 기록한다.

〈표 9-6〉 [서식 제5호] 사례관리 과정기록지 양식

사례관리 과정기록지

사례번호		클라이언트		사례관리자	

일 시	서비스명	서비스 (직접/ 간접)	접촉방법	접촉대상	서비스 제공내용	비 고

_______________ (기관명)

3. 점 검

1) 점검의 내용

사례관리에서 점검(모니터링, monitoring)이란 전 단계인 서비스 계획 단계에서 계획된 서비스와 자원이 잘 전달되고 있는지를 확인하는 사례관리자의 중간 검토활동이다. 사례관리자는 점검을 통하여 클라이언트와 서비스 제공자의 노력 및 적절성을 파악하고, 목표달성에 영향을 미치는 장애요인을 발견하기도 하고, 새로운 욕구를 발견하여 재사정의 필요성을 제기하기도 한다.

점검의 내용은 다음과 같다.

① 계획 이행도 점검

클라이언트와 서비스 제공자 모두 계획대로 과업, 활동, 책임을 다하고 있으며, 노력하고 있는가를 파악하는 것으로 서비스 계획에 따라 적절히 서비스가 이행되고 있는지를 검토한다.

② 목표 성취 점검

서비스 실행과정에서 단기목표가 성취되어 가고 있는가를 점검하는 것이다.

③ 새로운 욕구 발견

서비스 실행 과정 중 클라이언트의 새로운 욕구를 발견하거나 새로운 욕구에 대한 정보를 파악하는 것을 의미한다.

2) 점검의 영역

점검의 영역은 크게 클라이언트 점검과 외부 서비스 점검으로 나뉘며, 그 내용에는 클라이언트와 자원 간의 상호작용을 포함해야 한다.

점검결과는 사례회의를 통하여 외부 서비스의 기여도, 적절성 및 향후 방향 설정에 근거자료로 활용한다.

(1) 클라이언트의 점검

사례관리자가 서비스 목표 달성을 위해 클라이언트의 노력 정도 및 참여도 등을 점검하는 것이다.

- 클라이언트가 적극적으로 참여하고 있는가?
- 클라이언트가 자신의 강점을 활용하고 있는가?
- 클라이언트가 목표달성 노력을 하고 있는가?
- 클라이언트에게 새로운 욕구가 발생하였는가?

예를 들어, 클라이언트의 취업을 위해 직업훈련서비스에 연계되었을 때, 클라이언트가 직업훈련기관의 교육에 열심히 참여하고 있는지, 클라이언트가 욕구달성을 위해 노력하는지 등을 파악하는 것이다.

(2) 서비스 점검

사례관리자가 외부 서비스 담당자의 서비스 목표 달성을 위해 기여하는 정도를 점검하는 것이다.

- 외부 서비스는 계획대로 적정하게 이행되고 있는가?
- 외부 서비스 담당자는 서비스 실행을 위해 노력하고 있는가?
- 외부 서비스의 질은 적절한가?
- 외부 서비스 담당자는 클라이언트와 적절한 상호작용을 하고 있는가?

예를 들어, 클라이언트의 취업을 위해 직업훈련서비스에 연계되었을 때, 외부 서비스 담당자가 서비스를 계획대로 제공하고 있고, 서비스 목표 충족을 위해 노력하고 있는지, 외부 서비스의 질은 적절하며, 외부 서비스 담당자는 클라이언트와 적절한 상호작용을 하고 있는지 등을 파악하는 것이다.

3) 점검의 기록

점검결과의 기록은 '<표 8−3> [서식 제4호] 사례관리 서비스 계획표 및 점검표 양식'의 뒷부분에 다음과 같이 기록한다. 점검의 기록은 클라이언트 점검보다는 외부 서비스 점검을 중심으로 이루어진다.

- **점검방법** : 점검이 이루어진 방법에 대한 기록으로, 전화, 실사(방문하여 확인) 등 점검 방법을 기술한다.
- **이행 여부** : 해당 서비스가 계획된 기간동안 이행되었는지를 확인하여 이행 중, 완료, 미이행 등으로 기록한다.
- **변경내역** : 서비스 계획 대비 변경된 서비스 내역을 기록한다.
- **변경사유** : 서비스 계획 대비 서비스 제공의 차이가 발생한 원인 및 사유를 기록한다. 클라이언트의 사유인지, 서비스 제공자의 사유인지를 구분하여 기록한다.

생각해 볼 문제

1. '〈표 9−1〉 서비스 실행 단계의 강점관점 해결중심 상담'을 탐색한 후 가상으로 〈표 9−6〉 [서식 제5호] 사례관리 과정기록지를 작성해 보시오.
2. 점검에는 (1) 클라이언트 점검과 (2) 외부 서비스 점검 등 두 가지 유형이 있다. (1) 클라이언트 점검에서는 무엇을 점검하고 (2) 외부 서비스 점검에서는 무엇을 점검하는지 설명해 보시오.

CHAPTER

10 평가 및 종결 단계

사회복지 사례관리에서의 평가와 종결

- ❑ 사회복지 사례관리에서 평가는 클라이언트가 적절한 서비스를 제공받았는지, 이를 통해 원하는 변화를 성취하였는지를 확인하는 과정이다.
- ❑ 사회복지 사례관리에서 종결은 사례관리를 통해 클라이언트의 욕구가 충족되었거나 사례관리 실천의 목표가 달성되어 더 이상 사례관리서비스가 필요하지 않다고 합의적 판단이 이루어진 마무리 과정이다.
- ❑ 사회복지 사례관리에서 사후관리는 서비스 종결 이후 일정 기간 동안 클라이언트의 변화상황의 안정화 여부를 모니터링하고 재개입의 필요성을 조기에 판단하는 과정이다.

1. 평 가

1) 평가의 개념

평가 및 종결은 사회복지 사례관리 실천과정의 마지막 단계이다. 사례관리에서 평가란 클라이언트가 욕구와 변화목표에 부합된 서비스를 적절히 제공받았는지, 그리고 이를 통해 원하는 변화를 성취하였는지를 확인하는 과정이다. 따라서 사례관리의 평가에서는 다음과 같은 점을 검토한다.

- 사례관리실천을 통해 클라이언트의 욕구가 충족되었는가?
- 사례관리실천을 통해 클라이언트가 원하는 변화를 성취하였는가?
- 사례관리실천을 통해 클라이언트에게 계획했던 서비스가 적절히 제공되었는가?

사회복지 사례관리자는 서비스 전달과정에서 사회복지전문직의 윤리와 가치를 지키면서, 클라이언트와 계약한 내용대로 서비스를 제공하고, 기관의 정책 및 지침에 적합한 서비스를 제공할 책무성(accountability)이 있으므로, 이를 확인하기 위한 평가활동이 강조된다. 사례관리의 평가는 종결단계의 과업이지만, 평가활동은 초기단계부터 종결 시까지 지속적으로 이루어지는 과정이다.

2) 만족도 평가

사례관리실천에서 평가는 과정평가, 성과평가 등이 있지만, 본 서에서는 성과평가 중 하나인 만족도 평가를 소개하고자 한다.

만족도를 평가하는 조사표는 사례 종결 시 클라이언트가 응답하도록 한다. 만일 사례관리자가 척도형 서비스 만족도만으로 클라이언트의 의견을 충분히 들을 수 없다고 판단하면, 개방형 질문을 추가하거나, 반구조화된 개방형 질문지를 추가하여 분석하는 것도 가능하다.

본 서는 서비스 내용의 만족영역, 서비스 과정의 만족영역, 사례관리자에 대한 만족도 등 세 영역으로 측정하며, 5점 척도의 12문항, 총 60점 만점으로 구성하였다.

〈표 10-1〉 [서식 제6호] 사례관리서비스 만족도 조사표 양식

사례관리서비스 만족도 조사표

영 역	문항내용	① 전혀 그렇지 않다	② 별로 그렇지 않다	③ 보통이다	④ 그런 편이다	⑤ 매우 그렇다
서비스 내용에 대한 만족도	1. 귀하가 원하거나 필요하다고 생각되는 서비스가 제공되었습니까?					
	2. 서비스를 받은 후 귀하의 생활문제가 해결되었습니까?					
	3. 귀하가 필요로 했던 서비스가 시기적으로 적절히 제공되었습니까?					
	4. 귀하가 제공받은 서비스에 만족하십니까?					
서비스 과정에 대한 만족도	5. 귀하는 서비스제공과정 및 절차에 대한 설명을 사례관리자에게 자세히 들으셨습니까?					
	6. 귀하가 원했던 서비스 관련 정보가 충분히 제공되었습니까?					
	7. 귀하가 원했던 서비스가 신속하게 제공되었습니까?					
	8. 귀하는 사례관리자의 전문성에 대해 만족하십니까?					
사례 관리자에 대한 만족도	9. 귀하와 사례관리자가 친밀한 관계였다고 생각하십니까?					
	10. 귀하의 의견에 대해 사례관리자는 친절히 응대하였습니까?					
	11. 사례관리자가 귀하를 존중하고 있다는 느낌을 받으셨습니까?					
	12. 귀하는 사례관리자와의 의사소통이 원활했다고 생각하십니까?					

2. 종 결

1) 종결의 개념과 원칙

사회복지 사례관리에서 종결은 사례관리를 통해 대상자의 욕구가 충족되거나 사례관리실천의 목표가 달성되어 더 이상 사례관리서비스가 필요하지 않다고 합의적인 판단이 이루어진 마무리 과정을 의미한다.

사례관리의 개입목표가 달성되었거나 거부 등의 사유로 사례관리 개입이 불가능할 경우 종결 여부를 사례회의를 통해 결정한다. 가장 바람직한 것은 사례관리를 통해 대상자의 욕구가 충족되고 사례관리실천의 목표가 달성되어 더 이상 사례관리서비스가 필요하지 않다고 합의적인 판단이 이루어진 경우이다. 그러나 클라이언트가 주거지 이전 또는 사망으로 접촉이 불가능한 경우, 장기간의 연락두절, 클라이언트 본인이나 보호자의 의사 반영 등의 사유로 사례관리를 종결할 수 있다.

종결의 원칙은 다음과 같다.

첫째, 종결의 결정은 사례관리자와 클라이언트의 합의에 의해 결정되어야 한다. 클라이언트가 종결을 수용할 수 있도록 미리 종결논의를 하는 것이 바람직하다.

둘째, 사례관리에서 목표가 달성된 종결은 클라이언트 스스로 문제를 해결하는 능력이 향상된 것으로, 사회복지사는 종결을 예상할 때 클라이언트의 역량이 향상되고 있음을 인식하도록 한다.

셋째, 사례관리자는 종결 여부와 시기를 클라이언트와 함께 의논한다.

넷째, 사례관리자는 클라이언트가 사례관리 과정에서 습득한 변화를 계속 유지하도록 지지함으로써 종결을 준비한다.

다섯째, 종결의 최종결정은 사례회의를 통해 결정하며, 사례회의 결과를 [종결심사 의견]에 기록한다.

여섯째, 종결 시 사례관리자는 클라이언트에게 언제라도 연락을 취해도 되며, 기관의 서비스를 다시 이용할 수 있음을 알린다.

일곱째, 클라이언트와 함께 사후관리 계획을 세우고, 이를 종결보고서의 사후관리 계획 칸에 명시한다. 그리고 클라이언트에게 사후 서비스는 제한적이라는 점을 이해시키도록 한다.

일반적으로 이 과정에서 사례관리자는 클라이언트의 문제해결 역량이 강화되었는지, 사례관리자와의 협력관계나 전문적 관계의 종료를 불안해하거나 두려워하지 않는지도 평가해야 하고, 클라이언트가 종결에 대한 준비가 되었는지를 확인해야 한다. 아울러 종결 이후의 과정에 대한 계획도 이 시기에 충분히 다루어져야 한다.

종결의 결정이 이루어지면, 사례관리자는 사례관리 과정에서의 각종 자료와 양식을 잘 정리하고, 사례관리에 참여한 다른 서비스 제공자들에게도 종결의 결정을 알리고 공유한다.

2) 종결단계의 기록

사례회의를 통해 사례관리서비스의 종결이 확정된 경우 사례관리실천을 평가하고 종결기록을 한다. '<표 10-2> [서식 제7호] 사례관리 종결평가서 양식'에는 다음과 같은 내용들이 잘 정리되어야 한다.

(1) 성과목표(단기 · 장기)별 성과내용

- **목표내용** : 클라이언트와 상담을 통해 서비스제공계획 수립 시 설정한 장 · 단기 목표 내용을 기록한다.
- **성과구분** : 성과구분은 목표달성도로 기록하는데, 전혀 달성하지 못함(1점)/ 기대수준 이하로 달성(2점)/ 보통수준(3점)/ 기대한 정도의 목표달성(4점)/ 기대 이상의 목표달성(5점) 등 점수를 기록한다.
- **성과내역** : 클라이언트의 목표별 성과와 변화내용을 간략히 기록한다.

(2) 사례관리자 의견, 대상자(가족)의 변화, 종결평가 의견

- 사례관리자 의견(담당자 의견) : 성과목표 달성 여부 결과를 기초로 서비스 지속 제공 여부 필요성, 타 기관 의뢰 필요성 등 종결에 대한 담당자 개인의 전문적인 의견을 기술한다.
- 대상자(가족)의 변화 : 개입을 통해 클라이언트 및 가족의 변화된 정도를 기술한다.
- 종결평가 의견 : 사례회의를 통한 종결심사 의견을 기록하고 사후관리계획을 기술한다.

(3) 종결평가 결과 및 종결유형

- 종결평가 결과 : 클라이언트를 둘러싼 중대한 환경 및 욕구의 변화가 발생한 경우 욕구 조사를 재차 실시하며, 그 외의 경우 종결 처리한다.
- 종결 유형
  - 장기목표 달성 : 클라이언트의 욕구 및 문제점을 진단하여 당초 수립했던 장기목표 달성으로 판단되는 경우
  - 단기목표 달성 : 클라이언트의 욕구 및 문제점을 진단하여 당초 계획했던 서비스 계획에 따라 서비스가 실행되어 단기목표가 달성된 경우
  - 상황호전 : 위기도 조사를 재실시하여 사전 대비 사후점수가 향상되고 대상자의 취업 또는 환경 변화로 인하여 상황이 호전되어 더 이상 사례관리 서비스가 불필요한 경우
  - 거절이나 포기 : 서비스에 대한 거부가 지속되는 경우 또는 사례관리 서비스에 대한 동의 이후 계약에 대해 해지를 요구하여 사례관리 진행의 중단이 야기되는 경우
  - 연락두절 : 클라이언트가 의도적으로 사례관리자를 회피하여 3개월 이상 연락을 끊는 경우
  - 이사 또는 사망 : 클라이언트의 이사로 인해 타 지역으로 사례관리를 이관해야 하는 경우 또는 사망으로 인해 사례관리를 진행할 수 없는 경우

– **자체종결** : 기관의 자원·능력의 한계, 클라이언트의 소극적 참여 등의 경우

(4) 기록지 예시

사례관리 종결평가서의 기록 예시는 본 서 제11장의 '<표 11–4> 종결심사서 예시'를 참고한다.

〈표 10-2〉 [서식 제7호] 사례관리 종결평가서 양식

사례관리 종결평가서

사례관리 번호		대상자명		종결평가 일자	
종결평가 담당자		소속		연락처	

요청일자	초기면접	사정(욕구 및 위기도 조사)	사례회의	서비스계획	서비스 점검	종결평가

단기성과 목표				장기성과 목표			
번호	목표내용	성과구분*	성과내역	번호	목표내용	성과구분*	성과내역
1				1			
2				2			
3				3			

사례관리자 의견	
대상자(가족)의 변화	
종결평가 의견 (특이사항/ 사후관리)	
종결평가 결과	□ 재조사(사정) □ 종결
종결 유형	□ 장기목표 달성 □ 단기목표 달성 □ 상황호전( )
	□ 거절이나 포기( ) □ 연락두절 □ 이사 또는 사망 □ 자체종결

※ 성과구분(목표달성도) : 전혀 달성하지 못함(1점)/ 기대수준 이하로 달성(2점)/ 보통수준(3점)/ 기대한 정도의 목표달성(4점)/ 기대 이상의 목표달성(5점) 등 점수 기록

출처 : 보건복지부(2023).

3. 사후관리

1) 사후관리의 개념

사례관리에서 사후관리(follow-up service)는 종결 이후 일정기간 동안 종결 이후의 변화상황의 안정화 여부를 모니터링하고 재개입의 필요성을 조기에 판단하기 위한 목적으로 수행된다. 사후관리 과정에서 사례관리자는 클라이언트의 변화유지에 도움이 되는 지지적 상담과 정보를 제공하여 클라이언트의 심리적 안정과 함께 지역사회 적응을 도울 수 있다.

사후관리의 중요성은 ① 사례관리의 영향을 평가하고, ② 종결 이후 변화상황의 안정화 여부를 확인하며, ③ 재개입의 적절성을 판단하기 때문이다. 상대적으로 사례관리자의 전문적 기술과 시간이 많이 요구되지 않지만, 클라이언트의 안정화와 재개입의 판단을 하기 때문에 매우 중요한 과정이다.

종결 후 9개월간 사후관리를 하는 것을 원칙으로 하며 이는 개별 사례의 상황에 따라 조정 가능하다. 최초 사후관리는 종결 후 3개월 이내 실시하는 것이 바람직하다. 사후관리 과정은 사후관리 보고서 양식에 기록한다. 사후관리가 종료되면 사례관리서비스가 전체적으로 종료된다.

2) 사후관리의 기록

사후관리 단계에서 기록되는 주요 정보는 사후관리 과정을 통해 파악한 정보와 이 내용을 토대로 최종 종결을 확정하거나 위기 상황 재발 여부를 판단하는 데 활용된다. 사후관리에서 클라이언트의 변화, 위기상황 재발 여부, 새로운 문제나 욕구의 발견 등을 위주로 기록한다.

'<표 10-3> [서식 제8호] 사례관리 사후관리 보고서 양식'에는 다음과 같은 내용들이 잘 정리되어야 한다.

- **사후관리** : 사후관리 횟수에 따라 칸 수 및 일련번호를 확장한다.
  - 날짜 : 사후관리 날짜를 기록함
  - 접촉방법 : 전화상담, 내방상담, 가정방문 상담, 기타 등으로 구분해서 기록함. 이메일 상담 또는 SNS 상담은 권장하지 않지만 불가피한 경우 기타로 기록함
  - 접촉대상 : 접촉대상자(클라이언트, 가족원, 담임교사, 사회복지사 등)를 모두 기록함. 클라이언트만 접촉할 필요가 없으며 가족 또는 교사 등을 통해서도 클라이언트의 안정화 여부를 확인할 수 있음
  - 현 상황 요약 : 가장 중요한 부분으로 사례 종결 이후 클라이언트의 변화 여부를 종합적으로 기록함. 클라이언트 변화의 안정화 상황을 평가함
- **사례관리자 의견** : 사례관리를 담당한 실무자의 전문적 판단과 의견을 종합적으로 정리하여 기술함
- **추후계획** : 사례회의를 통한 추후계획을 최종 종결, 타 기관 의뢰, 재개입, 기타 등으로 기록함. 추후 새로운 욕구 및 문제가 발견되어 재개입 계획이 있으면 재개입에 대해 기록함. 기타의 경우 자세한 설명을 덧붙임

〈표 10-3〉 [서식 제8호] 사례관리 사후관리 보고서 양식

사례관리 사후관리 보고서

<table>
<tr><td>사례번호</td><td></td><td>클라이언트</td><td></td><td>사례관리자</td><td></td></tr>
<tr><td>접수일</td><td colspan="2"></td><td>종결일</td><td colspan="2"></td></tr>
<tr><td>주 소</td><td colspan="2"></td><td>연락처</td><td colspan="2"></td></tr>
<tr><td rowspan="3">1차 사후관리</td><td>날 짜</td><td></td><td>접촉
방법</td><td colspan="2">☐ 전화상담 ☐ 내방상담
☐ 가정방문 상담 ☐ 기타( )</td></tr>
<tr><td>접촉대상</td><td colspan="4"></td></tr>
<tr><td>현 상황 요약</td><td colspan="4"></td></tr>
<tr><td rowspan="3">2차 사후관리</td><td>날 짜</td><td></td><td>접촉
방법</td><td colspan="2">☐ 전화상담 ☐ 내방상담
☐ 가정방문 상담 ☐ 기타( )</td></tr>
<tr><td>접촉대상</td><td colspan="4"></td></tr>
<tr><td>현 상황 요약</td><td colspan="4"></td></tr>
<tr><td>사례관리자
의견</td><td colspan="5"></td></tr>
<tr><td>추후계획</td><td colspan="5">☐ 최종 종결 ☐ 타 기관 의뢰( )
☐ 재개입 ☐ 기타( )</td></tr>
</table>

사례관리자 : (인)

(기관명)

생각해 볼 문제

1. '〈표 11-4〉 종결심사서 예시'를 적용하여 가상으로 〈표 10-1〉 [서식 제6호] 사례관리서비스 만족도 조사표를 작성해 보시오.
2. 사후관리는 종결 이후의 변화상황의 안정화 여부를 모니터링하고 재개입의 필요성을 조기에 판단하기 위한 목적으로 수행된다. 사후관리를 위한 질문을 작성해 보시오.

PART

03

사회복지 사례관리 실천현장의 이해

제3부는 사례관리 실천현장 중에서 공공사례관리의 희망복지지원단, 드림스타트, 민간사례관리 등 세 분야의 실천현장에 대해 살펴보고자 한다. 실천방법은 유사하더라도 등장배경이 다르고, 사례관리 목표와 초점이 다르기 때문에 다소 차이를 보인다.

실천분야별 사례관리는 등장배경과 사업운영의 차이를 보이고 있으며, 사례관리 과정은 유사한 편이다.

CHAPTER

11 공공사례관리 1 : 희망복지지원단 사업의 이해

희망복지지원단이란?

- 희망복지지원단은 복합적인 어려움을 겪고 있는 지역주민에게 다양한 사례관리 서비스를 통합적으로 제공하기 위한 지방자치단체의 전담조직이다.
- 희망복지지원단은 지역사회의 공공복지사업으로 진행되는 통합사례관리사업을 총괄·관리하고 있다.

1. 공공사례관리 실천현장으로서 희망복지지원단의 특징

1) 공공사례관리의 이해

우리나라에서 '공공사례관리'라는 용어는 최근에 활용되는 용어로 사회복지관으로 대표되는 민간영역의 사례관리와 구분되는 공공영역에서 실시되는 사례관리를 의미한다. 공공사례관리는 재원의 출처에 따라 구분되기도 하지만, 기본적으로는 보호대상자의 발굴과 보호계획의 수립을 지방자치단체에서 할 때 공공사례관리로 설명한다.

공공사례관리의 법적 기반은 사회복지사업법 제33조의5에 "시장 · 군수 · 구청장은 보호대상자별 보호계획을 작성하고 변경할 수 있다"라고 규정하면서 마련되었다. 이에 지방자치단체의 사회복지전담공무원들은 보호대상자를 발굴하고, 이들의 욕구를 사정하여 보호서비스 계획을 수립한 후, 지역사회 자원 및 서비스를 연계하는 사례관리를 실천하면서 공공사례관리가 본격화되었다(한국사례관리학회 편, 2012).

2006년부터 사례관리라는 용어가 공적 전달체계의 개편 속에서 등장하면서 지방자치단체의 업무 중 하나로 공공사례관리가 자리 잡게 되었고, 지방자치단체의 사회복지전담공무원의 역할에서도 변화가 나타났다. 전문주의 판단과 신청주의에 입각해 공공부조 대상자를 발굴하고 선정하며 서비스를 전달했던 관행에서 벗어나, 수요자 중심의 욕구를 적극적으로 찾아 나서서 발굴하고 포괄적으로 파악함으로써 통합적 실천이 강조된 것이었다(한국사례관리학회 편, 2012). 그런 지방자치단체의 공무원에 의해 수행되는 통합적 실천이 바로 공공사례관리로 자리매김한 것이다.

2) 희망복지지원단의 통합사례관리사업의 개념 및 목표

우리나라 희망복지지원단은 공공사례관리사업(통합사례관리사업)을 운영하는 지방자치단체의 내부조직으로, 복합적 욕구를 가진 대상자에게 통합사례관리를 제공하고, 지역 내 자원 및 방문형서비스 사업 등을 총괄 · 관리함으로써 지역단위 통합서비스 제공의 중추적 역할을 수행하는 전담조직이다(보건복지부, 2023).

(1) 통합사례관리사업의 개념

희망복지지원단의 통합사례관리사업은 "지역 내 공공 · 민간자원에 대한 체계적인 관리 · 지원체계를 토대로 복합적이고 다양한 욕구를 가진 대상자에게 복지 · 보건 · 고용 · 주거 · 교육 · 신용 · 법률 등 필요한 서비스를 통합적으로 연계·제공하고, 이를 지속적으로 상담·모니터링 해나가는 사업"이다(보건복지부, 2023). 즉, ① 복합적인 욕구가 있으나 ② 스스로 해결방법을 찾기 어려운 대상에게 ③ 지속적인 상담과 다양한 공공·민간지원 연계를 통해 ④ 문제해결과 사회적응을 지원(사례관리)하는 사업이다.

(2) 통합사례관리사업의 목표

희망복지지원단의 통합사례관리사업의 목표는 다음과 같다(보건복지부, 2023).

- 지역주민의 다양한 욕구에 맞춤형 서비스를 연계·제공함으로써 지역주민의 삶을 안정적으로 지원·지지하고, 복지제도의 효과성·효율성을 향상시키는 데 목표가 있다.
- 지역주민을 대상으로 복지욕구 및 경제적 여건을 고려하여 빈곤계층의 탈빈곤 및 빈곤예방을 중점 목표로 설정하고, 고용-복지 연계에 중점을 둔다.

2. 희망복지지원단의 현황

1) 희망복지지원단의 조직

희망복지지원단은 2012년 4월 출범하여 전국 지방자치단체의 내부조직으로 구성되어 있다. 이에 희망복지지원단은 전국 16개 시·도 및 229개 시·군·구에 '팀' 또는 '과'로 구성되어 있으며, 조직 형태는 정형화되지 않고 지방자치단체 상황에 따라 1팀 운영모형, 2팀 운영모형, 과 운영모형 등 다양한 모형으로 운영되고 있다(보건복지부, 2023).

- 1개팀 운영의 경우, 통합사례관리 강화, 자원 총괄관리, 지역보호체계 운영 및 읍·면·동 복지업무 총괄·관리 등의 업무를 희망복지지원팀에서 수행한다. 이 조직은 주로 군 단위 지역에서 구성할 수 있는 모형이다.

- 2개팀 운영의 경우 '희망복지지원팀'은 통합사례관리 사업 중심으로 지역보호체계 운영 등의 업무를 수행하고, '복지자원관리팀'은 자원 총괄관리 업무를 중심으로 수행한다. 그리고 복지자원관리팀에서 총괄하는 자원을 희망복지지원팀 통합사례관리사업에서 효율적으로 활용할 수 있도록 팀 간 업무 협조를 긴밀히 한다.
- 과 단위 구성의 경우 통합사례관리, 자활·고용, 자원봉사 등 통합사례관리 및 자원관리 업무와 연계되는 팀을 한 과로 구성하여 운영한다.

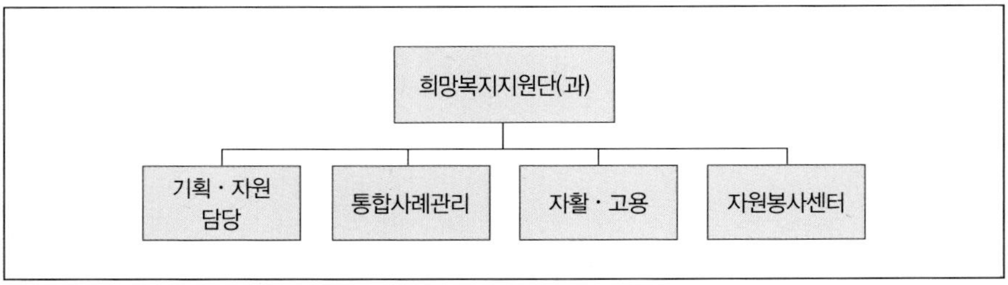

❙그림 11-1❙ 과 단위 희망복지지원단의 업무분장 예시

출처 : 보건복지부(2023).

2) 희망복지지원단의 인력

지방자치단체의 희망복지지원단의 인력은 크게 복지담당공무원과 통합사례관리사로 구성되어 있다.

(1) 복지담당공무원

최소 5년 이상 근무경력 사회복지직 공무원(7~8급)을 통합사례관리 담당으로 배치하며, 다음과 같은 기능을 수행한다.

- 단장(팀장)을 보좌하여 통합사례관리 업무를 담당한다.
- 복지담당공무원 중 '자원 총괄 관리 담당 업무' 전담인력을 배정한다.
- 민관협의체 구성·운영을 총괄한다.

- 사회보장정보시스템(행복이음)을 통해 통합사례관리 과정을 관리하고 복지자원관리시스템을 이용하여 지역의 공공・민간 자원을 관리한다.

(2) 통합사례관리사

통합사례관리사는 통합사례관리 업무 전담・전문인력으로서, 희망복지지원단의 기능 수행을 저해하지 않는 범위(최소 1인 이상 시・군・구 배치) 내에서 지방자치단체에서 탄력적으로 배치하며, 다음과 같은 기능을 가진다.

- 찾아가는 보건・복지서비스를 추진하며, 읍・면・동의 사례관리 교육, 슈퍼비전 제공, 역량강화 사업 등을 수행한다.
- 통합사례관리를 위한 시・군・구 단위의 자원 발굴 및 읍・면・동 간 자원의 불균형을 조정한다.
- 읍・면・동 찾아가는 보건・복지서비스 업무를 모니터링하고 컨설팅 기획에 참여한다.
- 사회보장정보시스템(행복이음)을 통해 통합사례관리 과정을 통합적으로 관리하고 복지자원관리시스템을 이용하여 지역의 공공・민간 자원을 관리, 연계한다.

3) 희망복지지원단의 추진체계

희망복지지원단 사업의 추진체계는 보건복지부 → 광역자치단체, 기초자치단체, 읍・면・동의 행정조직으로 구성되어 있으며, 한국사회보장정보원의 사례관리정책지원센터에서 지원하고 있다. 각 추진체계의 역할은 다음과 같다.

- **보건복지부 지역복지과** : 희망복지지원단 사업을 총괄
- **광역자치단체(시・도)** : 시・군・구 희망복지지원단 운영 지원・지도・감독
- **기초자치단체(시・군・구)** : 희망복지지원단 설치 및 사업 운영・관리・감독
- **읍・면・동** : 찾아가는 보건・복지서비스 수행
- **한국사회보장정보원 사례관리정책지원센터** : 통합사례관리 사업 운영・지원

정리하면, 희망복지지원단은 기초자치단체(시·군·구)에 설치되어 있으며, 읍·면·동의 찾아가는 보건·복지서비스와 연계하여 통합사례관리사업을 운영하고 있다. 기초자치단체 희망복지지원단은 보건복지부, 광역자치단체의 지도·감독을 받으며, 한국사회보장정보원 사례관리정책지원센터의 지원을 받는다.

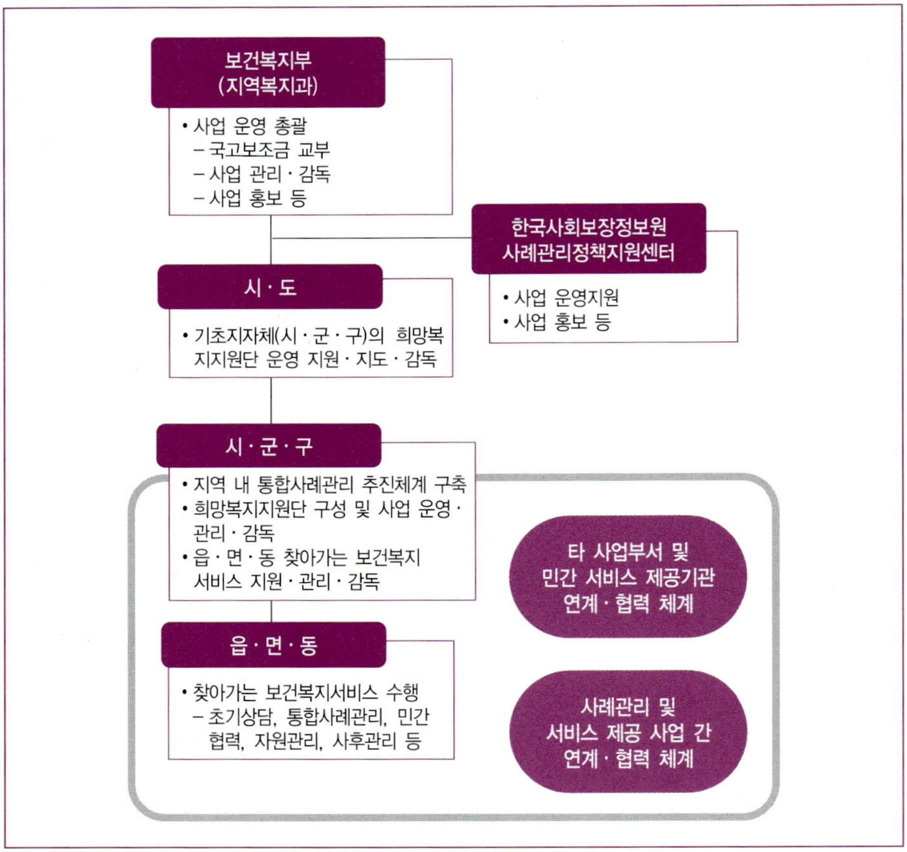

▌그림 11-2▐ 희망복지지원단 추진체계

출처 : 보건복지부(2023).

3. 희망복지지원단의 통합사례관리 과정

1) 통합사례관리 과정

희망복지지원단의 통합사례관리는 대상자 접수, 욕구 및 위기도 조사, 사례회의, 대상자 구분·선정, 서비스 제공 계획 수립, 서비스 제공 및 점검, 종결, 사후관리 총 8단계로 구성되어 있다. 통합사례관리사는 대상자 접수일로부터 30일 내 서비스 제공 계획을 수립하고 있다.

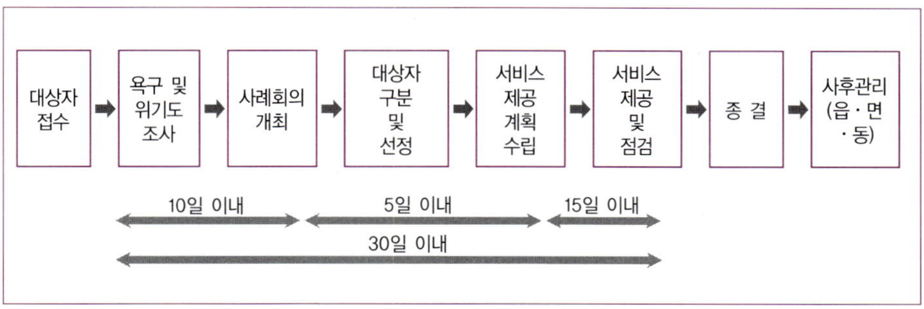

| 그림 11-3 | 희망복지지원단의 통합사례관리 과정

출처 : 보건복지부(2023).

(1) 대상자 접수

- 현재 대상가구 발굴 및 초기 상담은 읍·면·동에서 실시하며, 읍·면·동에서 초기 상담을 거쳐 희망복지지원단에 통합사례관리사업 대상가구로 의뢰하면, 그 시점에서 희망복지지원단의 통합사례관리과정이 시작된다.
- 시기 : 읍·면·동 의뢰 요청 시 즉시 접수 처리한다.

〈표 11-1〉 초기 상담지 예시

초기 상담지

<table>
<tr><td>①
상담번호</td><td colspan="2"></td><td>② 상담일자</td><td colspan="3"></td><td colspan="2">③(　차)상담</td></tr>
<tr><td>④ 상담자</td><td colspan="2"></td><td>소 속</td><td colspan="2"></td><td>연락처</td><td colspan="2"></td></tr>
<tr><td>⑤
의뢰경로</td><td colspan="5">■ 사각지대 조사 □ 대상자(가족) □기관 □ 주민
□ 지역사회보장협의체 □ 명예사회복지공무원</td><td>의뢰사유</td><td colspan="2"></td></tr>
<tr><td>상담유형</td><td colspan="8">□ 기관 ■ 대상자 가정 □ 기타</td></tr>
<tr><td>⑥ 대상자</td><td colspan="2">김○○</td><td colspan="2">주민등록번호</td><td></td><td>성별</td><td colspan="2">■ 남 □ 여</td></tr>
<tr><td>연락처</td><td colspan="2">(집)
(H. P)</td><td colspan="2">주소</td><td colspan="4">(등본 주소)
(실거주지 주소)</td></tr>
<tr><td>사회보장
급여</td><td colspan="8">■ 사회보장급여(조회 가능) □ 사회복지급여 비수급</td></tr>
<tr><td>⑦
가구유형</td><td colspan="8">□ 1인가구 ■ 한부모가구 □ 부모+자녀가구 □ 조부모+부모+자녀가구 □ 조부모+손자녀가구 □ 공동체(비혈연) □ 소년소녀가구 □ 부부중심가구 □ 기타(　　　)</td></tr>
<tr><td>구성원
특성</td><td colspan="8">□ 장애인 □ 다문화 □ 북한이탈주민</td></tr>
<tr><td rowspan="3">⑧
가족사항</td><td>관계</td><td>성명</td><td>주민번호</td><td colspan="2">생애주기</td><td>장애등록
여부</td><td>직업</td><td>전화
번호</td></tr>
<tr><td>부</td><td>김○○(ct1)</td><td>810524-1******</td><td colspan="2">중장년</td><td>-</td><td>일용노무자</td><td></td></tr>
<tr><td>자</td><td>김△△(ct2)</td><td>110308-3******</td><td colspan="2">청소년</td><td>-</td><td>학생</td><td></td></tr>
<tr><td colspan="9">생애주기 : (1) 영유아 (2) 아동 (3) 청소년 (4) 청년 (5) 중장년 (6) 노년
직　　업 : (1) 공무원 (2) 법조인 (3) 군인 (4) 교직원 (5) 성직자 (6) 의료인 (7) 회사원 (8) 자영업 (9) 금융업 (10) 농/축/수산/광업 (11) 학생 (12) 무직 (13) 일용노무자 (14) 기타</td></tr>
<tr><td>⑨
주거형태</td><td colspan="8">□ 단독주택 □ 아파트 ■ 연립주택 · 다세대주택 □ 임대주택 · 아파트
□ 비거주용 건물 내 주택 □ 기숙사 및 특수 사회시설 □ 판잣집, 비닐하우스, 컨테이너
□ 노숙 □ 기타(　　　　　)</td></tr>
<tr><td>⑨
주거점유
형태</td><td colspan="8">□ 자가 □ 전세 □ 보증금 없는 월세 ■ 보증금 있는 월세
□ 일세 · 사글세 · 연세 □ 무상 □ 시설/그룹홈 □ 기타(　　　　　)</td></tr>
</table>

⑩ 상담내용	-김○○(ct1)는 노점을 운영하며 영세한 생활을 해왔으며, 부인의 무리한 보험영업으로 인해 연대보증으로 갖게 된 빚(5000만원)으로 이혼하고 아들 1명을 양육하고 있는 부자 세대임. 이혼 후 월 25만 원의 월셋집을 얻어 자녀와 함께 생활하고 있으며, 부채문제, 지속적인 음주 및 우울증으로 복합적인 문제와 욕구가 있음. 이혼후 택배기사 일을 하며 월 100만 원의 소득으로 가구 내 경제적 어려움이 있음 -김△△(ct2)는 초등학교 5학년 때 부모가 이혼하여 잠시 방황하였으나 부자관계는 양호하며 부의 문제를 잘 이해하고 가사 등 일상 활동을 수행하고 있음. 학업성적이 낮아 학교에 대한 흥미가 저조함		
⑪ 주요문제	■ 경제 □ 돌봄 □ 신체건강 ■ 정신건강 □ 주거 ■ 일자리 ■ 보육 및 교육 □ 관계 □ 안전 ■ 법률 및 권익보장 □ 문화 및 여가		
월 평균 소득	100만원	월 평균 지출	100만원
⑫ 상담결과 판정 의견	□ 사회보장급여 신청 □ 서비스 연계 ■ 통합사례관리 □ 타 사례관리사업 연계 □ 지역사회통합돌봄 대상 □ 기타( )		
⑬ 상담자 종합의견	ct1의 부채문제, 지속적인 음주 및 우울증, ct2의 학업문제 등 다양한 욕구와 문제가 있어 중장기적 개입이 요구되므로 통합사례관리대상으로 추천하여 개입하고자 함		

(2) 욕구 및 위기도 조사(사정)

- **욕구조사** : 욕구조사는 접수된 통합사례관리 대상가구를 사례관리 가구와 서비스연계 가구로 구분 선정하기 위한 사전 심층조사이다. 욕구조사는 통합사례관리 사업 절차를 진행하는 과정에서 대상가구의 주요 욕구가 변화된 경우 추가 실시한다.
- **위기도 조사** : 욕구조사에 병행하여 위기도 조사를 실시함으로써 향후 개입방향을 구체적으로 설정하는 데 필요한 정보를 수집한다. 위기도 조사는 사례관리 종결 전에도 다시 실시하여 통합사례관리의 효과성 및 종결의 적정성을 판단하는 기초자료로 활용한다.
- **시기** : 사회보장정보시스템(행복이음)에 의한 통합사례관리사업 요청일로부터 10일 내외의 기간 중에 실시한다.
- **서식** : 욕구조사의 서식은 '<표 7-6> [서식 제3호] 사례관리 사정표(욕구 및 위기도 통합조사표)' 양식과 동일해 서식 작성법은 본 서의 2부를 참고할 것을 권장하며, 예시는 다음 <표 11-2>와 같다.

〈표 11-2〉 욕구 및 위기도 통합조사 예시

<table>
<tr><th colspan="12">욕구 및 위기도 통합조사표</th></tr>
<tr><td>이용자 성명</td><td colspan="2"></td><td>주민등록 번호</td><td colspan="2"></td><td rowspan="2">연락처</td><td colspan="2">집 :</td><td colspan="2">긴급연락처 :</td><td rowspan="2">■ 신규
□ 재조사(　)차</td></tr>
<tr><td>주 소</td><td colspan="5"></td><td colspan="4">휴대전화 :</td></tr>
<tr><td rowspan="2">① 주거 사항</td><td>거처유형</td><td colspan="10">□ 단독주택 □ 아파트 ■ 연립주택·다세대주택 □ 임대주택·아파트 □ 비거주용 건물 내 주택
□ 기숙사 및 특수 사회시설 □ 판잣집, 비닐하우스, 컨테이너 □ 노숙 □ 기타(　　　　)</td></tr>
<tr><td>주거비용 부담유형</td><td colspan="7">□ 자가 □ 전세 □ 보증금 없는 월세 ■ 보증금 있는 월세
□ 일세·사글세·연세 □ 무상 □ 시설/그룹홈 □ 기타(　　　)</td><td>거주기간</td><td colspan="2">3년 10개월</td></tr>
<tr><td rowspan="3">② 가족 사항</td><td>가구주와의 관계</td><td>성명</td><td>주민번호</td><td>성별</td><td>동거 여부</td><td>학력</td><td>직업</td><td>연락처</td><td>장애</td><td>질병</td><td>비고</td></tr>
<tr><td>본인(ct1)</td><td>김○○</td><td>810524-1</td><td>남</td><td>동거</td><td>중졸</td><td>일용직
(택배기사)</td><td></td><td>–</td><td>알코올의존증, 우울증</td><td>한부모가정 대상</td></tr>
<tr><td>자(ct2)</td><td>김△△</td><td>110308-3</td><td>남</td><td>동거</td><td>중재학</td><td>중학생</td><td></td><td>–</td><td>–</td><td></td></tr>
<tr><td>③ 가구 유형</td><td colspan="11">□ 1인가구 ■ 한부모가구 □ 부모+자녀가구 □ 조부모+부모+자녀가구 □ 조부모+손자녀가구 □ 공동체(비혈연)
□ 부부중심가구 □ 장애인 □ 다문화 □ 북한이탈주민 □ 기타(　　　)</td></tr>
<tr><td rowspan="3">④ 서비스 이력</td><td colspan="2">수혜자</td><td colspan="2">개시일－종료일</td><td colspan="2">급여·서비스명</td><td>서비스유형</td><td colspan="2">제공주기</td><td>제공기관</td><td>서비스상태</td></tr>
<tr><td colspan="2">김△△(ct2)</td><td colspan="2">2020.2.17～현재</td><td colspan="2">부자가정 자녀학비</td><td>현금급여</td><td colspan="2">분기</td><td>동주민센터</td><td>지원중</td></tr>
<tr><td colspan="2">김○○(ct1)</td><td colspan="2">2020.8.25.～
2022.7.25</td><td colspan="2">한시 생계급여</td><td>현금급여</td><td colspan="2">월</td><td>동주민센터</td><td>지원 완료</td></tr>
</table>

욕구 영역별 조사	욕구 영역		대상자 성명	⑤ 욕구 내용 (* 주요 현상 및 원인분류표 내용을 포함하여 작성)			위기도 문항	점수	⑥ 우선 순위
				주요 현상	주요 원인	욕구 내용			
욕구 영역	1. 경제	1-1 기초 생활 해결	김○○	① 식비 부족 ② 주거비 부족 ③ 의료비 부족 ④ 교육비 부족 ⑤ 난방비 부족 ⑥ 공과금 체납 ⑦ 기타	• 실직/휴폐업 • 파산 • 질병 및 상해 • 저임금 • 부양의무자의 부양기피 • 근로능력 부족 • 정보 부족 • 기타	부채와 질병으로 생활비 부족	1. 나 혹은 나의 가족은 돈이 없어서 어려움을 겪고 있다. ① 돈이 없어 식사를 못하고 있거나 식료품 구입이 어렵다. ② 치료비가 없어서 병원을 못 가고 있다. ③ 집세가 3개월 이상 밀려있다. ④ 공과금(사회보험료, 전화요금, 가스요금, 수도요금, 전기요금, 관리비 중 하나 이상)이 3개월 이상 연체되어 있다. ⑤ 교육비를 기한 내 납부하지 못하고 있다. ⑥ 돈이 없어 계절에 맞는 의복을 마련할 수 없다. ⑦ 난방비가 없어 추운 겨울에 난방을 사용하지 못하고 있다. 0) 해당 사항이 0개인 경우 1) 해당 사항이 1개인 경우 2) 해당 사항이 2~3개인 경우 3) 해당 사항이 4개 이상인 경우/ ①, ②, ③, ④ 중 하나라도 해당하는 경우	2	6
		1-2 재정 관리	김○○	① 수입 대비 과도한 지출(불필요한 소비) ② 부채, 신용불량, 압류	• 재정관리능력 부족 : 지적장애, 치매, 정신질환, 미성년 등 • 파산 • 사고 및 질병, 범죄연루 • 기타	전부인의 부채해결	2. 나 혹은 나의 가족은 금전관리에 어려움이 있다. 0) 어려움이 없다./ 해당 사항 없음 1) 도움이 있으면 금전관리가 가능하다. 2) 수입보다 지출이 더 많다. 3) 금전관리 자체가 어렵다	–	1
							3. 나 혹은 나의 가족은 빚과 관련된 문제를 해결하는 데 어려움이 있다. 0) 어려움이 없다./ 해당 사항 없음 1) 빚은 있으나 갚아 나가고 있다. 2) 빚을 갚을 능력이 없다. 3) 지속적인 채무독촉을 받고 있다.	2	

욕구 영역별 조사	욕구 영역		대상자 성명	⑤ 욕구 내용 (* 주요 현상 및 원인분류표 내용을 포함하여 작성)			위기도 문항	점수	⑥ 우선 순위
				주요 현상	주요 원인	욕구 내용			
욕구 영역	4. 정신적 건강	4-1 정신적 질환 관리	김○○	① 환각/망상(조현병) ② 기분장애(우울증, 조울증) ③ 불안 · 강박 ④ 중독문제 ⑤ 자해/자살 ⑥ 수면문제 ⑦ 성격문제 ⑧ 분노조절, 공격적 행동 ⑨ 치매 ⑩ 이상한 행동 ⑪ 주의산만, 과잉행동 ⑫ 지적 및 발달장애 ⑬ 기타	• 정신질환 • 지적 및 발달장애 • 심리적 외상 • 가족갈등, 가족불화 • 치료동기 부족 • 질병관리능력 부족 • 질병관리자원, 지원체계 부족 • 기타	우울증과 알코올의 존증의 치료	1. 나 혹은 나의 가족은 정신적 질환*으로 어려움을 겪고 있다. 0) 어려움이 없다./ 해당 사항 없음 1) 정신질환이 있으나 증상 및 약물관리가 잘 되고 일상생활 및 사회생활이 대체로 가능하다. 2) 정신질환의 증상 및 약물관리가 되지 않아 일상생활 및 사회생활의 어려움이 있다. 3) 정신질환의 증상관리나 약물관리가 되지 않아 자타해의 위험이 있다. * 정신적 질환 : 우울증, 조현병, 양극성장애 등의 정신질환 및 중독문제(알코올, 약물, 도박, 인터넷 게임 등)	2	2
							2. 나 혹은 나의 가족은 지난 6개월 동안 자살을 시도하거나 구체적인 방법을 생각한 적이 있다. 0) 해당 사항 없음 1) 자살을 생각한 적 있다. 2) 자살을 위한 구체적인 방법을 생각한 적 있다. 3) 자살을 시도한 적 있다.		
	6. 일자리	6-1 취(창)업	김○○	① 실업/실직 ② 사업실패 ③ 기타	• 신체 · 정신 건강문제 • 근로능력 부족 : 경험 및 경력 부족, 직업기술 부족 • 취업동기(의지) 부족 • 정보 부족 • 기타	안정적 일자리를 구하고 싶어함.	1. 나 혹은 나의 가족은 구직에 어려움이 있다. 0) 어려움이 없다./ 해당 사항 없음 1) 근로능력은 부족하나 일할 의지가 있다. 2) 근로능력은 있으나 가족돌봄, 자녀양육, 일자리 발굴 등으로 일하기 어렵다. 3) 근로능력은 있으나 일할 의지가 없다.	1	5

욕구 영역별 조사	욕구 영역		대상자 성명	⑤ 욕구 내용 (* 주요 현상 및 원인분류표 내용을 포함하여 작성)			위기도 문항	점수	⑥ 우선 순위
				주요 현상	주요 원인	욕구 내용			
욕구 영역	7. 보육 및 교육	7-1 기초 학습 습득 및 향상	김△△	① 읽기, 쓰기, 말하기 능력 부족 ② 수리계산능력 부족 ③ 그 외 학습능력 부족	• 신체 · 정신적 장애 • 경제적 빈곤 • 보호자의 무관심/의지부족 • 본인의 무관심/의지부족 • 이성문제 및 교우관계 • 정보 부족 • 기타	학교교육 과정의 어려움	1. 나 혹은 나의 자녀는 일상생활 및 사회생활 유지를 위해 필요한 기초학습 능력이 부족하다. [점검사항] ① 읽기 ② 쓰기 ③ 간단히 계산하기 ④ 이해하기 0) 해당 사항 없음 1) 기초학습능력이 약간 부족하다. 2) 대체로 부족하다. 3) 매우 부족하다.	2	4
	10. 법률 및 권익 보장	10-1 법률적 지원	김○○	① 이혼 ② 부채/파산/신용불량 ③ 친권상실, 후견인 지정 ④ 국적 문제 ⑤ 사고보상처리 ⑥ 신분상실 ⑦ 기타	• 법률지식 및 정보 부족 • 법적후견인 부재 • 폭력/범죄 • 이혼 • 사고(의료 · 산재 · 교통사고 등) • 결혼이민/이주/난민/탈북 • 주민등록 말소 • 경제적 능력 부족 • 기타	전부인의 부채로 신용불량 문제	1. 나 혹은 나의 가족은 법적 문제로 어려움을 겪고 있다. 0) 어려움이 없다./ 해당 사항 없음 1) 어려움이 있으나 일상생활 및 사회생활이 가능하다. 2) 법적 문제로 일상생활이나 사회생활에 일부 어려움이 있다. 3) 법적 문제로 일상생활이나 사회생활에 지장이 많다.	2	3

<table>
<tr><td>⑦ 강점 및 장애물</td><td colspan="4">• 강점 : 김○○의 아들에 대한 책임감, 삶의 의지, 강한 치료욕구
김△△의 학업의지, 부에 대한 애정
• 장애물 : 김○○의 부채, 만성 질환으로 인한 비관주의, 주변 자원의 부족</td></tr>
<tr><td rowspan="2">⑧가족력</td><td colspan="2">가계도 및 생태체계도</td><td colspan="2">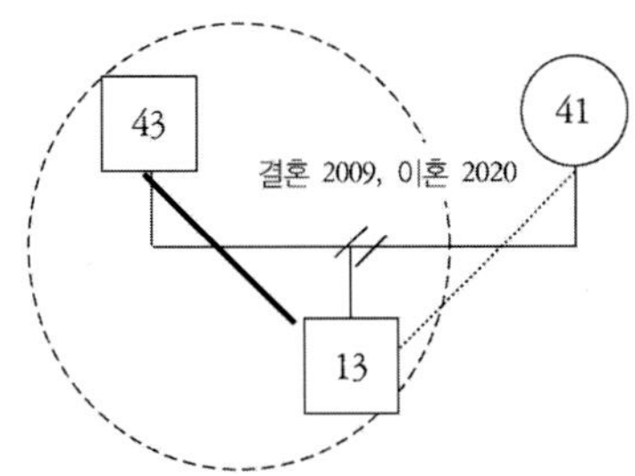 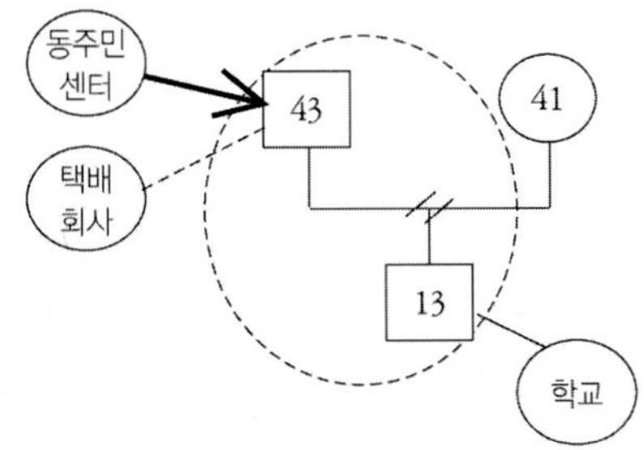</td></tr>
<tr><td colspan="2">가족내 사건 및 특성</td><td colspan="2">김○○은 부인의 무리한 보험영업으로 인해 연대보증으로 갖게 된 빚(5000만원)이 있으며 부채를 갚을 수 없어 신용불량 상태임. 전부인과 2020년 이혼하였고 전부인과 연락단절 상태임. 김△△은 부모이혼 후 부와의 관계와 학교생활에서 큰 변화 없었으며, 모와 SNS로 가끔 연락하고 있음.</td></tr>
<tr><td rowspan="3">⑨ 개인력</td><td>가족 관계</td><td>성명</td><td>나이</td><td>특이사항</td></tr>
<tr><td>부</td><td>김○○</td><td>43</td><td>7세 때 모의 사망으로 백모에 의해 양육되면서 충분한 애정과 보호를 받지 못함. 중학교 졸업후 가출하여 공사현장에서 일함. 2009년 결혼후 영세자영업 및 택배기사로 소득활동 함. 전부인의 무리한 보험영업으로 인해 연대보증으로 갖게 된 빚(5000만원)이 있으며 부채를 갚을 수 없어 신용불량 상태임. 전부인과 2020년 이혼함. 이혼 이후 알코올의존과 우울증이 생겼으며, 경제적 어려움과 무기력함으로 치료를 받지 않고 있음.</td></tr>
<tr><td>자</td><td>김△△</td><td>13</td><td>유아기때부터 부모의 맞벌이로 충분한 보호를 받지 못함. 초 5학년 때 부모가 이혼하였으나 부와의 관계와 학교생활에서 큰 변화 없었음. 중학교 입학 후 학업성적 부진으로 학교생활에 대한 흥미 저조함</td></tr>
</table>

<table>
<tr><td>⑩ 요청 서비스내역</td><td colspan="4">김○○의 부채해결을 위한 지원, 안정적 일자리 구직, 우울증과 알코올의존증 치료, 김△△의 학습지원</td></tr>
<tr><td rowspan="9">검토 의견</td><td rowspan="7">⑪ 주요 욕구</td><td>욕구영역</td><td colspan="2">욕구 내용</td></tr>
<tr><td>재정관리</td><td colspan="2">김○○의 전부인로 인한 부채(5천만원) 해결</td></tr>
<tr><td>정신적 질환관리</td><td colspan="2">김○○의 우울증과 알코올의존증 치료</td></tr>
<tr><td>법률적 지원</td><td colspan="2">김○○ 부채로 인한 신용불량문제 해결</td></tr>
<tr><td>기초학습 습득 및 향상</td><td colspan="2">김△△의 학습능력 향상</td></tr>
<tr><td>취(창)업</td><td colspan="2">김○○의 안정적인 일자리 구직</td></tr>
<tr><td>기초생활 해결</td><td colspan="2">김○○의 생활비 부족 해결</td></tr>
<tr><td>⑫ 종합의견</td><td colspan="3">[위기도 총점] 11점
김○○은 알코올의존과 우울증이 있으나 거의 치료를 받지 않고 있고, 아들에 대한 애착이나 책임감을 가지고 있으나 부채와 비정기적 근로활동으로 경제적 곤란이 있음. 김△△는 부와의 관계는 원만한 편이며 학습능력이 떨어져 학교생활의 어려움을 겪고 있음. 이에 통합 사례관리대상으로 선정하여 적절한 개입과 관리가 필요하다고 판단됨</td></tr>
<tr><td>⑬ 사회적 지지자원</td><td colspan="3">– 공식적 자원 : 동주민센터, 학교
– 비공식적 자원은 거의 없음</td></tr>
<tr><td>접수번호</td><td colspan="2"></td><td>작성일자</td><td></td></tr>
<tr><td rowspan="2">담 당 자</td><td colspan="2" rowspan="2"></td><td>소 속</td><td>희망복지지원단</td></tr>
<tr><td>연 락 처</td><td></td></tr>
</table>

(3) 사례회의

- 희망복지지원단의 사례회의는 사례관리 가구로 결정된 대상 가구에 대해 서비스제공계획을 수립하기 위하여 실시한다. 사례회의는 대상자 선정 시 및 종결 시 필수로 진행하되(사례별 최소 2회) 정기적으로 실시한다.
- 시・군・구 희망복지지원단에서 직접 수행하는 사례의 경우, 내부사례회의와 통합사례회의를 개최한다.
  - 내부사례회의는 대상자 구분・선정 및 사례관리 가구에 대한 서비스 제공계획 수립부터 사례관리가 진행된 이후 대상가구의 욕구 변화 및 문제해결 정도, 서비스 제공 점검, 주 사례관리자의 개입방법, 사례관리 종결 등을 협의하기 위하여 수시로 실시(욕구조사를 기초로 하되, 필요시 자산조사 결과도 활용)하는 회의
  - 통합사례회의는 사례에 대해 주요 서비스기관과 서비스내용을 협의하여 연계방식을 조정하는 회의. 참석자는 읍・면・동 통합사례관리 담당자, 희망복지지원단(팀장, 담당공무원, 통합사례관리사), 필요시 관련서비스 연계기관 담당자 및 사례대상가구 관련 분야 전문가 등

(4) 서비스 제공계획 수립

- 사례회의 결과를 토대로 선정된 사례관리 가구에 대한 개입목표(장・단기)를 설정하고, 구체적인 서비스 제공 계획 수립하는 단계이다.
  - 단기목표는 서비스 제공 후 6개월 이내에 달성 가능한 목표로 장기목표를 달성하기 위해 단계별로 제공해야 하는 서비스와 연관되게 설정하고, 개입시기를 고려하여 구체적으로 수립한다.
  - 장기목표는 6개월 이상의 개입을 통해 대상가구의 긍정적인 변화를 도모하기 위한 목표로 설정한다.
- 수행주체는 주사례관리자이며, 사례관리 가구 결정 후 15일 내외의 기간 동안 서비스제공계획 수립한다.
- 서식 : 서비스제공계획의 서식은 '<표 8-2> [서식 제4호] 사례관리 서비스 계획표 및 점검표' 양식과 동일해 서식 작성법은 본 서의 2부를 참고할 것을 권장한다.

〈표 11-3〉 서비스 제공계획 및 점검표 예시

서비스 제공계획 및 점검표

관리번호		대상자명	김○○	사례관리자	한**	점검일자	

번호	단기목표	번호	장기목표
1	ct1의 부채 해결	1	ct1의 경제적 부담감 완화
2	ct1의 알코올 의존증 및 우울증 치료	2	ct1의 정신건강 향상
3	ct2의 자기주도학습방법 습득	3	ct2의 학교생활 적응
4	ct1의 생활비 해결		
5	ct1의 안정적 일자리 구직		

욕구영역		개입목표	서비스명	대상자	우선순위	개입시기	서비스 시작일	서비스 종료일	횟수	제공기관	담당자	점검방법	이행여부	변경내역	변경사유
경제	기초생활 해결	생활비 해결	SOS위기가정 특별지원	김○○	5	한달 이내	2024/4/07	2024/5/15	1회	주민생활 지원과	신**	시스템	이행 종료		
법률 및 권익보장	법률적 지원	부채해결	재무상담	김○○	1	6개월 이내	2024/7/01	2024/10/31	1회	신용회복 위원회	이**	실사	이행 종료		
정신적 건강	정신적 질환 관리	알코올의존증 및 우울증 치료	정신치료	김○○	2	6개월 이내	2024/7/20	2024/12/31	주7	**정신과 의원	임**	실사	이행중		
보육 및 교육	기초학습 습득 및 향상	자기주도학습 방법 습득	학습멘토링	김△△	3	6개월 이내	2024/4/07	2024/12/31	기타	**종합사 회복지관	김**	시스템	이행중		
일자리	취(창)업	안정적 일자리 구직	국민취업지원	김○○	4	6개월 이내	2024/4/07	2024/12/31	기타	고용복지 지원센터	박**	시스템	이행중		
대상자 실태 및 변화		김◯◯(ct1)은 통합사례관리 지원을 받으면서 단주 및 자립의지가 더욱 강해졌으며, 김△△(ct2)도 개입 전보다 활발해지고 학교생활에도 흥미를 보이고 있음. 김◯◯(ct1)은 알코올 의존증 및 우울증 치료를 위해 자의입원할 의사도 있음.													

본인은 ____년 __월 __일부터 상기와 같은 서비스 이용에 동의하며, 적극적으로 변화 노력에 동참할 것을 약속합니다. 또한 더 나은 생활지원을 위해 협력하는 기관들과 본인 및 가족의 기초정보 및 서비스진행과정에 대한 정보를 공유하는 것에 대해 동의합니다.

년 월 일 성 명 : 김 ○○ (인)

년 월 일 사례관리자 : 한 * * (인)

(5) 서비스 점검

- 사례관리 가구에게 서비스 제공계획에 따른 서비스를 제공하고, 이행 상황 및 대상가구의 환경 · 욕구 변화 등을 주기적으로 점검 · 파악하는 단계이다. 이때 공공 · 민간 서비스 제공기관이 제공하는 간접 서비스뿐만 아니라, 주 사례관리자가 제공하는 직접서비스도 포함된다.

- 서비스 제공 점검

① 사례관리 가구에 대한 점검
- 사례관리 서비스를 통한 대상자의 변화 정도
- 대상자가 연계된 서비스에 실제로 참여하는 정도, 서비스 내용의 적절성, 서비스 양의 충분성, 서비스의 품질과 이에 대한 대상자의 만족도, 서비스의 제공방법의 적절성
- 대상자 욕구 및 환경 변화에 따라 욕구재조사 또는 서비스제공 계획 수정 필요 여부

② 서비스 제공기관에 대한 점검사항
- 서비스 제공계획, 서비스 제공기간, 횟수, 내용 일치성
- 서비스 제공여건, 서비스 제공자의 변화 여부
- 서비스 제공기관 사이의 연계 및 협력의 원활성 등

- 점검 방법
  - **상담** : 전화 · 방문상담 · 설문지 등을 통해 대상가구의 서비스 평가, 생활실태 등 파악
  - **서비스 이용 시 동행** : 서비스 이용 모습 및 서비스 내용 파악
  - **서비스 제공자와의 연락** : 사례관리 대상자의 욕구와 상황의 변화를 파악
  - **기록지 검토**

(6) 종결

- 사례관리의 개입목표가 달성되었거나 거부 등의 사유로 사례관리 개입이 불가능할 경우 사례회의를 통해 종결 여부 결정
- 시기 : 사례관리 종결 5일 전부터 절차 진행
- 종결 절차

① **위기도 조사 실시** : 사례관리 가구의 위기 심각도의 변화를 측정

② **종결사례 평가** : 서비스 제공 과정, 위기도 조사 결과 등을 종합하여 사례관리 개입의 적정성 및 대상가구의 변화를 평가

③ **사례회의 실시** : 종결사례 평가, 목표달성 정도 등 사례관리 개입 전체 과정을 평가하여 종결 여부 결정

④ **종결심사서 작성** : 서비스 제공계획에 따른 목표달성 정도, 변화 정도, 사후관리 계획 등 정리

〈표 11-4〉 종결심사서 예시

관리번호		대상자명	김○○(부), 김△△(자)	종결심사일자	
종결심사담당자	한**	소 속	희망복지지원단	연락처	

단기성과 목표				장기성과 목표			
번호	목표내용	성과구분	성과내역용	번호	목표내용	성과구분	성과내역용
1	부채 해결(ct1)	기대한 정도의 목표달성	무료법률상담을 통해 개인회생 절차 중으로 채무문제가 곧 해결예정임	1	경제적 부담감 완화(ct1)	기대한 정도의 목표달성	채무가 해결되고 정부지원으로 경제적 부담감 완화됨
2	생활비 지원(ct1)	기대한 정도의 목표달성	SOS위기가정특별생계비 지원을 통해 의료비와 생활비가 해결됨				
3	알코올 의존증 및 우울증 치료(ct1)	기대한 정도의 목표달성	정신병원에 2회 입원치료 받고, 단주모임과 약물치료 받고 있음	2	정신건강 향상(ct1)	기대한 정도의 목표달성	알코올의존증 및 우울증이 많이 개선됨
4	자기주도 학습방법 습득(ct2)	기대한 이상의 목표달성	대학생 학습멘토와 연계되어 주 2회 학습지도를 받으며 스스로 공부하는 방법을 터득하고 있음	3	학교생활 적응(ct2)	기대한 이상의 목표달성	학교생활에 흥미가 생김
5	안정적 일자리 구직(ct1)	기대 이하의 목표달성	고용복지지원센터에서 취업상담 받았으나 정신병원에 입원하느라 취업은 추후 논의하기로 함				

사례관리자 의견	김○○(ct1)은 알코올 의존증 및 우울증 치료를 위해 자의입원 하였으며, 단주의지가 강해 퇴원하여 **의원에서 외래 진료받고 있음. 정신건강복지센터 담당자가 병원진료에 대한 모니터링 지속할 예정임. 또한 신용회복위원회를 통한 개인회생으로 부채해결의 희망이 생겼으며, SOS위기가정특별지원 생계비 지원을 통해 생활비 부담이 완화됨. 김△△(ct2)는 대학생 학습멘토에게 학습지도를 받으며 스스로 공부하는 방법을 터득하고 있으며 학교생활에 대한 흥미가 생겨 잘 다니고 있음. 이에 대부분 단기목표가 달성되었으며, ct1의 취업문제는 다시 개입예정임
대상자 변화(성과)	김○○(ct1)은 통합사례관리 지원을 받으면서 단주 및 자립의지가 더욱 강해졌으며, 김△△(ct2)도 개입 전보다 활발해지고 학교생활에도 흥미를 보이고 있음
종결심사 의견	단기목표 달성 및 문제상황 호전으로 통합사례관리를 종결하고, 김○○의 음주관리는 정신건강복지센터에서 모니터링 실시하기로 함. 취업문제는 고용복지지원센터에서 관리하면서 추가 개입이 필요하거나 도움이 필요한 사항이 있을 경우 희망복지지원단과 협의하여 재개입하기로 함
종결평가 결과	□ 재조사(사정) ■ 종결
종결 유형	□ 장기목표 달성 ■ 단기목표 달성 □ 상황호전( ) □ 거절이나 포기( ) □ 연락두절 □ 이사 또는 사망 ■ 자체종결

CHAPTER

12 공공사례관리 2 : 드림스타트 사업의 이해

드림스타트란?

- ❑ 드림스타트는 취약계층 아동에게 맞춤형 통합서비스를 제공하여 아동의 건강한 성장과 발달을 도모하고 공평한 출발 기회를 보장함으로써 건강하고 행복한 사회 구성원으로 성장할 수 있도록 지원하는 사업이다.
- ❑ 드림스타트 역시 공공사례관리의 하나로 아동 대상 사례관리사업의 특징이 두드러진 대표적인 아동복지 분야 사례관리 실천현장이다.

1. 아동복지 사례관리 실천현장으로서 드림스타트의 이해

1) 드림스타트의 추진배경

우리나라에서 사회복지 사례관리는 1990년대 그 기반이 마련되었고, 아동복지 사례관리는 비교적 초창기인 2003년 교육복지투자우선지역 지원사업의 형태로 시작되었다. IMF 외환위기 이후 아동이 있는 가구의 빈곤문제의 심각성이 대두되었고 이에 대한 대응으로 2003년 교육복지투자우선지역 지원사업이 실시되었는데, 이는 학습, 문화, 심리 · 정서, 복지 등의 다양한 영역에서 저소득층 아동 · 청소년의 요구와 필요에 입각한 프로그램을 운영하는 사업으로 사례관리 실천방법이 일부 활용되었다(이봉주 외, 2007).

그리고 2006년 드림스타트 사업이 시작되어 빈곤아동과 가족을 위한 사례관리가 본격적으로 도입되었다. 드림스타트가 추진된 배경은 다음과 같다(보건복지부 · 아동권리보장원, 2023).

첫째, IMF 외환위기 이후 가족기능 약화 및 사회양극화 등에 따른 아동 빈곤 문제의 심각성이 대두됨에 따라 드림스타트가 추진되었다. 즉, 아동의 빈곤은 아동발달에 여러 가지 부정적 결과를 초래하는 문제가 제기되었다.

둘째, 빈곤가정 아동에 대한 선제적 사회투자의 중요성이 강조되면서 드림스타트가 추진되었다. 빈곤으로부터 아동을 보호하고 건강한 발달의 기회를 주는 것은 비용효과성이 높은 공공정책임이 강조되었고, 그 결과 드림스타트가 추진되었다.

셋째, 빈곤아동에게 공평한 출발기회를 보장하고 지원하는 방법으로 드림스타트 사업이 시작되었다. 이는 보건 · 복지 · 보육(교육) 등 맞춤형 통합사례관리서비스를 제공함으로써 아동에게 공평한 기회를 보장하고자 추진되었다.

2) 드림스타트의 특징

드림스타트는 'Start' 사업(아동조기개입서비스)으로 영국의 Sure Start, 미국의 Head Start와 유사한 특성을 지니고 있다. Start 사업은 아동보육, 조기교육, 그리고 보건과 가족지원을 통해서 모든 아동에게 그들의 인생을 가능한 한 가장 좋게 출발(start)할 수 있도록 보장하는 아동조기개입서비스이다(김미숙 외, 2011).

드림스타트는 실천방법으로 사례관리를 활용하며, 사업의 특징은 다음과 같다.

(1) 예방적 사례관리

- 취약계층 아동 · 가족의 위기상황과 문제에 대한 조기발견 및 개입을 통해 예방적 사례관리 체계 구축

- 사례관리 개입을 하지 않는다면, 장차 상황이 더 악화되어 더 큰 사회적 비용이 발생할 수 있는 사례에 대한 예방 효과

(2) 맞춤형 서비스 제공

- 수요자인 아동 중심의 개별화된 접근을 통해 각 아동의 욕구와 가구여건에 따른 지속적인 관리 및 맞춤형 서비스 제공

(3) 통합 체계 구축

- 서비스, 방법론, 전달체계의 통합
  - 서비스의 통합으로 신체 · 건강, 인지 · 언어, 정서 · 행동, 부모 · 가족 지원
  - 방법론의 통합으로 개별실천, 집단실천, 가족실천, 지역사회실천
  - 전달체계의 통합으로 민간과 공공 영역의 전달체계 통합
- 대상아동과 가족의 복합적인 문제를 해결하기 위해 서비스, 제공방법, 전달체계 등 다각적인 분야에서 통합 체계 구축

(4) 지역사회 서비스 연계 및 조정

- 개별기관 중심의 서비스 제공방식이 아닌 관련 공공 · 민간기관 간의 밀접한 연계와 조정을 통한 서비스의 체계적 · 통합적 제공

(5) 능동적 사례관리

- 취약계층 아동 · 가족의 위기상황과 문제에 대한 조기발견 및 개입을 통해 예방적 사례관리 체계 구축
- 대상 아동 및 가족의 자발적이고 적극적인 참여 유도

학습노트

스타트(start) 사업

(1) 미국의 Head Start

- 미국의 Head Start는 1964년부터 헤드스타트법(Head Start Act)을 근거로 0~5세의 아동과 그 가족을 대상으로 하는 포괄적 아동발달 프로그램으로 식품권(food stamp), 의료부조(Medicaid), 학교급식 등과 함께 다양한 서비스를 제공한다.
- Head Start 사업의 주요 목표는 저소득가정 아동의 사회성, 학습능력, 건강 및 영양 수준을 개선하여 일반가정 아동들과 동일한 선상에서 출발할 수 있도록 지원하는 것이다. 서비스 내용은 아동의 인지 및 언어발달 서비스, 의료·치과·정신보건서비스, 영양 및 사회서비스 등으로 크게 나뉜다.

(2) 영국의 Sure Start

- Sure Start 사업은 정부 주도하에 아동빈곤과 사회적 배제를 퇴치하는 영국의 대표적인 아동복지정책이다. Sure Start란 빈곤층으로 열악한 환경에서 자라는 아동이 인생을 어려서부터 확실하게(Sure) 출발하도록(Start) 돕는 의미를 가진다.
- Sure Start는 1998년 4세 미만의 아동과 부모 에게 양질의 보육, 아동보호, 놀이, 산전 및 기타 의료 서비스를 제공하기 위해 시작되었다. 이와 더불어서 부모들에게 상담을 제공하고 아동이 지식을 습득하거나 학교에 갈 준비를 도와주는 프로그램을 제공하고 있다.
- 이 사업은 모든 아동이 태어나서부터 필요가 충족되어 바른 인생의 출발을 지원하는 데 초점을 둔다. 사업의 목적은 아동의 사회적 및 정서적 발달, 건강 증진, 학습능력 향상, 가족의 역량강화 등에 있다.

3) 드림스타트의 통합사례관리사업의 개념 및 목표

(1) 통합사례관리사업의 개념

드림스타트에서 통합사례관리의 개념은 다음과 같다(보건복지부·아동권리보장원, 2023).

- 양육환경, 아동 발달영역(신체/ 건강, 인지/ 언어, 정서/ 행동) 및 발달단계를 고려한 통합적·전문적 서비스 지원으로, 아동·가족의 긍정적 변화를 통한 전인적 발달을 도모하는 사업이다.

(2) 통합사례관리사업의 목표

드림스타트에서 통합사례관리의 목표는 다음과 같다(보건복지부 · 아동권리보장원, 2023).

① 아동의 양육환경, 아동 발달영역(신체/ 건강, 인지/ 언어, 정서/ 행동) 및 발달연령을 고려한 전문화된 서비스 지원을 통한 전인적 발달의 도모를 목표로 한다.

② 지역사회 내의 다양한 기관의 팀 접근을 통해 취약계층 가족 전체의 문제해결 능력의 향상을 목표로 한다.

2. 드림스타트의 현황

우리나라 드림스타트는 취약계층 아동에게 맞춤형 통합서비스를 제공하여 아동의 건강한 성장과 발달을 도모하고, 공평한 출발기회를 보장하여 건강하고 행복한 사회 구성원으로의 성장을 지원하고자 설치되었다(보건복지부 · 아동권리보장원, 2023).

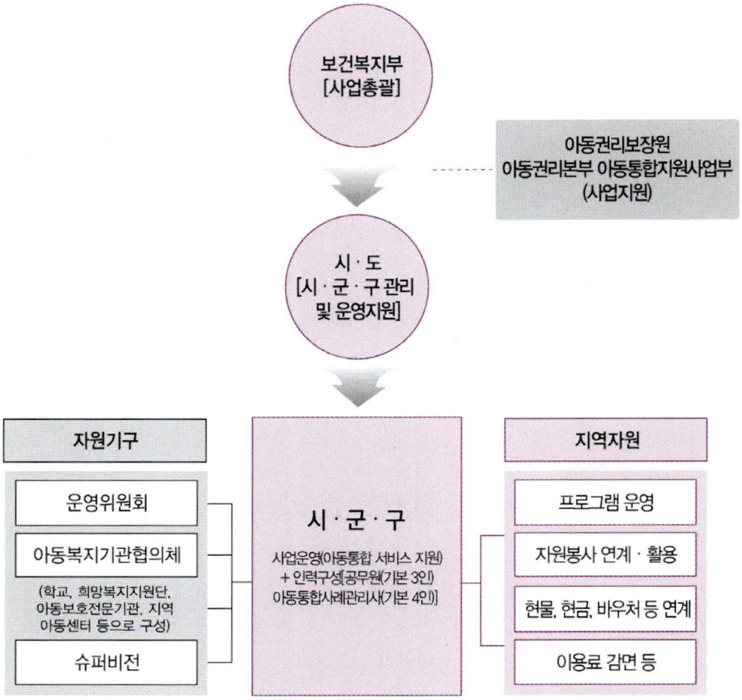

그림 12-1 드림스타트 사업 추진체계도

출처 : 보건복지부 · 아동권리보장원(2023).

1) 드림스타트의 조직

드림스타트는 보건복지부가 총괄하고 시 · 도에서 관리 및 운영을 지원하며, 시 · 군 · 구가 설치하여 운영하고 있다. 2007년 16개소로 시작하여 2015년 이후 전국 229개 시 · 군 · 구 모두 드림스타트를 기초지방자치단체 내부조직으로 운영하고 있다.

2) 드림스타트의 인력

지방자치단체 드림스타트의 인력은 크게 전담공무원과 아동통합사례관리사로 구성되며, 공무원은 최소 3인, 아동통합사례관리사는 보건담당자, 복지담당자, 보육(교육)담당자 등 기본 4인으로 배치된다. 그리고 보건복지부에서는 아동통합사례관리사의 1인당 사례관리 아동수를 40~70명 이하로 권장하며 취약계층 아동이 과다한 지역에도 1인당 최대 80명 이하로 권장하고 있다(보건복지부 · 아동권리보장원, 2023).

〈표 12-1〉 드림스타트 인력 구성 및 담당 업무

구 분	전문 분야	인원	담당 업무
공무원 (6급 이상, 팀장)	행정, 사회복지, 보건 (간호)	최소 3인	• 시 · 군 · 구 드림스타트 사업운영 및 행정 · 예산관리 총괄 • 취약계층 아동가구 조사, 서비스 기획 · 조정 및 서비스 제공 총괄 • 지역사회 자원발굴 및 행복이음 승인 등 자원 총괄관리 • 월 1회 기본서비스(가정방문 동행) • 조직 구성원의 역량 강화 및 사례관리 협력체계 관리 • 수행인력(전담공무원, 아동통합사례관리사 등) 관리 • 주 1회 이상의 사례회의 주관, 업무 협의회 참석 등
공무원 (팀장 외)	사회복지		• 지역 내 복지 자원 발굴 및 관리, 연계망 구축 ※ 지역자원 발굴 등은 반드시 공무원 인력이 담당 • 맞춤형 정서 및 사회성 발달 서비스 기획 및 운영 • 자원봉사자 및 학교연계 프로그램 관리 등 • 취약계층 아동가구 조사, 월 1회 기본서비스(가정방문 동행)
	보건 (간호)		• 지역 내 보건 자원 발굴 및 관리, 연계망 구축 • 보건소 연계 프로그램 관리 등 ※ 지역자원 발굴 등은 반드시 공무원 인력이 담당 • 맞춤형 보건 프로그램 기획 및 운영 • 의료 개입 및 응급 지원서비스 등 • 취약계층 아동가구 조사, 월 1회 기본서비스(가정방문 동행)
	행정 (보육)		• 지역 내 보육(교육) 자원 발굴 및 관리, 연계망 구축 ※ 지역자원 발굴 등은 반드시 공무원 인력이 담당 • 맞춤형 보육(교육) 프로그램 기획 및 운영 • 취약계층 아동가구 조사, 월 1회 기본서비스(가정방문 동행)

아동통합 사례관리사	슈퍼비전	기본 4인	• 아동통합사례관리 및 서비스 연계 • 내부 슈퍼비전 운영(교육 · 중재 · 지지 등)
	사회복지		• 아동통합사례관리 및 서비스 연계 • 정서 및 사회성 발달 프로그램 지원
	보건 (간호)		• 아동통합사례관리 및 서비스 연계 • 건강, 영양 등 방문 보건 프로그램 지원
	보육 (교육)		• 아동통합사례관리 및 서비스 연계 • 보육/ 조기교육 프로그램 지원 • 가정방문 조기교육 수행/ 관리 등

출처 : 보건복지부 · 아동권리보장원(2023).

3. 통합사례관리사업의 과정

1) 통합사례관리 과정

드림스타트 통합사례관리 과정은 대상자 접수, 사정, 계획, 실행, 점검, 종결 등으로 구성되어 있다. 단지 사정단계에서 서비스 대상이 취약계층 아동 및 임산부이므로 욕구조사 외에 아동발달 사정을 하는 것이 특징적이다. 단계별 드림스타트 통합사례관리 과정은 [그림 12-2]와 같다.

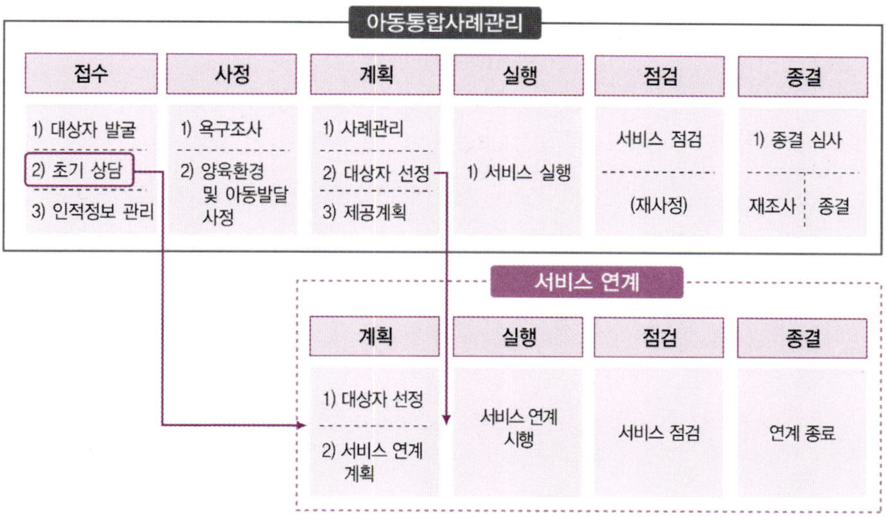

| 그림 12-2 | 드림스타트 통합사례관리 과정

출처 : 보건복지부 · 아동권리보장원(2023).

2) 통합사례관리 이용자 관리

드림스타트 통합사례관리 이용자는 지역사회 내 취약계층 아동 중 0세(임산부)~만 12세(초등학생 이하 아동으로 만 12세 이상 아동이라도 초등학교 재학 아동 포함) 아동 및 가족이다. 이 중 수급자 및 차상위계층 가정, 보호대상 한부모 가정(조손가정 포함), 학대 및 성폭력 피해아동 등은 우선지원 대상이다.

따라서 드림스타트는 아동의 전인적 발달을 지원하기 위해 아동과 부모(주양육자)를 대상으로 개입하는 2세대 프로그램을 지향하고 있다고 할 수 있다. 통합사례관리 담당자는 양육환경 및 아동발달 사정 결과에 따라 드림스타트 대상자 선정 여부 및 사례관리 등급을 결정한다. 사례등급별 사례관리 과정 및 재사정 주기는 <표 12-2>와 같다.

〈표 12-2〉 사례등급별 정의 및 재사정 주기

사례등급	사례등급별 정의	재사정 주기
위기개입	• 아동학대, 방임, 가정폭력 등 아동과 가족에게 위기상황이 존재하는 경우로 사례관리자가 즉각적으로 개입하여 위기상황에 대한 대처가 필요한 경우	3개월 이내
집중 사례관리	• 대상자의 연령별 발달, 양육자의 양육능력, 가정환경 사정영역 중 2개 이상의 영역에서 위험 요인이 확연히 표출되어 아동학대, 방임 등 위기 가능성이 높은 사례 • 양육환경과 아동발달에 대한 문제가 안정화될 때까지 집중적인 주의 및 관리가 필요한 경우	6개월 이내
일반 사례관리	• 대상자의 연령별 발달, 양육자의 양육능력, 가정환경 사정영역 중 하나 이상의 위기 및 위험 요인이 관찰되나 문제와 욕구의 심각성이 상대적으로 낮으며 문제 양상이 복합적이지 않은 사례 • 아동 발달 및 양육지원 등의 통합서비스 지원을 통한 예방적 개입이 필요한 사례	12개월 이내
비사례관리	• 아동발달 사정도구의 모든 항목에서 '0점(없음)'으로 체크된 대상자	1년 이내

출처 : 보건복지부 · 아동권리보장원(2023).

3) 통합사례관리 과정의 실천 및 기록

통합사례관리 담당자는 통합사례관리 과정(대상자 접수 ⇒ 조사 및 사정 ⇒ 사례회의 ⇒ 대상자 선정 ⇒ 서비스 제공계획 수립 ⇒ 서비스 제공 및 점검 ⇒ 종결 대상자 접수 ⇒ 사정 ⇒ 계획 ⇒ 실행 ⇒ 점검 ⇒ 종결)의 기록을 '사회보장정보시스템(행복이음)'에 들어가 입력해야 한다. 드림스타트 양식은 전체적으로 본 서의 양식 및 희망복지지원단 양식과 큰 차이가 없으므로 양식의 소개는 제외한다.

(1) 대상자 접수

대상자 접수 단계는 드림스타트 기관이 대상자를 발굴하고, 초기 상담을 하며 대상자 관련 정보 및 주변사항 정보를 수집하는 단계이다. 읍・면・동(찾아가는 보건복지팀 등)에서 발굴하여 의뢰하기도 한다. 초기 상담 시 사례관리자는 대상자의 서비스 수혜이력, 기본 정보 등 행복이음을 통해 확인이 가능한 정보를 사전에 파악한 후, 가정방문을 통해 대상자 정보 및 종합의견을 정리한다. 이때 대상자 및 가구 구성원의 [개인정보 수집 안내 및 이용에 대한 동의서]를 수집 및 관리한다. 이때 [초기 상담 기록지]를 작성한다.

(2) 조사 및 사정

조사 및 사정 단계는 가정방문을 통해 대상자의 욕구 및 문제를 종합적으로 분석하는 단계로 ① 욕구조사, ② 아동발달 사정을 한다. '아동발달 사정'은 [아동발달 사정도구]를 활용한다.

① 욕구조사

대상자 및 가구 구성원을 통해 표출된 욕구를 총체적・포괄적으로 파악하는 과정으로 대상자 및 가구 구성원이 표출한 욕구와 사례관리자의 전문적 판단을 추가하여 정보를 종합적으로 파악한다. 욕구는 총 10개 욕구영역으로 조사하여 [욕구 조사표]로 작성하는데, 희망복지지원단의 [욕구 조사표]와 유사하다.

② 아동발달 사정

사례관리자는 아동대상자 및 가족 구성원의 다양한 욕구와 상황, 위기요인 등을 파악하기 위해 가정을 방문하여 [아동발달 사정도구]를 조사한다. 드림스타트에서는 연령별 발달수준을 고려한 대상 분류를 영아용(만 24개월 미만), 유아용(만 2세 이상~7세 미만), 학령전기(초등학교 1~3학년 아동), 학령후기(초등학교 4~6학년 아동), 청소년, 임산부용 등 6집단으로 구분한다.

〈표 12-3〉 아동발달 사정도구 구성 및 문항 내용

구 분		내 용
도 구	연 령	아동발달 사정도구 구성
영아용	0세~만 24개월 미만	① 발달지표 : 신체/ 건강, 인지/ 언어, 정서/ 행동 ② 양육능력지표 ③ 가정환경지표 ④ 강점지표(보조지표)
유아용	만 2세 이상~7세 미만(취학 전)	
학령전기	초등학교 1~3학년 아동	
학령후기	초등학교 4~6학년 아동	
청소년	청소년용	
임산부	임산부용	① 적응지표 ② 가정환경지표 ③ 강점지표

출처 : 보건복지부 · 아동권리보장원(2023).

(3) 서비스 계획

서비스 계획 단계는 접수 및 사정을 통해 파악한 대상자 정보 근거로 사례회의를 실시하여 달성하고자 하는 대상자의 사례관리 목표를 설정하고 서비스 계획을 수립하는 단계로 사례회의, 대상자 선정, 서비스 제공 계획 등을 수행한다.

① 사례회의

대상자 선정, 대상자 문제 및 욕구 분석, 장 · 단기 목표 및 서비스 제공 계획 수립, 사례에 대한 점검, 종결 여부 등 대상자의 통합사례관리 전 과정에 대한 협의 및 조정이 이루어지는 과정으로 주 1회 이상 회의를 개최한다.

② 대상자 선정

욕구 조사 및 사정 결과, 그리고 사례회의 논의 결과에 따라 드림스타트 사례관리 대상자를 최종 확정하는 과정으로 사회보장정보시스템(행복이음)에 대상자로 입력한다.

③ 서비스 제공 계획 수립

대상자의 장·단기 목표 달성을 위한 서비스 제공 전략을 구체적으로 수립하는 과정으로 서비스 제공전략은 서비스 제공자, 전달방법, 제공 횟수 및 시간, 서비스 비용 및 부담, 평가방법 등을 포함하며, 사회보장정보시스템(행복이음)에 수립한 서비스 제공 계획을 입력한다.

(4) 서비스 제공 및 점검

① 서비스 실행

서비스 실행은 서비스 계획 내용에 근거하여 지역사회 내 다양한 자원과 연계하여 대상자에게 통합서비스를 제공하는 단계로 사례회의에서 계획한 내용에 근거하여 서비스를 제공하되, 기본 서비스 및 필수 서비스는 공통적으로 제공하며 맞춤 서비스는 사정결과에 따라 맞춤형으로 제공한다.

- **기본 서비스** : 가정방문을 통한 대상자 면담 서비스
- **필수 서비스** : 아동의 전인적 발달을 위해 필수적으로 제공하는 서비스
- **맞춤 서비스** : 사정결과에 따라 제공하는 서비스

드림스타트에서는 지역 내 서비스 기관 및 자원과의 연계를 통한 제공(간접 서비스 제공)을 원칙으로 한다. 그러나 지역 내 자원연계가 곤란할 경우 직접 서비스 제공이 가능하며, 행복이음 내 서비스 이력을 참고하여 중복서비스 수혜를 사전에 방지한다. 특히 드림스타트의 사례관리 대상 아동 중 지역사회서비스투자사업으로 제공되고 있는 서비스가 필요한 아동에게 서비스를 우선적으로 연계한다.

② 점검

점검단계는 사정 주기 내에 대상 아동 및 가족에게 제공된 서비스의 적절성과 대상자의 변화 등 서비스에 대한 종합적인 점검을 실시하는 과정으로 사례관리 종결처리 직전, 재사정 주기 도래 시 실시한다. 점검단계에서는 서비스 점검 및 평가와 서비스 평가 등 두 가지가 실시된다.

(5) 종결

종결단계는 드림스타트 통합사례관리 과정의 마지막 과정으로, 사례관리 종결 여부 및 유형을 결정하는 단계이다.

① 종결심사

종결심사에서는 제공된 서비스에 대한 장・단기 목표 달성 여부와 대상 아동 및 가족에게 바람직한 변화를 가져왔는지를 판단하여 '재조사'와 '종결'로 구분한다. 종결 시 대상자와의 종결에 대한 합의가 선행되어야 하고, 종결시점 등에 대한 사전안내가 필요하며, 종결을 위해 필수적으로 사례회의를 진행한다. 사례회의에서 논의된 내용에 대해 종결심사 양식에 등록한다.

종결은 다음과 같은 사유로 결정된 경우에 한한다.

- 재사정 결과 비사례대상자로 결정된 경우(장・단기 목표 달성)
- 연령 도래로 상급학교에 진학(만 13세 이상)한 경우
- 연령 도래 아동이 타 사례관리기관에 연결된 경우
- 이사(타 지역 드림스타트로 연계) 또는 6개월 이상 연락이 두절(사망 포함)된 경우
- 드림스타트 사례관리 서비스 종료를 요청한 경우
- 그 외 서비스 조정회의 결과 종결 합의된 사례

② 사후관리

사후관리는 종결 이후 대상자의 상황이 유지되는 정도를 파악하고, 재개입 여부를 판단하기 위한 과정으로 사례관리 종결유형에 따라 사후관리 주기를 준수한다. 일반 종결자(장단기 목표 달성, 연령 도래 등)는 3개월 이내에, 이사 및 서비스 거부로 인한 종결자는 6개월 이내에 실행한다.

CHAPTER

13 민간사례관리 : 종합사회복지관 사례관리사업의 이해

사회복지관 사례관리사업

- 우리나라 사회복지관은 종합사회복지관, 노인복지관, 장애인복지관 등 이용시설을 의미하며, 종합사회복지관은 가장 개소 수가 많은 대표적 사회복지관이다.
- 종합사회복지관의 3대 기능 중 하나가 사례관리 기능으로, 민간복지 분야에서 사례관리의 중요성이 점차 커지고 있다.

1. 사례관리 실천현장으로서 사회복지관의 이해

1) 사회복지관의 사례관리 실천의 추진배경

우리나라에서 사례관리 실천의 초기 형태는 재가복지사업이었다. 우리나라에서 재가복지서비스는 한국노인복지회가 1987년 가정봉사원 파견사업을 도입하며 시작되었다. 그러다가 1992년 재가복지봉사센터 설치 및 운영지침이 제정되면서 본격적으로 정부 차원의 재가복지가 이루어지기 시작했다(이경은 외, 2016). 그 이후 지역사회 빈곤가정, 노인, 장애인 등 다양한 저소득 대상자를 중심으로 지역사회보호가 확산되었다.

종합사회복지관 부설 재가복지봉사센터는 지속되다가 2010년 1월부터 민간복지서비스 전달체계 개선계획의 일환으로 종합사회복지관의 지역사회보호사업 중 재가복지봉사서비스로 통합되었다.

2013년 이후 종합사회복지관은 개정된 사회복지사업법 시행규칙 제23조2 제3항에 따라 기존의 6대 사업(가족복지사업, 지역사회보호사업, 지역사회조직사업, 교육·문화사업, 자활사업, 재가복지봉사서비스)이 3대 기능(사례관리 기능, 서비스 제공 기능, 지역조직화 기능)으로 변화되어, 사례관리는 종합사회복지관의 주요 기능이 되었다.

또한 우리나라는 정보통신기술의 발달로 종합사회복지관까지 정보시스템 구축이 빠르게 확산되고 있다. 보건복지부는 2010년 사회복지시설정보시스템(W4C)을 전면 도입하여 종합사회복지관의 기관 운영(행정) 업무의 정보시스템을 구축하였다(한철희, 2014). 그 후 보건복지부는 2022년 희망이음 시스템을 구축하여 종합사회복지관의 기관 행정업무와 더불어 사회복지서비스의 정보관리도 시스템 기반으로 통합·관리하고 있다(http://www.w4c.go.kr). 이에 종합사회복지관의 사례관리자는 사례관리서비스의 전 과정을 희망이음에 입력하여 대상자의 이력관리를 정부 및 타 기관과 공유하고 있다.

학습노트

희망이음 시스템

(1) 희망이음 시스템의 개념

- 사회복지서비스 기관에서 수행하는 주요 업무를 정보시스템을 통해 수행 및 관리할 수 있도록 지원하는 시스템
- 종전의 '사회복지시설정보시스템'은 폐지되고 '희망이음 시스템'으로 확장됨

(2) 희망이음 시스템의 전자 업무범위

- 사회복지서비스 기관은 희망이음 시스템을 통해 기관행정업무, 서비스 제공관리 업무, 민관 정보공유 및 협업 업무를 수행

2) 종합사회복지관의 사례관리 기능

(1) 종합사회복지관의 사례관리 기능

종합사회복지관의 사례관리사업은 기존 재가복지봉사사업에 비해 실천에 초점을 두고 있으며, 사회복지사업법 시행규칙에 따르면 다음 <표 13－1>과 같다.

〈표 13-1〉 사회복지관의 사례관리 기능

기 능	사업분야	사업 및 내용
사례관리 기능	사례발굴	지역 내 보호가 필요한 대상자 및 위기개입 대상자를 발굴하여 개입계획 수립
	사례개입	지역 내 보호가 필요한 대상자 및 위기개입 대상자의 문제와 욕구에 대한 맞춤형 서비스가 제공될 수 있도록 사례개입
	서비스 연계	사례개입에 필요한 지역 내 민간 및 공공의 가용자원과 서비스에 대한 정보 제공 및 연계, 의뢰

출처 : 사회복지사업법 시행규칙 [별표 3].

종합사회복지관의 사례관리 기능은 크게 사례발굴, 사례개입, 서비스 연계 등 세 분야로 분류된다. 즉, 법적으로는 사례 발굴 및 서비스 계획 수립, 직접서비스 제공, 간접서비스 제공 등 실천적 측면이 강조되고 있다.

그러나 2022년 사회복지관 평가지표에 따르면, 사례관리 기능을 4개의 지표(① 사례관리 실행체계, ② 사례관리 인력의 전문성, ③ 사례관리 수행의 전문성, ④ 사례관리 협력 연계)로 제시하여(보건복지부 · 중앙사회서비스원, 2022), 사례관리 실천뿐 아니라 운영체계, 사례관리 인력, 사례관리 과정의 전문성까지 강조하고 있음을 알 수 있다(표 13－2).

〈표 13-2〉 사회복지관 평가지표 중 사례관리 기능 평가지표(2022)

평가지표	평가내용
1) 사례관리 실행체계	사례관리 실행체계는 어떠한가?
	① 사례관리 업무지침 또는 매뉴얼이 마련되어 이에 따라 사례관리가 실행되고 있다. ② 사례관리 전담팀을 2~3명 이상 구성하고 있고, 팀원별 업무분장이 되어 있다. ③ 사례회의가 월 평균 2회 이상 운영되고 있다. ④ 효과적인 사례개입을 위해 통합사례회의 또는 솔루션위원회를 통한 서비스 조정, 연계, 사례판정, 평가가 이루어지고 있다. ⑤ 기관 내부적으로 사례관리 계획, 실행, 조정, 평가, 자원개발, 외부 협력 등이 정기적으로 보고되고 있다.
2) 사례관리 인력의 전문성	사례관리를 위한 인력의 전문성은 어떠한가?
	① 사례관리자는 사례관리 전문가교육과정을 포함하여 연 16시간 이상을 이수하였다. ② 사례관리자는 내·외부 슈퍼바이저를 통해 정기적인 슈퍼비전을 받고 있다. ③ 사례관리자는 연 1회 이상 사례관리 사례를 공개 발표하고 있거나 우수사례집을 발간하였다. ④ 사례관리자는 클라이언트의 생명과 인권에 대한 존중, 자기결정권, 비밀보장의 가치를 반영하고 있다. ⑤ 사례관리 슈퍼바이저는 슈퍼바이저로서 충분한 경력을 가지고 있다.
3) 사례관리 수행의 전문성	사례관리 수행의 전문성은 어떠한가?
	① 사정이 체계적으로 이루어지고 있다. ② 사례관리 기록 및 관리가 이루어지고 있다. ③ 클라이언트의 욕구에 기반한 자원을 개발·발굴하고 있다. ④ 대상자별 종결 후 사후관리를 하고 있다.
4) 사례관리 협력 연계	사례관리 대상자의 다양한 욕구에 맞는 서비스를 제공하기 위해 지역의 민·관기관의 참여가 얼마나 이루어지고 있는가?
	① 사례판정, 목표수립, 목표실행 시 민·관 네트워크 기관의 참여가 활발하게 이루어지고 있다. ② 점검 또는 평가 시 이용자의 만족도 조사가 이루어지고 있다. ③ 클라이언트를 위한 공식·비공식 지지체계 또는 자원의 조직과 연계가 이루어지고 있다.

출처 : 보건복지부·중앙사회서비스원(2022).

(2) 종합사회복지관의 사례관리 과업

종합사회복지관 사례관리팀은 '사회복지사업법'과 '사회복지관 평가지표'에 따라 크게 다음과 같은 과업을 가진다.

① 사례관리 운영체계 과업

- 업무지침(운영지침) 또는 사례관리 실천 매뉴얼을 마련한다.
  여기에는 사례관리 대상의 규정, 사례관리자의 역할, 사례관리 과정에서의 단계별 실천지침, 사례회의, 파일 관리방법 등에 관한 지침을 포함한다.
- 사례관리팀(전담팀)은 팀장을 포함해 2~3명 이상의 사례관리자를 두어야 한다. 사례관리팀은 팀원별 업무분장이 되어 있어야 하며, 사례관리자는 사례관리 전문가교육과정을 포함하여 연 16시간 이상을 이수해야 한다.
- 사례회의를 월 2회 이상 진행하며, 지역사회 통합사례회의 및 솔루션위원회 회의에 참석한다. 특히 통합사례관리협의회(지역사회복지협의체) 회의에 참여한다.
- 사례관리팀은 내·외부 슈퍼바이저를 위촉하고, 정기적인 슈퍼비전을 받는다.

② 사례관리 수행의 전문성

- 사례관리 과정을 체계적으로 진행하며, 기록을 관리한다.
- 자원목록표에 있는 외부자원을 활용하며 계속 업데이트한다.
- 사례관리 실천과정에서 직접서비스 및 간접서비스를 수행하며, 간접서비스의 경우 자원연계 실적을 관리한다.

2. 종합사회복지관의 사례관리 실천 특성

1) 종합사회복지관의 사례관리사업의 특성

현재 종합사회복지관의 사례관리사업은 다음과 같은 특성을 지니고 있다.

- 사회복지관은 개별 기관에서 사례관리 매뉴얼과 지침을 작성하여 운영하고 있다.
- 사회복지관들은 사례관리서비스를 사회서비스의 하나로 희망이음 시스템에 입력하도록 되어 있다. 희망이음 시스템에는 희망복지지원단의 사례관리 서식이 등록되어 있어, 이로 인해 우리나라 사회복지관은 기관별 사례관리 매뉴얼을 가지고 있더라도 차별성보다는 희망복지지원단의 서식과 사례관리과정을 동일하게 운영한다.
- 사회복지관들은 민간 사례관리사업을 수행하지만, 희망복지지원단의 외부자원이며 통합사례관리 협력기관으로 공공사례관리의 특성과 크게 다르지 않은 경향을 지닌다.

2) 종합사회복지관의 사례관리과정

- 종합사회복지관의 사례관리과정은 2022년 9월 희망이음 시스템이 개통됨에 따라 사회서비스의 하나로 사례관리서비스의 전 과정을 입력하도록 되어 있다. 이에 종합사회복지관의 사례관리과정은 희망복지지원단의 서식과 사례관리과정은 동일하다.
- 종합사회복지관의 사례관리과정은 본 서 2부 사례관리과정을 참조하길 권장한다.

1단계 : 초기단계(접수)	1) 대상자 발굴 2) 초기 상담 ⇒ [인테이크 기록지] 작성
⬇	사례회의
2단계 : 사정	1) 사정영역에 입각한 대상자의 욕구/ 자원 파악 ⇒ [사정기록지], [정보제공활용 동의서] 작성 2) 슈퍼비전 회의 ⇒ [슈퍼비전 회의록] 작성
3단계 : 서비스 계획	1) ct와 합의된 욕구를 중심으로 서비스 계획서 작성 ⇒ [서비스 계획서](사례관리 동의서 포함) 작성
4단계 : 서비스 실행	1) ct와의 상담내용 및 서비스 진행사항 기록 ⇒ [사례관리 과정 기록지], [자원연계 의뢰서] 작성
5단계 : 서비스 점검	1) 모니터링 ⇒ [서비스 점검표] 작성 2) 재사정 ⇒ [사정기록지(재사정)] 작성
⬇	사례회의
6단계 : 종결 및 사후관리	1) [종결보고서] 작성 2) [사후관리 상담일지] 작성

| 그림 13-1 | 종합사회복지관의 사례관리 과정 및 양식

부록

부록 1 사정단계 보충자료

부록 2 사례관리 서비스 의뢰서

부록 3 11대 욕구영역 참고자료

부록 4 복지자원 표준분류체계

[부록 1] 사정단계 보충자료

〈부록표 1-1〉 욕구 사정표(노인용 선택)

질환 사항		
현재병력	순 환 기	□ 고혈압 □ 심장질환 □ 혈관성질환 □ 빈혈 □ 인공심박기
	근골격계	□ 퇴행성관절염 □ 디스크 □ 골절 □ 인공관절 □ 류마티스 □ 골다공증 □ 절단 □ 통풍 □ 선천성기형
	신 경 계	□ 뇌혈관성질환(뇌경색) □ 두부손상 □ 파킨슨병 □ 마비/장애 □ 신경염/신경증
	호흡기계	□ 천식 □ 기관지질환 □ 폐렴 □ 결핵 □ 늑막질환 □ 만성기침 □ 객담
	안 과	□ 백내장 □ 녹내장 □ 망막질환 □ 각막염 □ 안구건조증 □ 안검하수증
	이비인후과	□ 편도선염 □ 축농증 □ 비염 □ 인/후두염 □ 중이염 □ 난청 □ 고막손상
	비뇨기계	□ 신장질환 □ 요도/방광염 □ 전립선질환 □ 투석 □ 요실금
	피 부 과	□ 피부염 □ 대상포진 □ 조갑무좀 □ 화상 □ 욕창
	소화기계	□ 위장질환 □ 간/담도질환 □ 대장/항문질환 □ 황달 □ 소화불량
	내 분 비	□ 당뇨병 □ 갑상선질환
	정 신 과	□ 우울증 □ 불면증 □ 치매
	부 인 과	□ 유방질환 □ 자궁/난소질환 □ 자궁적출 □ 질염
	기타질환	□ 알코올릭 □ 기타 ( )
병력 추가설명		
통증	종류	□ 무통 □ 급성 □ 만성 □ 국소 □ 전신
	강도	□ 약 □ 중 □ 강 □ 부정확
보장구		□ 휠체어 □ 지팡이/워커 □ 보청기 □ 돋보기/안경 □ 틀니 □ 기타( )

투약	번호	현재 복용약	복용기간	병원명	진료주기	병원동행인
	1					□ 없다 □ 있다 ( )
	2					
	3					

건강상태	□ 정상 □ 요주의 □ 이상
서비스 지원필요	□ 최대한 필요 □ 부분 필요 □ 불필요
소 견	

추가 측정도구	도구명	측정결과	첨부
	예) ADL, IADL, 임파워먼트 척도 등		

<table>
<tr><td colspan="7">정신건강 사항</td></tr>
<tr><td rowspan="3">치매</td><td>측정도구명</td><td>예) K-MMSE</td><td>측정결과</td><td>예) 19점</td><td>첨부</td><td>예) 검사지</td></tr>
<tr><td>서비스 지원 필요 여부</td><td colspan="5">☐ 최대한 필요 ☐ 부분 필요 ☐ 불필요</td></tr>
<tr><td>소 견</td><td colspan="5"></td></tr>
<tr><td rowspan="3">우울증</td><td>측정도구명</td><td>예) K-BDI</td><td>측정결과</td><td>예) 20점</td><td>첨부</td><td>예) 검사지</td></tr>
<tr><td>서비스 지원 필요여부</td><td colspan="5">☐ 최대한 필요 ☐ 부분 필요 ☐ 불필요</td></tr>
<tr><td>소 견</td><td colspan="5"></td></tr>
</table>

<table>
<tr><td colspan="2">경제 사항</td></tr>
<tr><td>월평균 수입액</td><td>☐ 정부지원(만원) ☐ 본인수입(만원) ☐ 자녀도움(만원)
☐ 후 원 금(만원) ☐ 기타(- 만원)</td></tr>
<tr><td>월평균 지출액</td><td>☐ 월 세(만원) ☐ 공 과 금(만원) ☐ 연 료 비(만원)
☐ 의 료 비(만원) ☐ 식료품비(만원) ☐ 기타(- 만원)</td></tr>
<tr><td>경제상태</td><td>☐ 상 ☐ 중 ☐ 하</td></tr>
<tr><td>서비스 지원필요</td><td>☐ 최대한 필요 ☐ 부분 필요 ☐ 불필요</td></tr>
<tr><td>소 견</td><td></td></tr>
<tr><td colspan="2">영양 사항</td></tr>
<tr><td>식사 여부</td><td>☐ 아침 ☐ 점심 ☐ 저녁</td></tr>
<tr><td>식사 준비</td><td>☐ 본인 ☐ 외부기관(☐도시락 ☐밑반찬 ☐영양식) ☐ 자녀 ☐ 기타( )</td></tr>
<tr><td>저작 상태</td><td>☐ 양호 ☐ 불편 ☐ 불량</td></tr>
<tr><td>연하 상태</td><td>☐ 양호 ☐ 불편 ☐ 불량</td></tr>
<tr><td>영양 상태</td><td>☐ 상 ☐ 중 ☐ 하</td></tr>
<tr><td>서비스 지원필요</td><td>☐ 최대한 필요 ☐ 부분 필요 ☐ 불필요</td></tr>
<tr><td>소 견</td><td></td></tr>
</table>

사회관계	강점관점
약도	**주변환경(사진)**

종합의견

〈부록표 1-2〉 욕구 사정표(장애인용 선택)

<table>
<tr><td rowspan="6">치료/
교육력</td><td rowspan="3">과거</td><td>병원/기관명</td><td>주기</td><td>진료내용</td><td>종결이유</td><td>비고</td></tr>
<tr><td></td><td></td><td></td><td></td><td></td></tr>
<tr><td></td><td></td><td></td><td></td><td></td></tr>
<tr><td rowspan="3">현재</td><td>병원/기관명</td><td>주기</td><td>진료내용</td><td>종결이유</td><td>비고</td></tr>
<tr><td></td><td></td><td></td><td></td><td></td></tr>
<tr><td></td><td></td><td></td><td></td><td></td></tr>
<tr><td rowspan="2">건강
상태</td><td>현재 질병</td><td colspan="5"></td></tr>
<tr><td>보충 설명</td><td colspan="5"></td></tr>
</table>

<table>
<tr><td colspan="2">기초능력</td><td colspan="2">일상생활능력 – 신변처리</td></tr>
<tr><td>쓰기</td><td></td><td>외모/청결유지</td><td></td></tr>
<tr><td>읽기</td><td></td><td>일상생활(요리, 빨래, 청소)</td><td></td></tr>
<tr><td>시간</td><td></td><td>식사습관</td><td></td></tr>
<tr><td rowspan="2">셈하기</td><td rowspan="2"></td><td>용변처리</td><td></td></tr>
<tr><td>옷 입고 벗기</td><td></td></tr>
<tr><td>돈계산</td><td></td><td>가정 안에서 이동방법</td><td></td></tr>
<tr><td rowspan="2">기타</td><td rowspan="2"></td><td>주로 사용하는 손</td><td></td></tr>
<tr><td>가정 안에서 주로 취하는 자세</td><td></td></tr>
</table>

<table>
<tr><td colspan="2">이동능력</td><td colspan="2">의사소통 능력</td></tr>
<tr><td rowspan="2">대중교통 이용정도</td><td rowspan="2"></td><td>말하기</td><td></td></tr>
<tr><td>말 알아듣기</td><td></td></tr>
<tr><td>독립적 이동</td><td></td><td>말하기 안 되는 경우</td><td>☐ 고갯짓 ☐ 손짓 ☐ 소리
☐ 단어</td></tr>
</table>

<table>
<tr><td colspan="4">사회심리 / 사회성</td></tr>
<tr><td>심리적 어려움</td><td colspan="3"></td></tr>
<tr><td>행동 문제 어려움</td><td colspan="3"></td></tr>
<tr><td>가족 간 어려움</td><td colspan="3"></td></tr>
<tr><td>대인관계</td><td colspan="3"></td></tr>
<tr><td>과거/현재
취미여가 활동</td><td colspan="3"></td></tr>
<tr><td rowspan="2">추가 측정도구</td><td>도구명</td><td>측정결과</td><td>측정도구 첨부</td></tr>
<tr><td>예) 분야별진단지(의료, 교육, 심리, 언어, 청력, 직업) 등</td><td></td><td></td></tr>
<tr><td>종합의견</td><td colspan="3"></td></tr>
</table>

[부록 2] 사례관리 서비스 의뢰서

〈부록표 2-1〉 서비스 의뢰서

작성일자		담당자	
소 속		연락처	
의뢰기관		의뢰날짜	
의뢰기관 담당자		의뢰기관 연락처	
서비스 대상자 성명		전화번호	(집) (H.P.)
주 소			
가구유형	☐ 1인가구 ☐ 한부모가구 ☐ 부모+자녀가구 ☐ 조부모+부모+자녀가구 ☐ 조부모+손자녀가구 ☐ 공동체(비혈연) ☐ 소년소녀가구 ☐ 부부중심가구 ☐ 기타( )		☐ 장애인가구 ☐ 다문화가구 ☐ 북한이탈주민
대상자 요구서비스			
주 의뢰 문제		의뢰 서비스	
첨부 내용			

〈부록표 2-2〉 서비스 의뢰서 작성방법

항 목	작성방법
의뢰기관, 담당자, 연락처	서비스를 의뢰하는 기관명, 의뢰기관 담당자, 연락처 작성
가구유형	현 거주 상황에 대한 정보를 통해 가구유형을 선택 – (1인가구) 가구 구성원이 1인인 가구 – (한부모가구) 편부 · 편모와 자녀 등 한부모와 자녀로 구성된 가구 – (부부+자녀가구) 부모와 자녀로 구성된 가구 – (조부모+부모+자녀가구) 조부모와 부모 자녀 3세대로 구성된 가구 – (조부모+손자녀가구) 부모세대 없이 조부모와 손자녀로 구성된 가구 – (공동체(비혈연))혈연이 아닌 여러 사람이 모여 공동체를 형성하는 가구 – (소년소녀가구) 부모나 친인척이 없이 형제자매만 살고 있거나, 소년소녀 1인만 살고 있거나, 부양능력이 없는 친인척과 형제자매가 함께 살고 있는 가구 – (부부중심가구) 부부 중심으로 구성된 가구 – (기타) 위 분류 이외의 가구유형인 경우 구체적인 가구 형태를 기록 – (장애인가구) 가구 구성원 중에 장애인이 있는 경우, 중복 체크 가능 – (다문화가구) 국제결혼 등을 통하여 외국인 가구 구성원이 있는 가구유형으로서, 중복 체크 가능 – (북한이탈주민) 가구 구성원 중에 북한이탈주민이 있는 경우, 타 가구분류와 중복 체크 가능
대상자 요구서비스	대상자가 요구하는 서비스 기록
주 의뢰문제, 의뢰서비스	주 의뢰 문제(욕구) 및 의뢰서비스 작성
첨부내용	의뢰대상 및 문제에 대한 참고자료 기록

[부록 3] 11대 욕구영역 참고자료

〈부록표 3〉 11대 욕구영역별 질문(예시)

영 역	점검항목별 질문(예시)
1) 안전	• 돈이 없어서 기초생활(의식주, 교육비, 의료비, 집세, 퇴거위험, 난방, 공과금 등)에 어려움이 있는가?
	• 금전관리(수입과 지출)나 빚 때문에 어려움이 있는가?
	[강점관점 질문의 예]
	• 어려운 형편에 어떻게 지금까지 유지를 잘 해왔는가?
	• 현재 가족 혹은 정부로부터 어떤 도움을 받고 있는가?
	• 어떻게 관리를 해오고 있는가?
	• 가족원 중에 누가 어떤 일을 하는가?
	• 돈이 있다면 무엇을 가장 먼저 구매하겠는가?
	• 당신을 위해 어떤 보상을 줄 것인가?
	• 과거에 세금 같은 것을 어떻게 지불했는가?
2) 돌봄	• 본인이나 동거가족이 일상생활*에 어려움이 있는가?(의식주 해결에 어려움이 있는가?) * 식사, 용변처리, 옷입기, 세탁, 몸씻기, 청소, 정리정돈, 수면, 그 외 가사활동
	• 외출 시 이동이 어려운가?
	[강점관점 질문의 예]
	• 어떻게 모든 일상생활(의식주 관련, 가사 등)을 처리하고 있는가?
	• 이동 시 누구에게 도움을 받는가?
	• 어떤 지원을 받고 있는가?
3) 신체적 건강	• 본인이나 동거가족 중 신체적 질환이나 건강문제로 약물관리를 하는가?
	• 신체적 질환으로 일상생활, 사회생활 등에 어려움이 있는가?
	[강점관점 질문의 예]
	• 어떤 경우에 본인이 신체적으로 건강하다고 생각하는가?
	• 신체적으로 가장 잘 할 수 있는 것은 무엇인가?
	• 무엇이 자신을 신체적으로 건강하게 만든다고 생각하는가?
	• 현재까지 이 정도의 건강을 유지하는 비결은 무엇이라고 생각하는가?
	• 몸이 아플 때 누구에게 연락하는가?
4) 정신적 건강	• 본인이나 동거가족 중 정신적 질환(중독*, 우울, 조현증 등)으로 약물관리를 하는가? * 술, 담배, 약물, 의약품, 인터넷, 스마트폰, 게임, 도박, 쇼핑, 성 중독 등을 포함
	• 신체적 질환 또는 정신적 질환으로 일상생활, 사회생활 등에 어려움이 있는가?
	• 본인이나 동거가족 중 지난 6개월 동안 자살을 시도한 적이 있는가?
	[강점관점 질문의 예]
	• 어떤 경우에 본인이 정신적으로 건강하다고 생각하는가?
	• 무엇이 자신을 정신적으로 건강하게 만든다고 생각하는가?
	• 현재까지 이 정도의 건강을 유지하는 비결은 무엇이라고 생각하는가?
	• 마음이 아플 때 누구에게 연락하는가?

영 역	점검항목별 질문(예시)
5) 주거	• 주거나 주거환경이 본인이나 가족의 안전과 건강에 해를 끼치는가?
	• 주거환경 문제로 본인이나 동거가족이 이웃과 갈등을 유발하고 있는가?
	• 현재 거주지가 불안정하여 어려움(철거 및 퇴거, 임대 만료 등)이 있는가?
	[강점관점 질문의 예]
	• 자신이 살고 있는 곳/지역사회의 어떤 점이 좋은가?
	• 다른 사람들은 현재 거주하고 있는 곳/지역사회에 사는 것이 어떤 면에서 좋다고 이야기할 것 같은가?
6) 일자리	• 본인이나 동거가족이 근로능력, 가족돌봄, 자녀양육, 일자리 발굴, 대인관계기술, 신용, 신체 및 정신건강 등에 어려움이 있어서 일하기 어려운가?
	[강점관점 질문의 예]
	• 어떤 직업들을 가져보았는가?
	• 현재 직장생활을 잘 하고 있는 것은 무엇 때문이라고 생각하는가?
	• 직장과 관련해서 무엇을 가장 좋아하는가?
	• 일하는 동안, 어떤 영역에서 최선을 다하는가?
7) 보육 및 교육	• 본인이나 자녀가 기초학습능력(읽기, 쓰기, 말하기, 듣기, 타인이해하기, 계산하기 등)이 부족하여 사회생활이 어려운가?
	• 본인이나 자녀가 학교생활이나 학업유지에 어려움이 있는가?
	[강점관점 질문의 예]
	• 어떤 과목을 좋아했는가?
	• 이것만은 최고라고 자부할 수 있는 본인의 기술/특기는 무엇인가?
	• 교육관련 정보를 어느 정도 확보하고 있는가?
	• 아이가 어린이집이나 유치원, 기타 또래그룹에 참여하고 있는가? 어떻게 상호작용하는가?
	• 누가 아이와 함께 놀아주고 책을 읽어 주는가?
8) 관계	• 동거 혹은 비동거 가족구성원 간 갈등이나 단절된 상황인가?
	• 영유아, 아동, 노인, 장애인 등을 양육하거나 돌보는 데 어려움이 있는가?
	• 도움을 받을 만한 친인척, 이웃, 동료관계, 단체나 기관이 있는가?
	• 본인이나 동거가족이 방에서 거의 나오지 않으면서 외부와 관계가 단절된 상황인가?
	• 본인이나 동거가족이 이웃과 갈등을 유발하고 있는가?
	[강점관점 질문의 예]
	• 도움이 필요할 때 가족 중 누가 가장 많은 의지가 되고 도움을 주는가?
	• 가족 중 주로 누구와, 무엇을 하며 시간을 보내는가?

영 역	점검항목별 질문(예시)
8) 관계	• 가족 중에서 누가 가장 당신을 걱정하고 있다고 생각하는가?
	• 삶에서 가장 중요한 사람은 누구인가?
	• 도움이 필요할 때 누가 가장 많은 의지가 되고 도움을 주는가?
	• 이웃, 지역사회기관, 종교기관 등으로부터 어떤 지지를 받고 있는가?
	• 과거에 이웃, 지역사회기관, 종교기관 등으로부터 어떤 지지를 받았었는가?
	• 누구와 주로 시간을 보내는가?
	• 잘 지내는 친구나 이웃은 누구인가?
	• 누가 가장 당신을 걱정하고 있다고 생각하는가?
	• 현재 참여하고 있는 모임은 무엇인가?
9) 안전	• 가족 구성원, 비동거 가족, 이웃, 친구, 사회(학교, 직장)로부터 안전을 위협받고 있는가?
	• 대상자가 타인의 안전을 위협하고 있는가?
	• 응급시 도움을 요청할 체계가 있는가?
	[강점관점 질문의 예]
	• 가족 구성원으로부터의 위협에 대처하기 위해 어떠한 것들을 시도하였는가?
	• 가족 외부적 요인으로부터의 위협을 극복하기 위해서 무엇을 하였는가?
	• 이들 중 도움이 되었던 것들은 어떤 것이었나?
	• 어떤 경우에 안전하다고 생각하는가?
	• 자녀를 어떻게 안전하게 보호하는가?
10) 법률 및 권익보장	• 본인이나 동거가족이 법적문제로 일상생활이나 사회생활에 어려움이 있는가?
	• 본인이나 동거가족이 차별대우나 불이익을 받고 있는가?
	[강점관점 질문의 예]
	• 현재 법적인 문제와 관련하여 누구에게 어떤 기관의 자문을 받고 있는가?
	• 어떻게 대처하고 있는가?
11) 문화 및 여가	• 본인이나 동거가족이 문화생활이나 취미활동을 하는 데 어려움이 있는가?
	• 여가 시간을 활용하기 어려운가?
	[강점관점 질문의 예]
	• 휴가나 여가시간에 주로 무엇을 하는가?
	• 얼마나 자주, 어디서, 누구와 이것을 하는가?
	• 특별히 좋아하는 활동은 무엇인가?
	• 어떤 경우에 여가나 휴가를 잘 보냈다고 생각하는가? 그때는 무엇이 달랐는가?

출처 : 보건복지부(2023).

[부록 4] 복지자원 표준분류체계

〈부록표 4〉 복지자원 표준분류표(대분류 9종, 중분류 51종)

대분류	중분류	예 제	설 명
1. 일자리 (6)	1-1. 직업 상담 및 알선	직업 및 취업 상담, 취업알선	• 일정한 작업이나 직업 등에 대해 알맞은 소질을 평가하고, 직업을 선택하는 데 직접적으로 영향을 미칠 수 있는 장애 상태와 주변 환경 및 작업환경 등 제반 문제점들을 찾아 해결하여 자신이 처한 상황과 능력에 적합한 직업을 선택할 수 있도록 제반 도움을 제공
	1-2. 직업능력 개발 및 직업교육	직업능력평가, 직업적성검사, 직업훈련, 직업 및 직장 체험, 직무교육, 보호작업장지원, 공동작업장지원, 자격증취득지원, 내일배움카드지원	• 개인이 일의 세계를 탐색하여 자기의 적성·흥미·능력에 맞는 일을 선택하고,그 일에서 필요로 하는 지식·기능·태도·이해 및 판단력과 습관들을 개발하는 교육 • 일정한 직무를 수행하는 데 필수적으로 요구되는 지식(knowledge)과 기술(skill)을 훈련
	1-3. 자활 및 일자리 사업	자활근로사업, 공공근로사업, 취업성공패키지사업, 희망리본프로젝트, 노인일자리사업, 사회적일자리사업, 지역공동체일자리사업, 직업재활훈련, 인큐베이터사업단운영	• 지역자활지원센터에서 제공하는 자활을 위한 정보 제공·상담·직업교육 및 취업알선 및 창업지원, 지역 특화된 자활 프로그램 개발 및 보급, 자활의욕 고취를 위한 교육, 참여자 사례관리 등 • 근로능력 있는 저소득층이 스스로 자활할 수 있도록 자활능력 배양, 기능습득지원 및 근로기회 제공
	1-4. 창업지원	창업지원, 창업자금지원, 창업교육, 희망가게운영, 희망키움통장사업	• 창업 관련 판로 및 입지, 사업화 컨설팅 및 교육, 정보, 자금, 홍보 및 마케팅 등 지원
	1-5. 직업유지 및 자립 지원	취업 후 상담 및 관리, 퇴소 후 직업상담, 취업자간담회, 취업자 자조모임, 자립정착금지원, 취약계층가구 경제적 자립 지원, 내일키움통장사업, 희망플러스사업	• 지역자활지원센터에서 제공하는 자활을 위한 정보 제공·상담·직업교육 및 취업알선 및 창업지원, 지역 특화된 자활 프로그램 개발 및 보급, 자활의욕 고취를 위한 교육, 참여자 사례관리 등 • 근로능력 있는 저소득층이 스스로 자활할 수 있도록 자활능력 배양, 기능습득 지원 및 근로기회 제공

대분류	중분류	예 제	설 명
	1-6. 구직 관련 비용지원	학원 등록비 지원, 직업교육 재료비 지원	• 앞의 분류체계로 구분되지 않는 서비스의 내용에 관해 결과적으로 직접적인 현금지원이 이루어진 경우
2. 주거(3)	2-1. 주거환경 개선	집수리지원(일반), 화장실개보수 지원, 지붕개량지원, 도색·도배·장판지원, 누수·방수지원, 보일러 교체·수리, 전기공사·점검, 방충망설치·수리, 방역서비스, 가스공사 및 점검, 불량주거환경개선	• 도배, 장판, 방역, 편의시설 등의 마련 및 개·보수를 통해 안전하고 쾌적한 거주환경을 제공하는 서비스 • 주거시설 내·외부에 대한 개·보수를 통해 안전하고 쾌적한 주거 환경을 제공하는 데 관련된 일련의 직접서비스
	2-2. 거처마련 및 이주지원	임시주거지원, 임대주택지원, 이사지원, 이사비지원, 시설입소 지원	• 주거를 대신할 수 있는 '거처마련 및 이주지원'으로, 주거지원에 따라 이동이 필요한 경우 관련된 지원서비스
	2-3. 주거 관련 비용지원	전세비지원, 월세비지원, 난방유지원, 주거보증금지원	• 전·월세비와 같은 임대료를 지원하거나, 중개수수료 등 주거 관련 현금 지원
3. 일상생활(7)	3-1. 가사지원	가사지원, 가사간병서비스, 세탁, 청소, 의류 및 침구관리, 물품관리, 장보기지원, 행정 및 일상업무지원, 일상생활훈련 및 교육	• 신체적, 정신적 이유로 원활한 일상생활과 사회활동이 어려운 저소득 취약계층에게 제공하는 청소, 세탁, 식사 준비 등 가사 지원 서비스
	3-2. 식사(식품) 지원	식사지원, 도시락지원, 급식지원, 밑반찬지원, 쌀지원, 잡곡지원, 떡국지원, 라면지원, 김치지원, 고기지원, 간식지원, 상차림지원, 음료품지원, 식사관리, 식품지원, 외식지원, 기타부식지원	• 저소득 노인, 아동·청소년, 장애인 등 가정형편이 어렵거나 스스로의 힘으로 식사 준비가 어려워 식사를 거르는 대상자에게 지원하는 무료 식사 서비스, 음식 제공 서비스 등
	3-3. 활동(이동) 지원	개인활동지원, 차량지원, 동행지원, 송영지원, 등하교지원, 실버카지원, 수화지원, 일상생활훈련, 장애인활동지원, 외국인통역서비스, 용변관리, 물품배송서비스	• 노령 및 장애 등으로 거동이 불편한 대상자가 일상생활과 사회생활을 스스로 수행하는 데 필요한 범위 내에서 제공하는 활동(이동)지원 서비스
	3-4. 위생(이미용)지원	개인위생관리, 목욕, 이미용지원, 위생용품지원, 신체수발서비스	• 개인위생관리에 어려움을 겪는 노인, 장애인, 아동 등에게 지자체 및 관련 단체를 통해 지원하는 목욕, 세탁, 이미용 서비스

대분류	중분류	예 제	설 명
3. 일상생활 (7)	3-5. 생활용품 지원	가구지원, 가구관리, 가전제품지원, 가전제품관리, 상품권지원, 출산용품지원, 청소용품지원, 의류지원, 침구지원, 냉난방용품, 아동·유아용품, 안전용품지원, 컴퓨터지원, 기타생활용품지원	• 일상생활을 유지하는 데 필요한 의류, 식품, 생활가전, 생활용품 등의 현물 지원 서비스
	3-6. 일상생활 관련 비용지원	교통비지원, 상하수도요금지원, 난방비지원, 전기요금지원, 의료비감면, 출산비용지원, 증여세면제, 이동통신요금지원, 장애수당, 장애인연금, 가스요금지원, 관리비지원,보험료지원, 생계비지원, 후원금 지원, TV수신료지원	• 기존 사회복지제도의 급여 기준에 충족하여 현금성 수당
	3-7. 복합지원	공동모금회 긴급지원, 공동모금회 후원의뢰, 공동모금회후원(지정기탁)현금, 공동모금회후원(지정기탁)현물, 공동모금회기획사업, 공동모금회 예치금(시군지정기탁), 복지서비스정보물제공, 생계유지활동지원, 생애이벤트 지원, 시설대관서비스, 취약계층 우대증발급	• 행복 e음 공동모금회 시스템에서 연계한 긴급지원 및 기획사업
4. 신체건강 및 보건의료 (6)	4-1. 질병예방 및 건강관리	건강관리, 만성질환관리, 심혈관질환관리, 건강상담, 건강교육 및정보제공, 보건 및 질병예방교육, 구강교육, 금연교육, 금주교육, 위생교육, 영양교육, 치매교육, 응급처치교육, 낙상예방교육, 투약관리, 가정간호서비스, 건강생활실천통합서비스, 방문건강관리서비스, 예방접종지원, 마사지, 비만관리, 아토피예방교육, 자조모임, 치매관리	• 의료적 치료행위는 아니지만 건강한 생활 유지를 위해 필요하다고 판단되는 일련의 예방활동과 일상생활관리서비스(영양상담, 운동처방 등)

대분류	중분류	예 제	설 명
4. 신체건강 및 보건의료 (6)	4-2. 검진·진단 및 치료	일반건강검진, 구강검진, 안과검진, 영유아건강검진, 노인건강검진, 발달검사, 선천성대사이상검사, 난청조기진단, 치매조기검진, 활력증후측정, 일반진료, 입원진료, 촉탁의진료, 치과진료, 한방진료, 비만치료, 신체장애진단, 아동·청소년검진, 아토피치료, 응급의료서비스, 저신장 치료, 환경성질환치료	• 신체적 질병의 완화 및 치료를 목적으로 제공되는 의료적 서비스로 통상적인 의료행위, 진료행위 전체
	4-3. 재활치료	물리치료, 재활치료, 감각치료, 언어치료, 작업치료, 적외선치료, 전기치료, 통증치료, 수지침치료, 온열 및 냉치료, 운동치료, 신체기능훈련, 청력훈련, 알코올중독재활치료	질병이나 사고에 의한 후유증, 만성질환, 노인병 등 장기치료를 요하는 환자와 기능적 장애에 대해 의료적, 심리적 수단 등을 통해 개인의 기능적 능력을 개발하고 회복시키는 신체적·물리적 재활 서비스
	4-4. 산전후 관리	임산부교실, 산전후관리, 임산부 영유아영양보충, 예비부모교육	• 임신과 출산과정에 관련된 일련의 서비스
	4-5. 의약품·의약외품 및 보장구 지원	영양보충제지원, 구충제지원, 한약지원, 안경지원, 보청기지원, 틀니지원, 파스지원, 핫팩지원, 성인기저귀지원, 알레르기질환 지원, 보장구대여, 보장구지원, 보행보조기, 보장구수리, 건강용품지원, 보습제지원, 비상약품지원, 재활기구지원, 헌혈증지원	• 의약품과 의약외품 및 보장구 등 신체건강 및 일상생활 편의를 위한 보건의료 관련 물품지원 서비스
	4-6. 보건의료 관련 비용지원	의료비지원, 검사비지원, 난임부부 시술비지원, 약제비지원	• 신체적 질병의 치료나 건강 관련하여 발생된 비용 부분에 대한 현금성 지원

대분류	중분류	예 제	설 명
5. 정신건강 및 심리정서(6)	5－1. 정신건강 교육	우울증예방교육, 자살예방교육, 약물오남용예방교육, 인터넷중독 예방교육	• 지역사회에서 빈번하게 출현하면서 사회문제화 되는 주요 정신적·정서적 문제와 관련하여 해당자 또는 지역사회 주민을 대상으로 실시하는 예방교육 및 인식개선 교육
	5－2. 심리 검사 및 진단	우울증 검사, 인터넷 중독 진단, 심리검사, 지적장애 및 정신질환 진단	• 정신건강이나 심리 정서적 문제에 대해 전문적 개입의 최초 단계의 서비스
	5－3. 정신·심리 상담	우울증상담, 자살예방상담, 알코올중독상담, 약물중독상담, 인터넷 중독상담 상담	• 정신적으로 건강한 상태의 유지 및 증진을 위해 제공되는 심리정서적 지원 및 상담서비스
	5－4. 정서발달 및 치유 지원	놀이치료, 미술치료, 독서치료, 웃음치료, 원예치료, 음악치료, 안부확인 및 정서지원, 멘토링, 대인관계훈련, 아동청소년심리 지원서비스, 가족관계개선, 사회성향상지원, 무용치료, 반려동물지원, 아동복합지원, 아동정서발달 지원서비스	• 상담을 제외한 다양한 정서적 지원서비스
	5－5. 정신질환자 치료 및 사회복귀 지원	정신과진료, 심리치료, 정신질환자관리, 도박중독치료	정신질환자에 대한 전문적 의료개입 서비스와 이들의 지역사회 복귀를 지원하는 서비스
	5－6. 정신건강 관련 비용지원	정신과 진료 비용 지원, 심리 치료 비용 지원	• 정신건강 및 심리정서적 안정을 위해 필요한 비용에 대한 현금지원
6. 보호 및 돌봄·요양(6)	6－1. 장기 시설보호	가정위탁보호, 아동보호시설, 자립지원시설, 노숙인자활시설, 노숙인요양시설	• 부득이한 사유로 가족의 보호가 불가능한 노인, 장애인, 아동 등을 시설에 장기간 입소시켜 제공되는 보호 및 각종 서비스

대분류	중분류	예 제	설 명
6. 보호 및 돌봄 · 요양(6)	6-2. 단기 시설보호	일시보호시설	• 부득이한 사유로 가족의 보호가 불가능한 노인, 장애인 등을 시설에 단기간 입소시켜 제공되는 보호 및 각종 서비스
	6-3. 주 · 야간 보호	주간보호시설, 야간보호시설	• 부득이한 사유로 가족의 보호가 불가능한 노인 및 장애인 등을 낮 동안 혹은 밤 동안 시설에서 보호하며 기능회복을 도모하기 위해 제공되는 서비스
	6-4. 간병 및 돌봄 서비스	노인맞춤돌봄서비스, 노인돌봄종합서비스, 방문요양서비스, 간병서비스, 장애인돌봄서비스, 산모/신생아돌봄서비스, 실종예방물품지원, 요양 · 돌봄 관련 물품지원	• (간병) 질병 및 장애 등으로 일상생활에 지장이 있는 경우, 병원이나 가정에 간병인 등의 파견을 통해 활동의 보조나 신변을 돌보는 서비스 • (돌봄서비스) 고령이나 질병, 장애, 출산, 산후조리 등으로 일상생활을 혼자서 수행하기 어려운 이들에게 제공되는 돌봄서비스
	6-5. 장제서비스	장제급여지원, 임종교육, 영정사진촬영, 장례지원, 장례비지원	• 생애주기의 흐름에 따라 가족원 또는 서비스 대상자의 사망에 따라 발생하는 일련의 장례절차에 대한 서비스
	6-6. 돌봄 · 요양 관련 비용지원	가족돌봄비지원, 보호시설비지원, 양로시설비지원, 양육비지원, 요양시설비지원	• 보호와 돌봄 · 요양과 관련하여 발생한 비용에 대한 현금지원이 이루어지는 경우
7. 보육 및 교육(8)	7-1. 양육상담 및 부모교육	양육상담, 부모교육	• 양육과정에서 경험하는 애로사항이나 정보부족을 해결하면서, 바람직한 양육환경 조성을 위한 부모 소양교육 서비스
	7-2. 보육 및 양육 지원	가정방문, 보육서비스, 방과후 돌봄서비스, 방과후교실, 신체 발달, 입양상담 및 지원	• 유아 및 아동에 대해 가정 및 교육기관 등에서 영유아의 발달 특성에 적합한 교육과 보호를 제공 • 교육기관 이용, 교재, 학습 등 보육 및 교육에 대한 소요비용을 감면 또는 지원

대분류	중분류	예 제	설 명
7. 보육 및 교육(8)	7-3. 인지발달 및 학습 지원	인지학습치료, 기초학습지원, 독서논술지도, 학습지지원, 보충학습, 도서(대여)지원, 교구재지원, 학용품지원, 아동인지능력향상서비스, 다문화가정아동발달서비스, 교육환경개선, 다문화한국어교육, 발달검사, 방문학습지원, 봉사학습, 생활교육, 아동·유아말품, 역사교실, 환경교육	• 성장기 인지발달과 학습능력 제고를 위해 제공하는 서비스
	7-4. 특기적성 지원	외국어교육, 예체능교육, 경제 교육, 각종 특기적성교육, 동아리 활동지원, 코딩교육	• 예체능 특기와 적성개발 서비스
	7-5. 진로 지도 및 상담	진로 및 직업상담, 진로탐색 및 체험, 의사소통능력 향상기술 지원, 학교생활 적응력 향상 지원, 아동자아존중감 향상 지원, 사회예절교육, 학업 및 학력 복귀지원	• 진로지도와 상담 관련 서비스
	7-6. 장애·특수교육	언어발달지원, 점자교육, 수화교육, 장애특수교육	• 신체적·정신적·사회적 발달의 장애 등으로 인하여 특정한 교육적 요구를 지닌 아동 및 청소년의 요구에 맞추어 유치원, 초등학교, 중학교 또는 고등학교의 과정을 교육하는 특수학교 및 특수학급에서 알맞은 교육내용과 방법으로써 필요한 교육적 지원을 제공
	7-7. 평생교육	정보화교육, 노인교실, 노인대학, 은퇴준비교육, 외국어교육, 성인한글교실, 한자교육, 경제금융교육, 임종교육	• 성인대상 평생교육 서비스
	7-8. 보육 및 교육 관련 비용지원	보육료지원, 아동양육수당지원, 교육비지원, 장학금지원, 학원비지원, 교복지원	• 직접적인 교육서비스의 연계를 제외하고 교육 관련 발생하는 비용의 지원

대분류	중분류	예 제	설 명
8. 문화 및 여가(5)	8-1. 공연·전시 관람 지원	영화관람, 공연관람, 스포츠 경기관람, 문화예술현장탐방, 문화예술교육, 문화바우처사업, 문화전시관람	• 공연 및 전시 관람의 기회 제공
	8-2. 체육활동 지원	스포츠바우처, 체육대회참여, 클럽 및 모임지원, 체육활동 물품지원, 생활체육활동	• 신체활동을 통해 신체적 능력을 향상시키고, 건강을 유지할 수 있도록 지원하는 서비스
	8-3. 체험 및 여행 지원	야외활동지원, 동물원 및 놀이 공원 견학, 캠프 및 여행지원, 체험활동지원, 효도관광지원, 돌봄 여행서비스, 여행바우처	• 여가시간의 다양한 활용 욕구에 부합하는 여행 및 관광 프로그램, 지자체별 체험 프로그램, 아동 및 노인을 대상으로 한 복지관광 프로그램, 저소득계층의 개인여행을 지원하는 여행바우처 등의 서비스
	8-4. 취미활동 지원	음악교실, 미술교실, 요리교실, 바둑교실, 원예교실, 다도교실, 레크리에이션 프로그램 참여, 문화 강좌 참여, 동아리활동, 공예 교실, 노인여자프로그램, 사물 놀이, 예체능활동, 종교활동	• 문화·예술, 체육활동, 여행 외 취미·여가 활동을 위한 서비스
	8-5. 문화·여가 관련 비용지원	문화활동 비용지원, 여가활동 비용지원, 가족기념사진촬영	• 문화활동이나 여가활동 관련하여 발생하는 비용에 대한 현금 지원
9. 안전 및 권익 보장(4)	9-1. 안전 및 인권 교육	인권교육, 아동권리교육, 학대예방교육, 안전교육, 교통안전교육, 실종유괴예방교육, 재난대비안전교육, 권익보장지원, 노인권익향상지원, 성폭력(예방)교육, 학교폭력(예방) 교육	• 인권옹호와 권익보장 관련 개인 대면상담은 물론 지역사회 단위 또는 집단을 대상으로 실시하는 인식개선 교육, 캠페인 등
	9-2. 학대 및 폭력 피해자 지원	폭력피해자신고 및 접수지원, 폭력피해자상담 및 지원, 폭력피해자쉼터입소지원, 가정폭력·성폭력피해자 시설입소, 성매매피해여성시설입소지원, 안전도우미	• 폭력 및 학대 피해자들의 민·형사상 소송과정에 대한 법률지원 서비스

대분류	중분류	예 제	설 명
9. 안전 및 권익 보장(4)	9-3. 법률 및 재무 상담	법률상담및지원, 법률교육, 개인파산 및 회생절차 지원, 신용회복절차지원, 채무상담, 금융상담, 이혼법률상담	• 법률상담과 행정 상담으로 구분하여 전문 정보의 제공 및 문제해결을 위한 대안의 마련 과정을 법률적, 행정적으로 지원하는 서비스
	9-4. 법률지원 관련 비용지원	변호사 선임 등 관련 비용 지원	• 직접서비스로서 법률, 행정지원서비스 대신 관련 문제 해결에 필요한 비용을 지원·후원하는 경우

출처 : 보건복지부(2023).

참·고·문·헌

공선희(2015). 영국의 커뮤니티 케어 정책의 역사적 변천과 쟁점. **한국노년학**, 35, 79-98.

관계부처합동(2018). **제5차 장애인정책종합계획(2018~2022)**.

___________(2021). **보호종료아동(자립준비청년) 지원강화 방안**.

권진숙 역(2004). **사례관리, 개념과 기술**. Frankel, A. J., & Gelman, S. R. 저. 서울 : 학지사.

김만두 역(1993). **사례관리실천론**. 서울 : 홍익재.

김미숙·김은정(2005). 사회복지시설의 민간자원 동원에 영향을 주는 요인 연구 : 후원을 중심으로. **한국사회복지학**, 57(2), 5-40.

김미숙·우국희·양소남·이주연·이정현(2011). **선진국의 아동사례관리체계 비교연구 : 영국, 미국, 뉴질랜드를 중심으로**. 서울 : 한국보건사회연구원.

김보영(2011). 1980/ 90년대 영국 보수당 정부 사회서비스 개혁에 대한 재조명 : 정치사상과의 관계를 중심으로. **사회복지정책**, 38(1), 167-197.

김성경·김소영·김희성·정민아·박미희·오양래·민진홍(2020). **보호 아동·청소년 자립통합 지원사업의 성과와 발전방안 연구**. 서울 : 사회복지공동모금회 나눔연구소.

김성경·김희성·원지영(2014). **보호아동·청소년 자립지원 사업모형 연구**. 서울 : 사회복지공동모금회.

김수연(2005). 가족조각기법 집단상담에서의 감정. **상담학연구**, 6(1), 125-135.

김용득(2007). 영국 사회복지서비스의 구조와 서비스 질 관리 체계. **보건복지포럼**, 2007(3), 76-91.

김윤주·황혜숙(2006). **강점 관점 해결중심 사례관리 매뉴얼**. 서울 : 보건복지부.

김준기·이민호(2006). 한국의 네트워크 거버넌스에 관한 연구 : 사회복지관의 네트워크와 조직 효과성. **행정논총**, 44, 91-126.

김희연·한인숙(2002). 네트워크 이론에서 본 지역사회복지 : 지방정부와 사회복지관의 관계를 중심으로. **한국지방자치학회보**, 14(1), 99-122.

박경수·조석영·이은기·서혜미·강지현·김재훈(2013). **장애인복지관 사례관리 매뉴얼 개발 연구**. 서울 : 한국장애인복지관협회.

박형진(2012). 배제와 포함의 복지정치 : 장애인 생활시설과 탈시설화에 대한 비판적 검토. **글로벌사회복지연구**, 2(1), 53-78.

보건복지부(2020). **지역사회 통합돌봄 자체 추진 가이드북**.

__________(2023). **2023 희망복지지원단 업무 안내**.

보건복지부·아동권리보장원(2023). **2023년도 드림스타트 사업 안내**.

보건복지부 · 중앙사회서비스원(2022). 2022년도 사회복지관 평가지표.

설진화(2009). 사례관리론. 경기 : 양서원.

신성만 외 공역(2013). 동기강화기술 입문. Catherine Fuller & Phil Taylor 저. 서울 : 시그마프레스.

안수란 · 오욱찬 · 이상정 · 이윤경(2022). 2022년 사회서비스정책의 전망과 과제. 보건복지포럼, 2022(1), 56-72.

안정선 · 최원희(2010). 사회복지 슈퍼비전의 이론과 실제. 경기 : 양서원.

이경은 · 장덕희 · 김휘연 · 문도원 · 이마리아(2016). 지역사회복지론. 서울 : 학지사.

이경아 · 박정임 · 김민석 · 서홍란 · 하경희 · 이금진 · 유명이 · 강미경 공역(2004). 사회복지에서의 역량강화실천. Wes Shera 외 편저. 경기 : 양서원.

이기연 · 유서구(2012). 사례관리 이해와 적용. 경기 : 공동체.

이봉주 · 김예성 · 김광혁(2008). 교육복지투자우선지역 지원사업 효과분석. 한국청소년연구, 19(3), 169-195.

이은경(2010). 영국의 보건 · 복지 협력정책의 역사적 고찰. 한국사회복지행정학, 12(1), 27-55.

이종복 · 이권일 · 김화순 · 오은경(2007). 사례관리의 이론과 실천. 서울 : 창지사.

이주연(2011). 미국의 아동대상 사례관리 서비스. 보건복지포럼, 2011(5), 106-115.

장인협 · 우국희(2001). 케어 · 케이스 매니지먼트. 서울 : 서울대학교출판부.

전재일 · 이성희 · 김효원(2000). 지역사회복지실천에 있어서 탈시설화의 함의. 한국사회복지학회 학술발표대회 자료집, 509-533.

하경희(2010). 한국에서의 ACT(Assertive Community Treatment) 적용에 대한 사례관리자의 경험에 관한 연구. 사회복지연구, 41(3), 107-133.

한국보건사회연구원(1999). 재가복지사업 평가. 보건복지포럼, 1, 17-27.

한국사례관리학회 편(2012). 사례관리론. 서울 : 학지사.

__________________(2020). 사례관리론 : 개념, 기술, 실천역량 이해. 서울 : 학지사.

한국사례관리학회(2016). 사회복지 사례관리 표준 실천지침. 2016년도 한국사례관리학회 추계학술대회 자료집.

함철호(2013). 공공전달체계내 사례관리자의 사례관리 수행과 영향요인. 한국지역사회복지학, 44, 1-31.

허남순 · 노혜련 공역(2005). 해결을 위한 면접. DeJong, P., & Berg, I. K. 저. 서울 : 시그마프레스.

홍성대 외(2011). 통합적 사례관리 및 자원관리 방안 마련을 위한 연구 1 – 통합사례관리체계 구축방안. 서울 : 한국보건복지정보개발원.

홍현미라(2008). 사회복지 네트워킹(Networking)의 이해와 적용. 한국사회복지행정학회 2008년도 학술대회 자료집, 57-77.

황성동(1993). 사회사업 실천방법으로서의 사례관리기법. 한국사회복지학회 추계학술대회자료집, 290-296.

황성철(1995) 사례관리실천을 위한 모형 개발과 한국적 적용에 관한 연구. **한국사회복지학**, 27, 275-304.

Ballew, J. R., & Mink, G.(1996). *Case Management in Social Work : Developing the Professional Skills Needed for Work With Multiproblem Clients*. Springfield, Il : Charles C, Thomas Publisher, Ltd.

Baker, F., & Intagliata, J.(1992). Case Management. In R. P. Liberman(Ed.), *Handbook of Psychiatric Rehabilitation*. NY : Macmillan.

Bauld, L., Chesterman, J., Davies, B., Judge, K., & Mangalore, R.(2000). *Caring for Older People : an Assessment of Community Care in the 1990S*. Aldershot : Ashgate.

Bronfenbrenner, U.(1977). Toward an experimental ecology of human development. *American Psychologist*, *32*, 513-531.

________(1979). *The Ecology of Human Development*. Cambridge, MA : Harvard University Press.

Brun, C., & Rapp, R. C.(2001). Strengths-based Case Management : Individuals' Perspectives on Strengths and the Case Manager Relationship. *Social Work*, *46*(3), 278-288.

CMSA(2016). *Standards of Practice for Case Management*. Little Rock, Arkansas : Case Management Society of America.

CMSUK(2009). *Standards for Practice and Best Practice Guidelines*. London : Case Management Society Uk.

________(2016). *Code of Professional Conduct for Case Managers*. Case Management Society Uk.

Cohen, S, E., & Syme, S.(Eds.)(1985). *Social Support and Health*. NY : Academic Press.

DHHS/ ACF/ OHS(2006). Case Management Tools, Tools to Strengthen Families and Communities. National Program Office of Free to Grow. Mailman School Of Public Health.

Greene, R. R.(1992). Case Management : An Agenda For Social Work Practice. In B. S. Vourlekis & R. R. Greene(Eds.), *Social Work Case Management*. NY : Aldine De Gruyter.

Hall, J. A., Carswell, C., Walsh, E., Huber, D. L., & Jampoler, J. S.(2002). Iowa Case Management : Innovative Social Casework. *Social Work*, *47*(2), 132-141.

Heaney, C. A., & Israel, B. A.(2008). Social Networks and Social Support. In K. Glanz, B. K., Rimer, & K. Viswanath(Eds.), *Health Behavior and Health Education : Theory, Research, and Practice*(4th ed.). San Francisco : Jossey-Bass.

Holt, B.(2000). *The Practice of Generalist Case Management*. Boston : Allyn and Bacon.

Killaspy, H.(2006). From the Asylum to Community Care : Learning from Experience. *British Medical Bulletin*, 79(1), 245-258.

Magnusson, D., & Allen, V. L.(Eds.)(1983). *Human development : An interactional perspective*. New York : Academic Press.

Miley, K. K., O'Melia, M. W., & DuBois, B. L.(2016). *Generalist Social Work Practice : An Empowering Approach*. Boston : Pearson.

Minahan, A., & Pincus, A.(1977). Conceptual framework for social work practice. *Social Work, 22*(5), 347-352.

Moore, S.(1990). A Social Work Practice Model for Case Management : The Case Management Model Grid. *Social Work*, *35*(5), 444-448.

________(1992). Case Management and the Integration of Services : How Service Delivery System Shape Case Management. *Social Work*, *37*(5), 418-423.

Moxley, D. P.(1989). *The Practice of Case Management in the Human Services*. Newbury Park, CA : Sage.

NASW(2010). Certified Social Work Case Manager(C-SWCM) and Certified Advanced Social Work Case Manager(C-ASWCM) : Information Booklet with Application and Reference Forms.

______(2013). *NASW Standard for Social Work Case Management.*

Payne, M.(1994). Personal Supervision in Social Work. In Coonor, A., & Black, S.(Eds.), *Performance Review and Quality in Social Care*. London : Jessica Kingsley.

Rapp, C. A., & Chamberlain, R.(1985). Case Management Services for the Chronically Mentally Ill. *Social Work*, *30*(5), 417-422.

Richmond, M.(1917). *Social Diagnosis*. NY : Russell Sage Foundation.

Ridgely, M. S., & Willenbring, M.(1992). Application of Case Maangement to Drug Abuse Treatment : Overview of Models and Reerach Issues. In R, Ashery(Eds.), *Progress and Issues in Case Management*. Rockville, MD : U. S. Department of Health and Human Services, Alcohol, Drug Abuse, and Mental Health Administration.

Rothman, J.(1991). A Model of Case Management : Toward Empirically Based Practice. *Social Work*, *36*(6), 520-528.

Saleeby, D.(2006). Power in the People. In D. Saleeby(Eds.), *The Strengths Perspective in Social Work Practice*(4th ed.). Boston : Allyn and Bacon.

Sheafor, B. W., & Horejsi, C. R.(2006). *Techniques and Guidelines for Social Work Practice*(7th ed.). Boston : Allyn and Beacon.

Siporin, M.(1975). *Introduction to social work practice*. N.Y. : Macmillan.

Thane, P.(2009). *Memorandum Submitted to the House of Commons' Health Committee Inquiry : Social Care*. London : Center for Contemporary British History.

Vélez-Agosto, N. M., Soto-Crespo, J. G., Vizcarrondo-Oppenheimer, M., Vega-Molina, S., & García Coll, C.(2017). Bronfenbrenner's bioecological theory revision : Moving culture from the macro into the micro. *Perspectives on Psychological Science*, *12*(5), 900-910.

Vourlekis, B. S.(1992). The Policy and Professional Context of Case Management Practice. In Vourlekis, B. S., & Greene, R. R.(Eds.), *Social Work Case Management*. NY : Aldine De Gruyter.

Weick, A., Kreider, J., & Chamberlain, R.(2006). Solving Problem from a Strengths Perspective. In D. Saleeby(Eds.), *The Strengths Perspective* In *Social Work Practice*(4th ed.). Boston : Allyn and Bacon.

Weick, A., Rapp, C., Sullivan, W. P., & Kisthardt, W.(1989). A Strengths Perspective for Social Work Practice. *Social Work*, *34*(4), 350-354.

Weil, M., & Karls, J.(Eds.)(1985). *Case Management in Human Service Practice*. San Francisco : Jossey-Bass.

Woodside, M., & McClam, T.(2006). *Generalist Case Management : A Method of Human Service Delivery*(3rd ed.). Belmont : Thomson Brooks/ Cole.

Yip, K. S.(1996). A Historical Review of the Community Care Movement in Psychiatric Services. *Hong Kong Journal of Psychiatry*, *6*(1), 38-44.

사회복지사업법

Case Management Society of America. http://www.cmsa.org

Case Management Society UK. http://www.cmsuk.org

사례관리정책지원센터. http://www.hopeletter.or.kr

찾·아·보·기

인 명

내 용

저/자/약/력

■ 김성경

이화여자대학교 대학원에서 사회복지학 박사학위를 취득했고, 한국성서대학교 사회복지학과 교수로 재직하였다.
한국여성정책연구원 책임연구원, 한국사례관리학회 학술위원장, 한국다문화복지학회 회장, 사회복지공동모금회 배분위원 등을 역임했다.
주요 관심분야는 사례관리, 아동복지 및 청소년복지이며, 저서로는 사례관리론(공저), 현대사회 아동복지론(공저), 사회복지실천론(공저), 가족복지론(공저), 성평등정책론(공저) 등이 있다.

[제3판]

사회복지 사례관리론

|저자| 김성경

|1판 1쇄| 발행 2017년 2월 28일
|1판 4쇄| 발행 2022년 1월 25일
|2판 1쇄| 발행 2023년 1월 25일
|3판 1쇄| 발행 2024년 2월 28일
|3판 2쇄| 발행 2025년 1월 15일
|3판 3쇄| 발행 2025년 7월 30일

|발행인| 김 동 훈
|발행처| 공 동 체

|주소| 경기도 고양시 일산동구 호수로 358-39
동문타워 I 905호(백석동)
|전화| 031) 814-3000(대표)
|팩스| 031) 814-3100
|홈페이지| http://www.compub.co.kr
|전자우편| compub@naver.com
|출판등록| 2005년 10월 6일
|등록번호| 제396-2005-36호

|ISBN| 979-11-6725-581-5
정가 18,000원